국가 공인 SQL 전문가·개발자

주해종
이종섭
최혜길 공저

에듀크라운
국가자격시험문제전문출판
www.educrown.co.kr

크라운출판사
국가자격시험문제전문출판
http://www.crownbook.com

저자 약력

- **주해종**
  - 前 ㈜한국기술거래사회 부회장
    빅데이터기술분석사 자격검정 위원장
  - 現 ㈜한국정보기술전략혁신학회 회장
    동국대학교 공과대학 컴퓨터공학과 교수

- **이종섭**
  - 前 SK C&C 국방사업담당 부장 PM
    광운대학교 대학원 겸임교수
  - 現 ㈜미래직업협회 빅데이터위원회 위원장
    한국폴리텍대학 스마트소프트웨어학과 교수

- **최혜길**
  - 前 Univ. Wisconsin Computing Center Programmer
    충남대학교 BK사업단 전임교수
  - 現 ㈜한국정보기술전략혁신학회 국제협력 위원장
    경희사이버대학교 컴퓨터정보통신공학과 교수

이 책을 발행하면서…

　최근 이슈가 되고 있는 4차 산업 혁명은 2016년 1월 스위스 다보스에서 열린 세계 경제 포럼(WEF)에서 처음 언급되었다. WEF는 「The Future of Jobs」 보고서를 통해 4차 산업 혁명이 앞으로 머지않은 미래에 도래할 것이고, 이로 인해 일자리 지형 변화라는 사회 구조적 변화가 나타날 것이라고 전망하고 있다. 또한 4차 산업 혁명은 단순한 기술의 발전을 초월하여 사회 전반에 혁신을 유발하고 광범위한 변화를 초래할 전망이며, 이러한 변화를 주도하는 핵심 기술로 빅 데이터, 인공 지능, 클라우드 컴퓨팅, 사물인터넷, 가상/증강현실 등을 꼽고 있다.

　특히 빅 데이터가 다양한 가치를 만들어 내기 시작하면서 사람들은 빅데이터를 '원유'에 비유하기 시작했다. 기름이 없으면 기기가 돌아가지 않듯, 빅 데이터 없이 정보 시대를 이끌 수 없다는 의미에서다. 미국의 시장 조사 기관 가트너는 "데이터는 미래 경쟁력을 좌우하는 21세기 원유"라며 "기업들은 다가오는 데이터 경제 시대를 이해하고 이에 대비해야 한다"고 강조했다.

　21세기 기업에게 가장 중요한 자산은 '데이터'이며 이를 관리하고 여기서 가치를 이끌어내지 못하면 경쟁에서 살아남을 수 없다는 뜻이다.

　이처럼 4차 산업 혁명의 기본 '원유(빅 데이터)'를 통해, 데이터 처리 및 분석을 통한 데이터 활용은 생산성 향상, 고부가가치 및 고용 창출 등 국가 경제적 가치 창출의 핵심 동력으로 급부상하고 있다. 특히, 과학적 의사 결정의 토대가 되는 데이터 분석은 기업과 국가의 생산성 향상에 기여하는 혁신 도구로 각광을 받고 있다.

　기업체들은 자사의 경영 전략에 데이터 분석을 도입하여 수익 증대를 실현할 수 있으며, 데이터 분석을 공공 영역에 도입할 경우에는 높은 사회적·경제적 효과가 발생할 것으로 예상된다. 이러한 데이터 처리의 가능성을 실현하기 위해서는 데이터의 다각적 활용을 통해 조직의 전략 방향을 제시하는 우수한 역량을 갖춘 SQL 전문가 및 개발자의 확보가 필수적이다.

　이 책은 한국데이터베이스 진흥원에서 시행하는 관계형 데이터베이스의 SQL 이용 활성화를 촉진하기 위해 '국가 공인 SQL 전문가·개발자' 자격을 취득할 수 있도록 구성하였다. SQL 전문가와 개발자는 데이터 모델링에 대한 기본 지식을 바탕으로 SQL 작성, 성능 최적화 등 데이터베이스 개체 설계 및 구현 등에 대한 전문 지식 및 실무적 수행 능력을 그 필수로 한다.

　이 책이 관계형 데이터베이스의 SQL 활용에 많은 애착을 가진 독자 여러분의 목표를 향한 작은 디딤돌이 되었으면 하는 것이 저자의 자그마한 소망임을 밝히며, 부족한 부분은 앞으로 계속 수정하고 보완할 것을 약속한다. 끝으로 이 책이 나오기까지 물심양면으로 성원해 주신 동료 교수님께 감사드리며, 보다 좋은 책이 되도록 혼신의 정열을 쏟은 크라운출판사 임직원께 깊은 감사를 드린다.

저자 드림

Contents

006

국가 공인 SQL 자격 검정 안내

008

1과목 데이터 모델링의 이해

- 010 **제1장** 데이터 모델의 기초
- 022 **제2장** 데이터 모델링 방법론
- 034 **제3장** 관계 데이터베이스 모델
- 049 **제4장** 데이터 모델과 성능
- 070 **제5장** 데이터 모델링 사례
- 084 예상 문제

096

2과목 SQL 기본과 활용

- 098 **제1장** 관계 데이터베이스 언어
- 118 **제2장** SQL 기본과 활용
- 155 예상 문제

168

3과목 SQL 고급 활용 및 튜닝 실무

- 170 **제1장** 데이터베이스 운영 및 관리
- 186 **제2장** 고급 데이터베이스 운영 및 관리
- 206 **제3장** SQL 튜닝 성능 분석 및 개선
- 234 예상 문제

252

4과목 실전 문제

- 254 **제1장** 데이터 SQL 전문가(SQLP) 실전 문제
  - (1) 필기시험(객관식 / 단답형) 문제
  - (2) 실기시험 문제
- 283 **제2장** 데이터 SQL 개발자(SQLD) 실전 문제
  - (1) 필기시험(객관식 / 단답형) 문제
  - 정답 및 해설

참고 문헌

국가 공인 SQL 자격 검정 안내

1. 소개

한국 데이터 진흥원은 산업 수요에 부응하는 인재 양성을 위해 기업의 데이터에 관한 모든 구조를 체계화하여 설계하는 능력을 검정하는 데이터 아키텍처(Data Architecture) 자격시험과 데이터베이스 개발의 필수 언어인 SQL(Structured Query Language) 활용 능력을 검정하는 SQL 자격시험, 과학적 의사 결정을 지원하기 위해 (빅)데이터를 활용하여 분석하는 역량을 검정하는 데이터 분석(Advanced Data Anlytics) 자격시험을 통해 데이터 산업 선진화에 이바지하고 있다.

SQL은 데이터베이스를 직접 액세스할 수 있는 언어로, 데이터를 정의하고(Data Definition), 조작하며(Data Manipulation), 조작한 결과를 적용하거나 취소할 수 있고(Transaction Control), 접근 권한을 제어하는(Data Control) 처리들로 구성된다.

(1) SQL 전문가(SQLP : Structured Query Language Professional)

데이터를 조작하고 추출하는 데 있어서 정확하고 최적의 성능을 발휘하는 SQL을 작성할 수 있고, 이를 토대로 SQL을 내포하는 데이터베이스 프로그램이나 응용 소프트웨어의 성능을 최적화하거나, 이러한 성능 최적화를 지원할 수 있는 데이터베이스 개체(뷰, 인덱스 등)의 설계와 구현 등의 직무를 수행하는 전문가를 말한다.

(2) SQL 개발자(SQLD : Structured Query Language Developer)

데이터베이스와 데이터 모델링에 대한 지식을 바탕으로 응용 소프트웨어를 개발하면서 데이터를 조작하고 추출하는 데 있어서 정확하고 최적의 성능을 발휘하는 SQL을 작성할 수 있는 개발자를 말한다.

2. 과목 개요

구분	시험 과목	국가 공인 SQLP(전문가)	국가 공인 SQLD(개발자)
1과목	데이터 모델링의 이해	○	○
2과목	SQL 기본 및 활용	○	○
3과목	SQL 고급 활용 및 튜닝 실무	○	×

3. 응시 자격

구분		응시 자격
SQL 전문가(SQLP)	학력/경력 기준	학사 학위 이상 취득한 자 전문 학사 학위 취득 후 실무 경력 2년 이상인 자 고등학교 졸업한 후 실무 경력 4년 이상인 자

SQL 전문가(SQLP)	자격 보유 기준	국내·외 데이터베이스 관련 자격을 취득한 자 SQL 개발자 자격을 취득한 자
SQL 개발자(SQLD)	제한 없음	

4. 출제 문항 수 및 배점

(1) SQL 전문가 필기시험

구분	과목명	문항 수	배점		시험 시간
		객관식/단답형	객관식	단답형	
필기	1. 데이터 모델링의 이해	10	60점 (각 1점 × 60문항)	10점 (각 1점 × 10문항)	120분
	2. SQL 기본 및 활용	20			
	3. SQL 고급 활용 및 튜닝 실무	40			
	계	70	70점		

(2) SQL 전문가 실기시험

구분	과목명	배점	시험 시간
실기	SQL 실무	30점(2문항 × 15점)	60분

※ SQL 전문가 시험은 필기시험과 실기시험을 동시에 180분 동안 봄

(3) SQL 개발자 필기시험

구분	과목명	문항 수	배점		시험 시간
		객관식/단답형	객관식	단답형	
필기	1. 데이터 모델링의 이해	10	80점 (각 2점 × 40문항)	20점 (각 2점 × 10문항)	90분
	2. SQL 기본 및 활용	40			
	계	50	100점		

5. 합격 기준

구분	합격 기준		과락 기준
SQL 전문가 (SQLP)	시험 합격	75점 이상 합격(총점 100점 기준)	과목별 40% 미만
	최종 합격	응시 자격 심의 서류 통과자	
SQL 개발자 (SQLD)	60점 이상 합격(총점 100점 기준)		과목별 40% 미만 취득

제1장 데이터 모델의 기초

제2장 데이터 모델링 방법론

제3장 관계 데이터베이스 모델

제4장 데이터 모델과 성능

제5장 데이터 모델링 사례

예상 문제

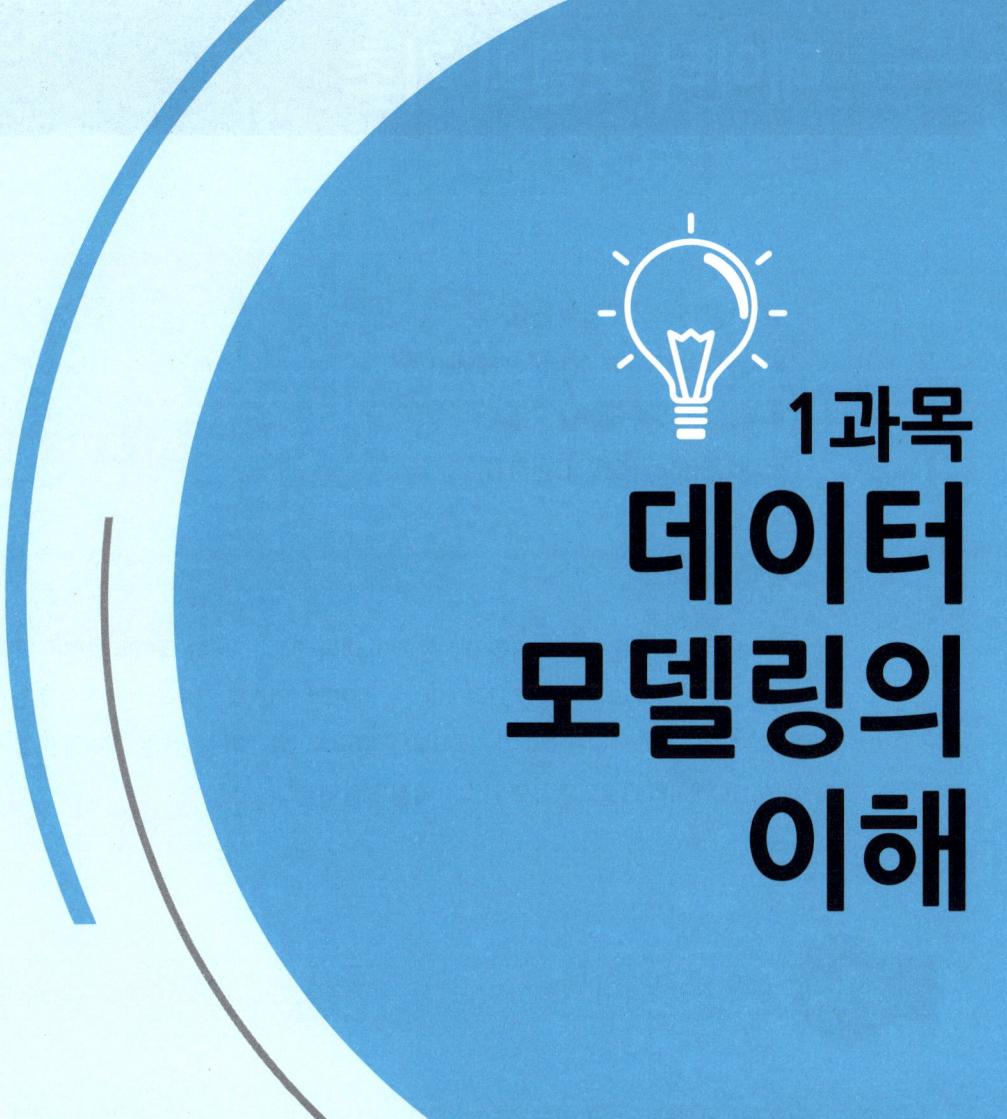

1과목
데이터 모델링의 이해

데이터베이스의 구성과 처리에 있어 가장 핵심적인 요소가 바로 데이터 모델이다. 데이터 모델은 건물의 설계도와 같이 전체 데이터베이스가 구성되는 요소를 결정한다. 데이터 구조의 근간이 되기 때문에 애플리케이션이 데이터를 이용할 때 효율적으로 제공될 것인지, 아니면 비효율적으로 제공될 것인지에 대한 결정은 설계 단계의 데이터 모델에서 할 수밖에 없다. 이 장에서는 데이터 모델과 SQL 구문의 연관성을 위해 엔티티, 속성, 관계, 식별자, 정규화 등 데이터 모델의 기본 지식을 바탕으로 데이터 모델을 이해하고 분석하는 작업을 수행한다.

제1장 데이터 모델의 기초

- 제1절 데이터 모델의 개요
- 제2절 개체-관계 모델(E-R Model)
- 제3절 논리적 데이터 모델
- 제4절 데이터 모델 표현하기
- 요약
- 연습 문제

계속적으로 변화하는 현실 세계를 표현한 것이 데이터베이스이며, 데이터 모델은 이러한 데이터베이스를 만들어 나가는 중간 과정이다. 즉, 데이터베이스를 개념적, 논리적으로 표현하기 위해 사용하는 데이터베이스의 중간 모형이라고 말할 수 있다. 이 장에서는 데이터 모델의 개념을 이해하고, 데이터 모델의 종류와 각각의 특징을 살펴본다.

제1절 데이터 모델의 개요

데이터 모델링에서 데이터 표현은 기본적으로 세 가지 다른 세계로 구분하여 생각할 수 있다. 첫째는 데이터가 인간이 관측이나 관찰을 통해 볼 수 있는 현실 세계에 개체(Reality)로 존재하는 것이고, 둘째는 데이터가 개체의 의미로부터 인간이 이해할 수 있는 개념(Concept)으로 존재한다. 마지막으로 데이터는 컴퓨터가 처리할 수 있는 정도의 수준으로 표현한 컴퓨터 세계에 존재한다. 이 세 가지의 데이터 세계를 요약하면 그림 1-1과 같다.

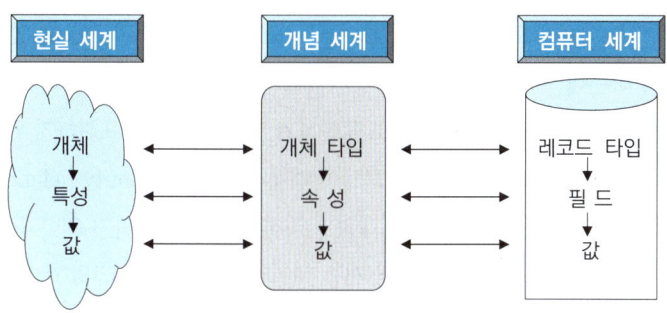

【그림 1-1】 데이터의 세계

그림 1-1에서는 세 가지 데이터가 현실 세계에서 개념 세계로, 그리고 개념 세계에서 컴퓨터 세계로 변해지는 과정을 쉽게 데이터 모델링(Data Modeling)이라고 말할 수 있다. 기본적으로 데이터 모델링은 정해진 규약에 의해 행해져야 하는데, 데이터 모델링이 행해질 때 각 세계에서 표현되는 구조를 데이터 모델(Data Model)이라고 이해하면 된다. 이러한 모델링 과정을 좀 더 자세히 표현하면 그림 1-2와 같다.

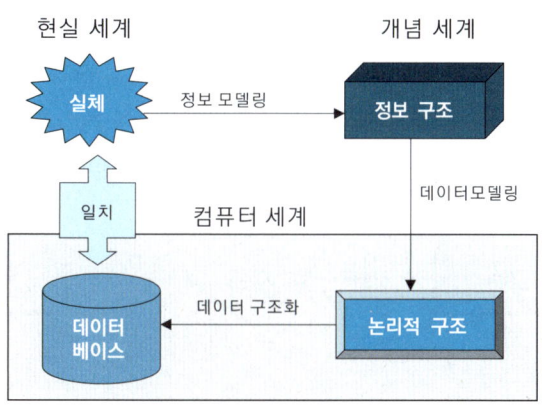

【그림 1-2】 데이터 모델의 세계

그림 1-2에서 현실 세계에 존재하는 개체를 인간이 이해할 수 있는 정보 구조로 표현하는 과정을 정보 모델링(Information Modeling)이라고 하고, 인간이 이해하는 수준의 추상적 개념으로 표현된 개념 세계의 데이터를 컴퓨터의 DBMS가 이해할 수 있는 논리적 구조로 표현하는 과정을 데이터 모델링(Data Modeling)이라고 한다. 이때는 DBMS(DataBase Management System)의 종류에 따라 종속적으로 DBMS가 지원하

는 데이터 모델로 표현되어야 한다. 즉, 관계 DBMS를 사용하는 컴퓨터에서의 논리적 구조는 관계 데이터 모델로 표현되어야 한다. 이렇게 표현된 논리적 데이터 구조는 컴퓨터가 접근할 수 있는 저장 매체에 물리적 구조로 변환시켜야 하는데, 이 변환 과정을 데이터 구조화(Data Structuring)라고 한다.

정보 모델링 과정에서 개념 세계의 정보 구조로 표현하기 위해서는 이를 표현하기 위한 규약이 있어야 하는데, 가장 대표적으로 사용되는 개념적 데이터 모델이 개체-관계 모델(Entity Relationship Model, E-R)이다. 그리고 데이터 모델링 과정에서 컴퓨터 세계의 논리적 구조로 표현하기 위한 규약이 있어야 하는데, 이는 컴퓨터에서 사용하는 DBMS의 종류에 따라 계층 데이터 모델, 네트워크망 데이터 모델, 그리고 관계 데이터 모델 등으로 구분할 수 있다.

제2절 개체-관계 모델(E-R Model)

개념 세계의 정보 구조는 표현하려는 개체, 그 개체들의 특성, 그리고 그들 간의 관계를 포함해야 한다. 이를 위해 1976년 P.Chen이 개체-관계 모델을 제안하였다. 이는 E-R 모델이라고도 불리는데, 이 모델을 시각적으로 표현한 것을 E-R Diagram이라고 한다.

E-R Diagram에서 사각형은 개체 타입(Entity Type)을 표현하고, 다이아몬드는 개체와 개체 간의 관계를 표현하며, 원은 속성을 표현한다. 그리고 이들을 연결하기 위해 링크로 표현한다. 그림 1-3은 E-R Diagram을 이용하여 교수와 학생 간의 개체-관계 모델을 표현하고 있다.

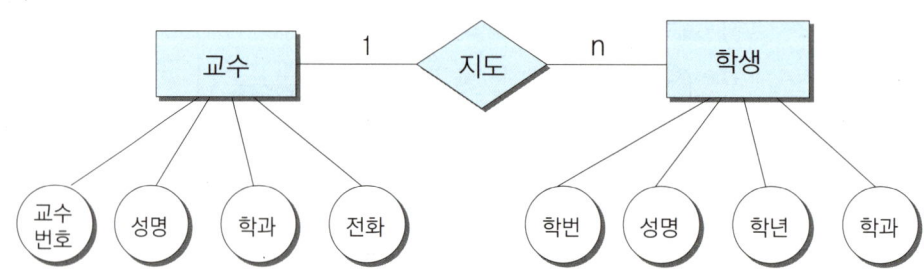

【그림 1-3】 교수와 학생 간의 개체-관계 모델

위의 그림에서 교수 개체는 교수 번호, 성명, 학과, 전화 속성을 포함하고, 학생 개체는 학번, 성명, 학년, 학과 속성을 포함한다. 그리고 교수와 학생 간에는 한 명의 교수가 여러 명의 학생을 지도할 수 있다는 관계를 가지게 된다.

제3절 논리적 데이터 모델

데이터베이스의 설계는 현실 세계에서 요구하는 형태의 데이터를 정확하고 일관성 있게 제공하기 위해 조직체 관점의 데이터 구조로 표현한다. 우선, 조직체 관점은 데이터 구조로 표현하기 위해 E-R Diagram으로 표현하며, 이를 컴퓨터 세계에서 사용자가 이해할 수 있는 DBMS-적용 가능 형태로 표현한다.

DBMS-적용 가능 형태는 계층(Hierarchical), 망(Network), 그리고 관계(Relational) 데이터 모델로 표현한다. 이러한 유형을 논리적 데이터 모델이라고 한다. 개념 세계의 E-R Diagram과 논리적 데이터 모델의 관계를 표현하면 그림 1-4와 같다. 편의상 쉽게 이해할 수 있도록 인간의 관점을 중심으로 구분하였다.

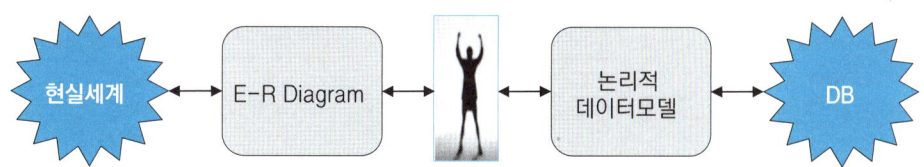

【그림 1-4】 E-R Diagram과 논리적 데이터 모델 간의 관계

논리적 데이터 모델의 첫 번째 유형, 즉 계층 데이터 모델(Hierarchical Data Model)은 데이터 구조도가 트리(Tree) 형태이다. 두 번째 유형은 데이터 구조도가 네트워크(Network), 즉 그래프(Graph) 형태를 취한다. 마지막 유형은 일반 사용자로 하여금 데이터베이스가 릴레이션(Relation), 즉 테이블(Table)의 집합으로 되어 있다고 생각하게 한다. 각각의 이해를 돕기 위해 그림 1-5의 E-R Diagram 표현을 세 가지 논리적 데이터 모델로 표현한다.

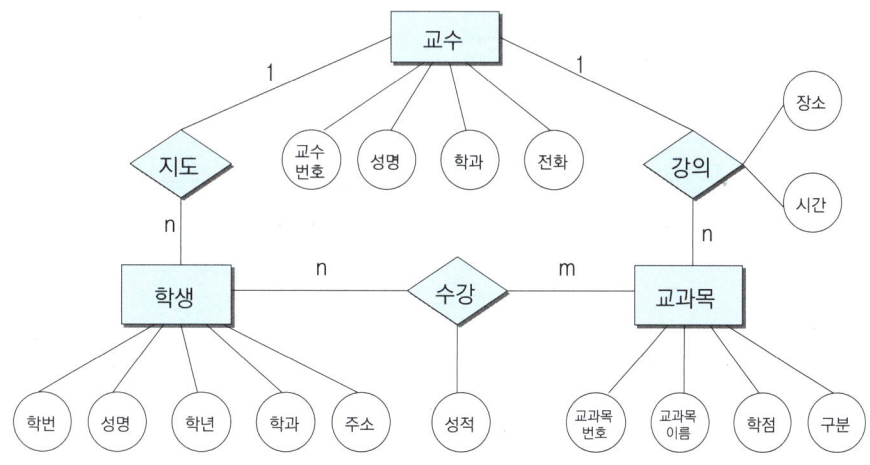

【그림 1-5】 수강 데이터베이스에 대한 E-R Diagram 표현

그림 1-5의 E-R Diagram을 계층 데이터 모델로 표현하면, 그림 1-6과 같다. 이 계층 데이터 모델에서는 개체와 개체 간의 관계 표현에 있어서 1:1, 1:N의 관계만 표현할 수 있고, N:M(다 대 다)의 관계 표현은 불가능하다. 그래서 그림 1-5에서의 학생과 교과목 간의 N:M 관계 표현을 위해 그림 1-6에서 수강 교과목과 수강 학생으로 두 개의 1:N 관계로 표현하였다.

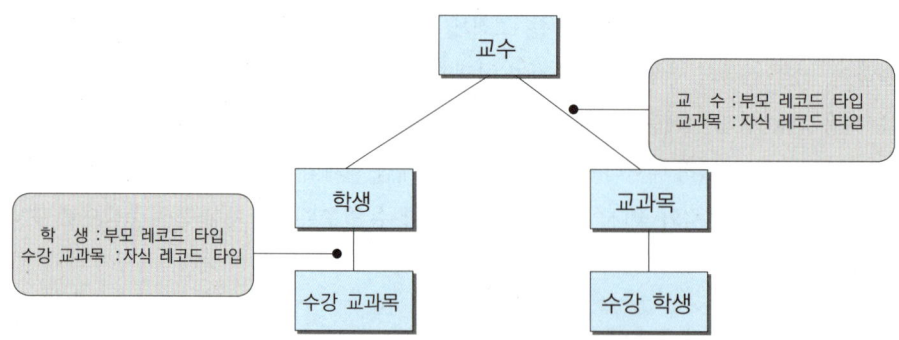

【그림 1-6】 수강 데이터베이스의 계층 데이터 모델

그림 1-5의 E-R Diagram을 네트워크 데이터 모델로 표현하면, 그림 1-7과 같다. 이 네트워크 데이터 모델에서는 두 레코드 타입 간에 하나 이상의 관계가 성립될 수 있다. 그러므로 각 관계는 이름을 붙여서 구분한다. 이 네트워크 데이터 모델에서는 개체와 개체 간의 관계 표현에 있어서 1:1, 1:N 그리고 간접적으로 N:M의 관계를 표현할 수 있다. 그림 1-5에서의 학생과 교과목 간의 N:M 관계를 그림 1-7에서 두 개의 1:N 관계로 표현하고 있다. 이 네트워크 데이터 모델에서는 1:N 관계에 있는 두 개의 레코드 타입을 각각 오너(Owner), 멤버(Member)라 하고 이들 간의 관계를 오너-멤버(Owner-Member) 관계라고 한다.

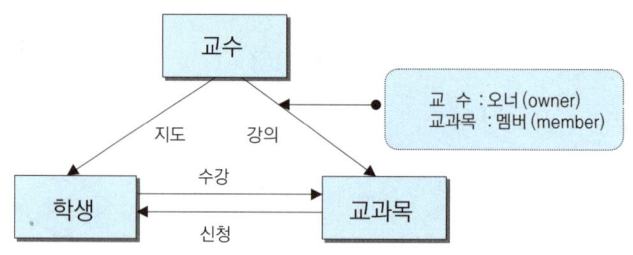

【그림 1-7】 수강 데이터베이스의 네트워크 데이터 모델

그림 1-5의 E-R Diagram을 관계 데이터 모델로 표현하면 그림 1-8과 같다. 이 관계 데이터 모델은 개체와 개체 간의 관계가 모두 릴레이션으로 표현된다는 표현의 통일성을 가진다. 그러므로 그림 1-5에서 3

개의 개체 타입과 3개의 관계가 모두 릴레이션으로 표현되므로, 모두 6개의 테이블로 관계 데이터 모델이 표현된다.

학생	학번	성명	학년	학과	주소
교수	교수 번호	성명	학과	전화	
교과목	교과목 번호	교과목 이름	학점		
지도	교수 번호	학번			
수강	학번	교과목 번호	성적		
강의	교수 번호	교과목 번호	시간		

【그림 1-8】 수강 데이터베이스의 관계 데이터 모델

제4절 데이터 모델 표현하기

 이 절은 ERwin Middle Case를 사용하여 관계형 데이터 모델을 생성하는 방법을 설명한다. ERwin은 데이터 모델링을 지원하는 CASE(Computer Aided Software Engineering) 도구이다. 데이터베이스의 개념적 모델(Conceptual Model)을 디자인하고 물리적 모델(Physical Model)을 만들어 줌으로써 데이터베이스 스키마를 자동으로 생성한다. 주요 기능은 다음과 같다.

① 개념적 모델링
② 물리적 모델링
③ 실체 관계도(Entity Relationship Diagram) 작성
④ 참조 무결성의 트리거(Trigger) 자동 생성
⑤ 데이터형, 도메인, Default 정의
⑥ 사용자 정의 데이터형 정의

⑦ Rolename 정의
⑧ Supertype, Subtype 정의
⑨ 데이터 정의어(DDL) 자동 생성
⑩ 서버의 데이터베이스와 연결 기능(SQL Driver, ODBC)
⑪ 레파지토리(Repository) 관리 기능
⑫ 역공학(Reverse Engineering) 기능
⑬ 문서화 기능(Rptwin)
⑭ 데이터 웨어하우징 기능
⑮ 클라이언트 프로그램 소스(Visual Basic, Delphi, Powerbuilder) 자동 생성

ERwin은 클라이언트/서버, 데이터 웨어하우즈, 데이터 마이닝, 지식 관리 시스템 개발 등 데이터베이스를 이용한 모든 개발에서 필수적인 데이터 모델링에 매우 뛰어난 기능을 지원한다. 이러한 기능에 대한 설명은 그림 1-9와 같다.

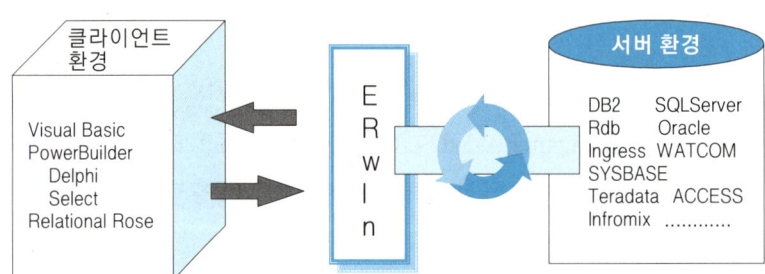

【그림 1-9】 ERwin의 주요 기능

1 데이터 모델링 작업

ERwin에서의 데이터 모델링 작업은 논리적 모델과 물리적 모델을 제공하며, E-R Diagram을 작성하기 위한 작업 화면에서 그림 1-10과 같이 데이터 모델을 작성할 수 있다.

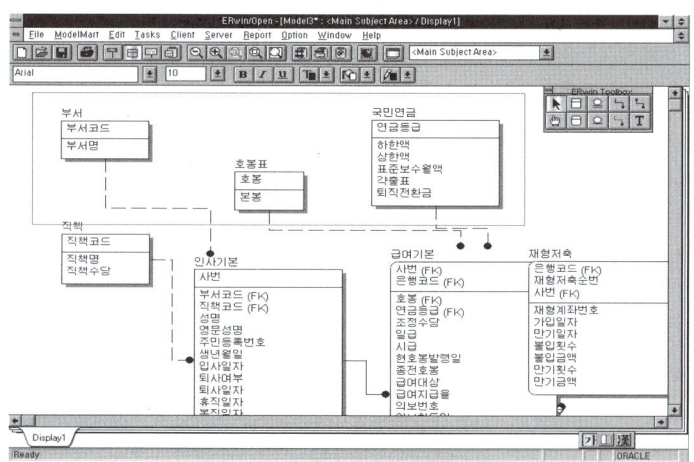

【그림 1-10】 ERwin 데이터 모델 작업의 예

2 4GL과의 연결 작업

　ERwin은 설계된 데이터베이스 정보를 클라이언트 측의 비주얼 베이직이나 파워빌더와 같은 프로그램 언어 등에 직접 반영하여 업무 응용을 위한 화면 폼과 프로그램 소스를 자동으로 생성해 주는 기능을 가진다. 그림 1-11은 이러한 작업 화면을 나타내고 있다.

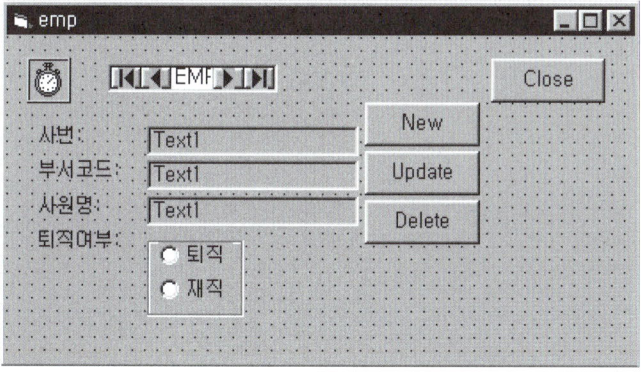

【그림 1-11】 ERwin에서 생성한 비주얼 베이직 폼의 예

3 데이터베이스 생성 및 역공학

ERwin은 설계된 데이터 모델을 서버 측의 DBMS에 맞도록 데이터베이스를 생성하는 또 다른 기능(순공학)을 가지며, 또한 역으로 이미 생성되어 있는 서버 측의 데이터베이스를 ERwin의 데이터 모델로 생성하는 기능(역공학)도 가지고 있다. 이를 설명하기 위한 그림은 다음과 같다.

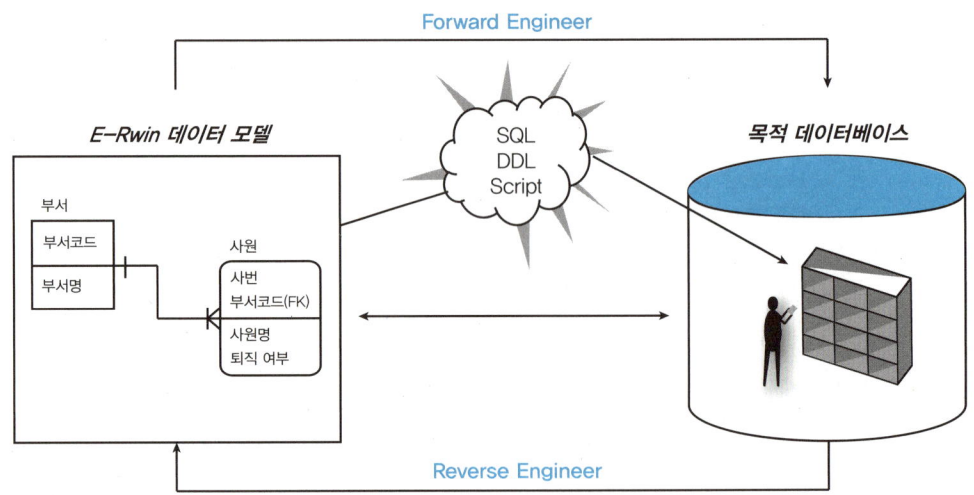

【그림 1-12】 ERwin의 순공학, 역공학 기능

요약

　개념 세계에서 컴퓨터 세계로 변해지는 과정을 쉽게 데이터 모델링(Data Modeling)이라고 말할 수 있다. 기본적으로 데이터 모델링은 정해진 규약에 의해 행해져야 하는데, 데이터 모델링이 행해질 때 각 세계에서 표현되는 구조를 데이터 모델(Data Model)이라고 이해하면 되겠다.

　현실 세계에 존재하는 개체를 인간이 이해할 수 있는 정보 구조로 표현하는 과정을 정보 모델링(Information Modeling)이라고 하고, 인간이 이해하는 수준의 추상적 개념으로 표현된 개념 세계의 데이터를 컴퓨터의 DBMS가 이해할 수 있는 논리적 구조로 표현하는 과정을 데이터 모델링(Data Modeling)이라고 한다. 이때는 DBMS의 종류에 따라 종속적으로 DBMS가 지원하는 데이터 모델로 표현되어야 한다. 즉, 관계 DBMS를 사용하는 컴퓨터에서의 논리적 구조는 관계 데이터 모델로 표현되어야 한다. 이렇게 표현된 논리적 데이터 구조는 컴퓨터가 접근할 수 있는 저장 매체에 물리적 구조로 변환시켜야 하는데, 이 변환 과정을 데이터 구조화(Data Structuring)라고 한다.

　개념 세계의 정보 구조는 표현하려는 개체, 그 개체들의 특성, 그리고 그들 간의 관계를 포함해야 한다. 이를 위해 1976년 P.Chen이 개체-관계 모델을 제안하였다. 이는 E-R 모델이라고도 불리는데, 이 모델을 시각적으로 표현한 것을 E-R Diagram이라고 한다.

　E-R Diagram에서 사각형은 개체 타입(Entity Type)을 표현하고, 다이아몬드는 개체와 개체 간의 관계를 표현하며, 원은 속성을 표현한다.

　DBMS-적용 가능 형태는 계층(Hierarchical), 망(Network), 그리고 관계(Relational) 데이터 모델로 표현한다. 이러한 유형을 논리적 데이터 모델이라고 한다.

　대상 컴퓨터에 적합한 데이터 구조를 만들기 위해 수행되는 데이터 모델링 방법은 크게 두 가지로 분류할 수 있다. 첫째는 개체(Entity) 정의, 식별자 정의, 상세화, 통합 그리고 검증 단계를 거치는 방법이고, 둘째는 업무에서 쓰이는 문서 양식을 보고 정규화를 통해 데이터 모델을 생성하는 경험적 방법이 있다.

　ERwin Middle Case를 사용하여 관계형 데이터 모델을 생성하는 방법이 있다. ERwin은 데이터 모델링을 지원하는 CASE(Computer Aided Software Engineering) 도구이다. 데이터베이스의 개념적 모델(Conceptual Model)을 디자인하고 물리적 모델(Physical Model)을 만들어 줌으로써 데이터베이스 스키마를 자동으로 생성한다.

# 제1장 연습 문제

01 데이터의 세 가지 세계에 대하여 설명하시오.

02 데이터 모델링과 데이터 모델의 관계를 설명하시오.

03 계층, 네트워크, 관계 데이터 모델을 비교·설명하시오.

04 E-R Diagram과 데이터 구조도의 차이점을 설명하시오.

05 다음의 문서 관리 업무 인터뷰 결과를 가지고 데이터 모델링을 수행하시오.

> **보기**
> 1. 문서는 문서 관리로 관리된다.
> 2. 문서는 작성 부서 및 작성자가 있으며, 분류 체계에 따라 관리된다.
> 3. 문서가 당사의 것이 아닌 경우에는 발신처와 접수자를 관리한다.
> 4. 문서는 각 부서별로 보관한다.
> 5. 보관 문서에는 보존 연한이 있으며, 작성 일자, 폐기 일자, 발신, 수신, 특기 사항을 관리한다.
> 6. 각 부서에는 같은 종류의 문서가 2개 이상 존재할 수 있다.
> 7. 각 부서는 문서를 File Holder별, 박스별로 관리하며 캐비닛에 보관한다.
> 8. 문서는 File Holder에, File Holder는 박스에, 박스는 캐비닛에 보관한다.
> 9. 각 부서의 문서에는 관리 담당자가 있으며 Holder, 박스, 캐비닛에도 관리 담당자가 있다.
> 10. 보관되던 문서는 일정 기간이 경과된 후 보관 창고로 옮겨진다.
> 11. 문서는 부서 간 이동이 있을 수 있다.
> 12. 문서의 조회는 관리 번호별, 분류 코드별, 제목별로 검색이 가능해야 하며, 현재 보관 위치를 정확히 제시해야 한다.

제2장 데이터 모델링 방법론

- 제1절 데이터 모델링 절차
- 제2절 데이터 모델링 사례
- 요약
- 연습 문제

현실 세계를 개발 대상 업무로 모델링한 후, 대상 컴퓨터에 부합되는 데이터 구조를 갖도록 모델링하는 과정, 즉 데이터 모델링 절차에 대해 그 방법론을 알아본다. 물론 독자 여러분의 이해를 돕기 위해 단계마다 예제를 포함하였다.

제1절 데이터 모델링 절차

오늘날 정보 시스템의 중심은 데이터로 집약되고 있으며, 데이터는 기업의 개체(Entity)와 관계(Relationship)를 중심으로 명확하게 체계적으로 표현하고 문서화하는 데이터 모델링으로 표현되고 있다. 이렇게 표현된 데이터 모델은 연관 조직의 정보 요구에 대한 정확한 이해를 제공하며, 분석자, 개발자, 그리고 사용자 간의 의사소통 수단으로 사용되고 있다. 또한 데이터 중심의 분석 방법으로 신규·개선 시스템 개발의 기초로 사용된다. 정보 공학적 개발 방법론 측면에서 데이터 모델링의 위치를 살펴보면 표 1-1과 같고, 데이터 중심 개발 방법론 측면에서는 그림 1-13과 같이 표현할 수 있다.

【표 1-1】 정보 공학적 개발 방법론

계획	분석		설계	
	분석	데이터 모델링	스키마 설계	프로그램
타당성	업무 활동 분석 업무 조직 분석 업무 흐름 분석	개체, 관계 정의 주/부/외래 키	데이터 모델 (관계형 DB) 테이블/열 정의	프로그램 설계

현황 조사	업무 활동 분할	정의	규칙 정의	메뉴 설계
방향 설정	Review	키 규칙 정의	(참조 무결성)	
프로젝트				Repository 관리
계획 수립	자료 분석 장표 문서 수집 자료 항목 추출	정규화 통합, 검증	DB, LOG, DISK 전략 구축	Case 활용 Prototyping

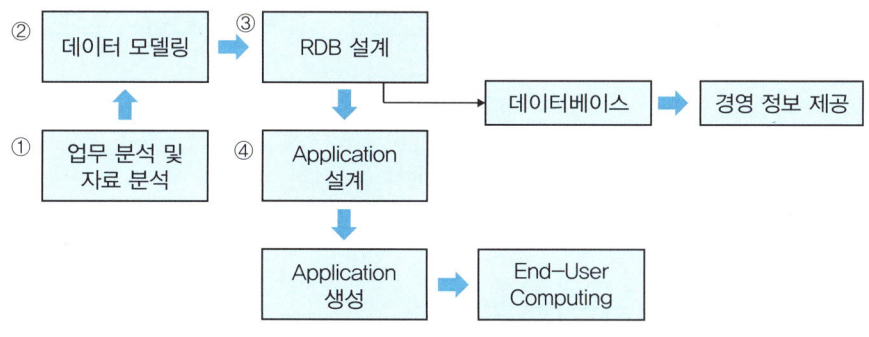

【그림 1-13】 데이터 중심 개발 방법론

데이터 모델링은 현실 세계(현 업무)를 개발 대상 업무(개념 세계)로 정보 모델링한 후, 대상 컴퓨터에 부합되는 데이터 구조를 갖도록 모델링하는 과정으로 이해할 수 있다. 파일 시스템, 데이터 모델링, 그리고 관계형 데이터베이스의 용어 체계를 비교하면 표 1-2와 같다.

【표 1-2】 데이터 모델링의 용어 비교

파일 시스템	데이터 모델링	관계형 데이터베이스
File	Entity(개체)	Table
Record	Tuple(튜플)	Row(행)
Key	Identifier(식별자)	Key
Field	Attribute(속성)	Column(열)

대상 컴퓨터에 적합한 데이터 구조를 만들기 위해 수행되는 데이터 모델링 방법은 크게 두 가지로 분류할 수 있다. 첫째는 개체(Entity) 정의, 식별자 정의, 상세화, 통합, 그리고 검증 단계를 거치는 그림 1-14와 같은 방법이고, 둘째는 업무에서 쓰이는 문서 양식을 보고 정규화를 통해 데이터 모델을 생성하는 경험적 방법이 있다. 두 번째 방법은 정규화 이론을 토대로 3장에서 설명한다.

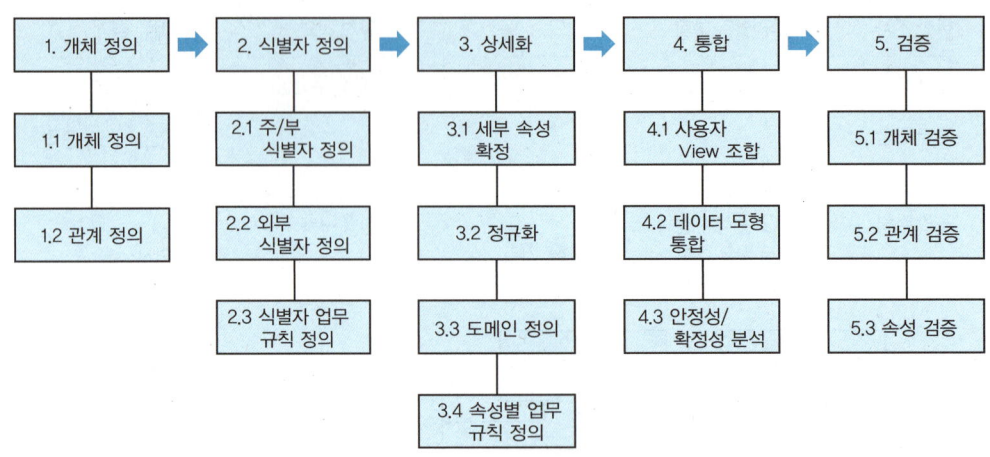

【그림 1-14】데이터 모델링 절차

1 개체(Entity) 및 관계(Relationship) 정의

정보를 갖고 있거나 그에 대한 정보를 알아야 하는 유형, 무형의 사물이나 객체를 개체라고 한다. 이는 한 개의 개체에만 속해야 하고, 각 개체는 유일하게 식별 가능해야 하며, 개체 내의 사례가 상호 구분될 수 있어야 하는 특성을 가진다. 개체의 파악은 현업 사용자와의 인터뷰와 서류 자료(장표, 문서, 대장)를 이용하여 상식과 논리적인 관찰력을 통해 행해진다. 예를 들어, 부서는 개체가 되고 내부에 존재하는 부서 코드, 부서명, 부서 인원, 부서장명 등은 개체를 구성하는 속성이 된다.

개체의 성질, 분류, 식별, 수량, 상태 등을 나타내는 세부 항목 정보의 요소로써 관리되는 항목을 속성이라 한다. 속성은 정확한 개체에 할당되어야 하고 반드시 해당되는 개체를 기술하는 사항이어야 한다.

두 개 이상의 개체 간에 명명되어진 의미 있는 연결을 관계라 하는데, 이는 개체와 개체와의 연결을 식별자를 기준으로 설정하여 관계를 파악한다. 예를 들어, "각 부서에서 구매 의뢰를 한다"라는 인터뷰에서 얻을 수 있는 개체는 "부서"와 "구매"이고, 관계는 "부서"와 "구매" 간의 "의뢰한다"라는 관계성이 식별된다. 이 관계를 그림으로 표시하면 그림 1-15와 같다.

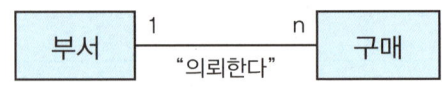

【그림 1-15】개체 간의 관계성

2 식별자 정의

각 개체의 한 사례가 그 개체의 다른 모든 사례와 구분할 수 있는 유일한 것을 식별자라 하며, 유일한 식별자가 될 수 있는 식별자를 후보 식별자(Candidate Identifier)라 한다. 이 후보 식별자 중에서 선택된 것을 주 식별자(Primary Identifier)라 한다. 이러한 식별자는 한 개의 속성, 또는 여러 개의 조합(복합 식별자)이 되어 사용될 수 있다.

또한 후보 식별자 중에서 주 식별자로 선택되지 않은 식별자를 대체 식별자(Alternate Identifier)라 하며, 이는 기타 인덱스(Index)로 활용하고자 하는 식별자이다. 외부 식별자(Foreign Identifier)는 두 개체 간의 관계를 결정해 주는 속성으로서 관계에 의한 종 개체(Child Entity) 쪽에 위치하며, 주 개체(Parent Entity)의 식별자와 같은 값을 갖는 식별자이다.

식별자 업무 규칙은 참조 무결성(Referential Integrity)을 유지하기 위한 목적으로 한 개체에 입력, 수정, 삭제가 발생하거나 외부 식별자 변경 시 발생하는 영향을 관리하기 위하여 정의한다. 입력 규칙은 종 개체 쪽 입력 시 부 개체와 관련된 규칙이고, 삭제·수정 규칙은 부 개체 쪽 삭제 시 종 개체와 관련된 규칙이다. 식별자 정의의 예는 그림 1-16과 같다.

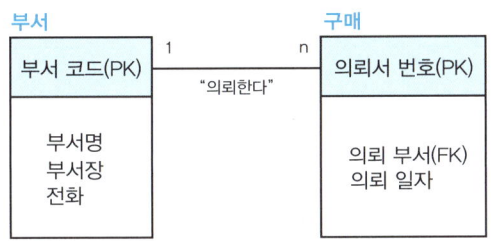

【그림 1-16】 식별자 예제

3 상세화

상세화는 개체의 세부 속성 확정, 도메인 규정, 속성별 업무 규칙 정의, 그리고 속성의 정형화를 실시하는 과정이다. 속성은 개체의 성질, 분류, 식별, 수량, 상태 등을 나타내는 세부 항목 정보의 요소로써 관리되는 항목으로 정의할 수 있다. 속성은 정확한 개체에 할당되어야 하고 반드시 해당되는 개체를 기술하는 사항이어야 하며, 속성의 명칭, 설명, 형식, 길이, 유효값, 기본값 등을 정확히 파악해야 한다.

도메인 규정 사항은 속성명, 자료 형태, 길이, 형식의 제한 범위, 유일성, Null 여부, 유효값, 기본값, 설명, 추출 알고리즘을 정확히 파악하여 상세화한다. 도메인 규정은 주 식별자는 유일(Unique)하며 Null이어서는 안 되고, 대체 식별자는 유일(Unique)하거나 유일하지 않으며 구성하는 각 속성은 Null을 허용하고, 외부 식별자의 도메인 특성은 관련 주 개체(Parent Entity)의 주 식별자와 동일하다는 특성을 가지고 있다.

속성별 업무 규칙은 한 개체의 어떤 속성에 대해 입력, 수정, 삭제 발생 시 같은 개체나 다른 개체에 존재하는 다른 속성들에 미치는 영향을 관리하는 규칙을 말한다. 이는 한 속성에 대해 발생하는 사건에 대해 연쇄적으로 발생하는 작용으로 연쇄 작용(Trigger Operation)이라고도 한다. 위에서 기술한 지식을 기준으로 상세화 단계에서는 표 1-3과 같은 양식으로 최종 정리된다.

【표 1-3】 개체/속성 상세화

개체	속성	데이터 타입	길이	형식	제한 범위	유일성	Null 여부	기본값	추출 알고리즘
구매	A	Char.	4	XX-XX	·	Y	N	·	
발주	B	Date	6	YY/MM/DD	〉Today	N	N	Today	
·	C	Int	11	9(11)	·	N	N	·	
·	·								
·	·								

4 통합

통합 단계에서는 사용자 관점을 조합하고, 데이터 모형을 통합하며, 모델의 안정성과 확장성을 분석한다. 사용자 관점의 조합은 서로 다른 업무 영역 내의 다른 사용자 간의 데이터 모델을 통합하여 사용자 관점 간의 중복성, 불일치성 제거 및 새로운 관계를 추가하는 것을 목적으로 한다. 진행 단계는 개체 및 관련 업무 규칙 통합, 관계 및 관련 업무 규칙 통합, 속성 및 관련 업무 규칙을 통합하는 순서로 실시한다.

데이터 모형의 통합은 유사한 주 식별자와 주 식별자 영역을 갖는 개체들을 통합한다. 진행 단계는 기존 데이터베이스 스키마와 신규 데이터 모델의 통합, 기존 스키마와 신규 데이터 모델 간의 개체 통합, 기존 스키마와 신규 데이터 모델 간의 관계 통합, 그리고 기존 스키마와 신규 데이터 모델 간의 속성을 통합하는 순서로 실시한다.

안정성과 확장성 분석은 현재 업무를 분석한 데이터 모델이 향후 변경 가능성에 쉽게 대처할 수 있도록 안정성, 확장성을 고려하여 데이터 모델을 수정함을 목적으로 한다. 진행 단계는 개체 변경 가능성 분석, 관계 변경 가능성 분석, 식별자 변경 가능성 분석, 속성 변경 가능성 분석, 그리고 업무 규칙 변경 가능성을 분석하는 순서로 실시한다.

5 검증

검증 단계에서는 ① 그룹 및 사용자 확인, ② 규칙 검증, ③ 개체, 관계, 속성 및 품질 검증, ④ 완전성 검증의 순서로 시행하여 품질 및 완전성을 보장한다. 그룹 및 사용자 확인 단계에서 그룹 확인은 업무의 완전한 이해와 E-R Diagram에 대한 완전한 이해를 가진 숙련된 분석가와 함께 프로젝트 팀 내의 동료끼리 상호 모델을 검사하고 오류를 찾아낸다. 사용자 확인은 정기적 혹은 수시로 사용자에게 모델을 확인시키고, 사용자를 적극 참여시켜 오류와 누락 부분을 확인시킨다.

규칙 검증에서는 업무 분석에서 분석된 모든 규칙을 다시 검증한다. 개체 품질 검증에서는 단수의 의미 있는 이름, 상호 배타성, 대체로 10개 이하의 속성, 동의어/동음이의어, 상세 정의, 주 식별자, 개체를 생성/조회/삭제/저장하는 업무 기능, 시간에 따른 변화, 정규화 등의 사항을 확인한다.

관계 품질 검증에서는 유효한 관계, 중복된 관계, 필수적 관계, 1:1이거나 1:0의 관계, 시간에 따른 변화 등의 사항을 확인하고, 속성 품질 검증에서는 단수의 의미 있는 이름, 반복/그룹값은 없는가, 형식/길이/허용치/유도식 등의 정의, 관련 영역이 존재하는가 등을 확인한다.

완전성 검증에서는 사용자 인터뷰, 시스템 문서, 장표, 보고서 등과의 비교를 통해 입력 화면, 출력 보고서가 모두 산출될 수 있는가를 확인한다.

이렇게 검증된 데이터 모델은 각 DBMS의 기능과 성능 및 데이터의 분산 형태 등을 고려하여 관계형 데이터베이스로 전환된다. 전환은 데이터 모델을 관계형 스키마로 변환하고, 업무 규칙 정의를 트리거 코드(Trigger Code)로 변환하여 테이블과 뷰, 그리고 인덱스를 생성하는 과정을 거친다. 이 과정 후 데이터 사용량 분석, 데이터 분산 분석, 데이터 구조 변환, 데이터 무결성 전환을 실시한 후 응용 프로그램 개발을 시행한다.

제2절 데이터 모델링 사례

구매 발주 업무를 전산화하기 위해 인터뷰를 실시하여 그 결과를 다음과 같이 정리하였다. 다음의 인터뷰 내용을 분석하여 모델링을 시행한다.

[구매 발주 업무 인터뷰 결과]

1. 각 부서에서는 구매 의뢰를 한다.
2. 구매 의뢰에 따라 구매 발주가 이루어진다.
3. 한 구매 의뢰는 여러 번 발주될 수 있다.
4. 자재는 자재 Master에 자재 코드로 관리된다.
5. 한 거래처에 대해 한 건의 구매당 한 장의 구매 발주서가 발행된다.
6. 한 구매 발주서에서는 여러 품목을 발주할 수 있다.
7. 단일 의뢰 및 발주에는 한 품목을 여러 번 의뢰·발주할 수 있다.

1 개체 및 관계 식별

(1) 개체 식별 및 이름 재부여

개체 식별	동일 의미 제거 및 이름 재부여
부서	부서
구매 의뢰	구매 의뢰
구매 발주, 발주, 구매 발주서	발주서
자재, 자재 Master, 품목	자재
거래처	거래처

(2) 관계 식별

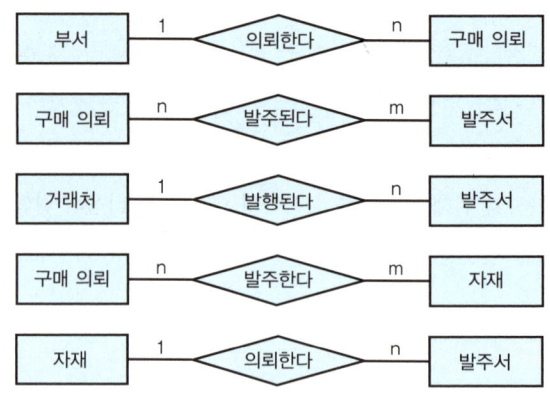

【그림 1-17】 개체 간의 관계성 식별

(3) E-R Diagram 작성

위에서 식별된 관계를 E-R Diagram으로 표시하면 그림 1-18과 같다. 이는 다 대 다(n:m)의 관계를 그대로 표현한 것으로 관계형 데이터 모델의 특성상 다 대 다의 관계를 제거하면 그림 1-19와 같다.

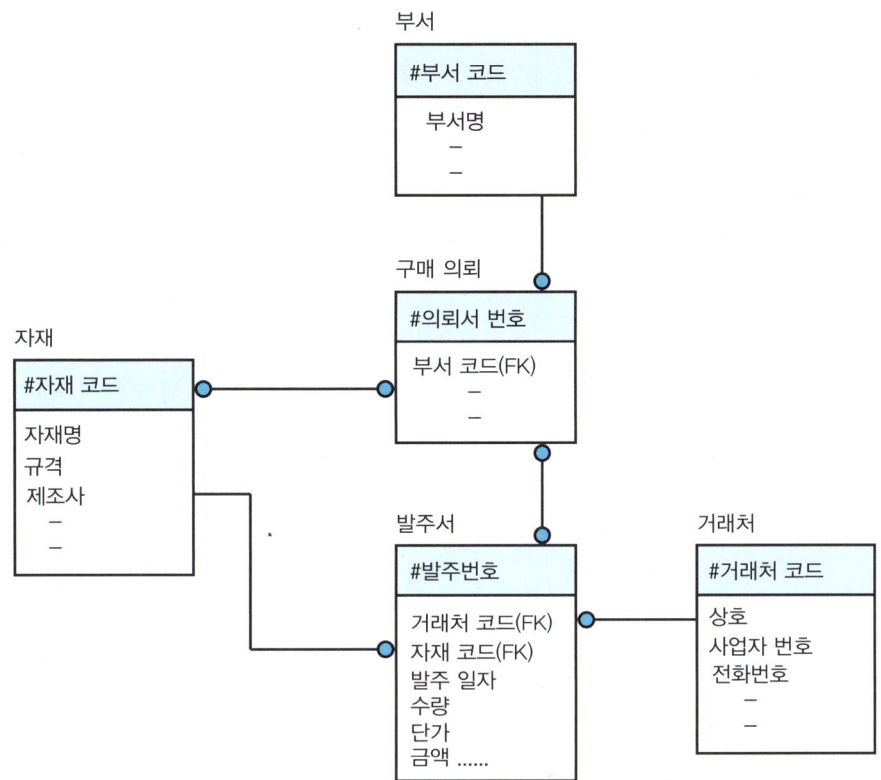

【그림 1-18】 구매 발주 업무에 대한 E-R Diagram(다 대 다 관계 포함)

1과목 데이터 모델링의 이해

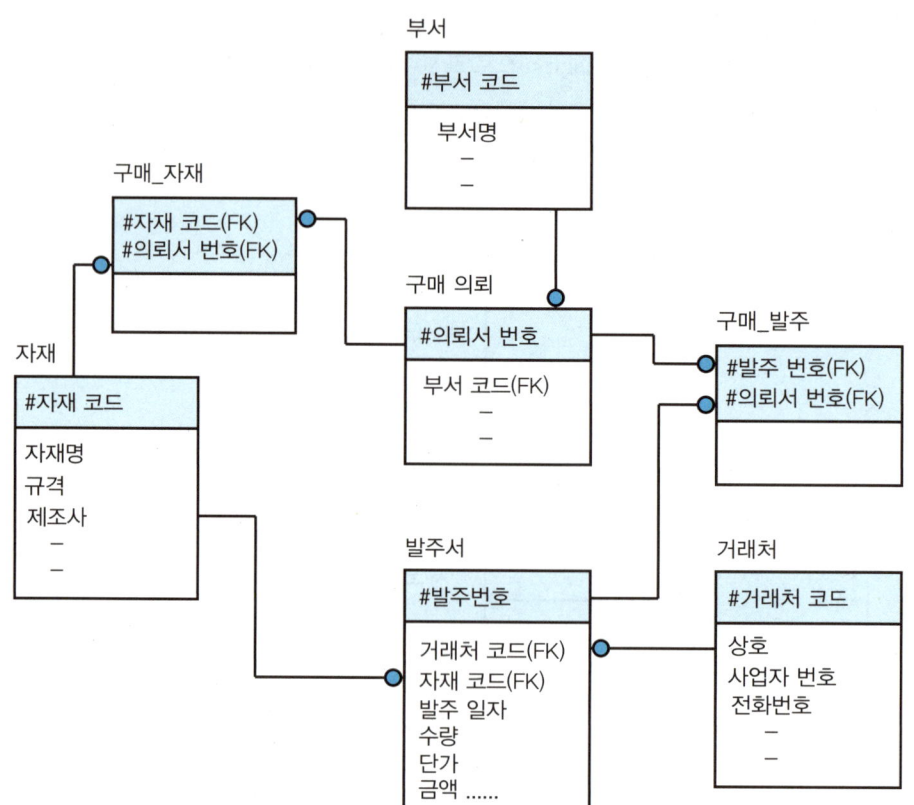

【그림 1-19】 구매 발주 업무에 대한 E-R Diagram(다 대 다 관계 제거)

2 개체 상세화

개체	속성	데이터 타입	길이	형식	유일성	Null 여부
부서	부서 코드	Integer	4	9999	Y	N
	부서명	Char.	20	XXX..XX	N	N
	부서장명	Char.	10	XXX..XX	N	N
	부서 인원	Integer	2	99	N	N

3 데이터베이스 논리 설계

E-R Diagram의 개체는 테이블로 변환하고, 속성은 열(Column)로 변환한다. 그림 1-19를 관계 데이터 모델로 표현하며, 모두 8개의 테이블로 변환된다. 부서 개체에 대한 관계 데이터 모델 표현은 다음과 같다.

(1) 부서 테이블

부서 코드	부서명	부서장명	부서 인원

⋮

> **요약**
>
> 대상 컴퓨터에 적합한 데이터 구조를 만들기 위해 수행되는 데이터 모델링 방법은 크게 두 가지로 분류할 수 있다. 첫째는 개체(Entity) 정의, 식별자 정의, 상세화, 통합, 그리고 검증 단계를 거치는 방법이고, 둘째는 업무에서 쓰이는 문서 양식을 보고 정규화를 통해 데이터 모델을 생성하는 경험적 방법이다.

제2장 연습 문제

01 E-R Diagram과 데이터 구조도의 차이점을 설명하시오.

02 다음의 병원 관리 업무 인터뷰 결과를 가지고 데이터 모델링을 수행하시오.

- 환자는 한 명 이상의 의사와 예약할 수 있으며, 각 예약은 단 한 사람의 의사와 한다.
- 환자는 10명의 의사 중 누구에게든 처방을 받을 수 있고, 각 의사들은 많은 환자를 볼 수 있다.
- 각 환자의 진료비는 한 명의 의사로부터 청구되고, 각 의사는 여러 환자를 청구할 수 있다.

03 다음의 문서 관리 업무 인터뷰 결과를 가지고 데이터 모델링을 수행하시오.

- 문서는 문서 관리로 관리된다.
- 문서는 작성 부서 및 작성자가 있으며, 분류 체계에 따라 관리된다.
- 문서가 당사의 것이 아닌 경우에는 발신처와 접수자를 관리한다.
- 문서는 각 부서별로 보관된다.
- 보관 문서에는 보존 연한이 있으며, 작성 일자, 폐기 일자, 발신, 수신, 특기 사항을 관리한다.
- 각 부서에는 같은 종류의 문서가 2개 이상 존재할 수 있다.
- 각 부서는 문서를 파일 홀더별, 박스별로 관리하며 캐비닛에 보관한다.
- 문서는 파일 홀더에, 파일 홀더는 박스에, 박스는 캐비닛에 옮겨진다.
- 각 부서의 문서에는 관리 담당자가 있으며 홀더, 박스, 캐비닛에도 관리 담당자가 있다.
- 보관되던 문서는 일정 기간이 경과된 후 보관 창고로 옮겨진다.
- 문서는 부서 간 이동이 있을 수 있다.
- 문서의 조회는 관리 번호별, 분류 코드별, 제목별로 검색 가능해야 하며, 현재 보관 위치를 정확히 제시해야 한다.

04 위의 2, 3번 문제를 데이터 모델 E-Rwin으로 작성하시오.

제3장 관계 데이터베이스 모델

- 제1절 관계 데이터 모델의 구조
- 제2절 관계 데이터 모델의 제약
- 제3절 관계 데이터 모델의 연산
- 제4절 관계 데이터베이스 관리 시스템
- 제5절 관계 데이터베이스 구조 이해하기
- 요약
- 연습 문제

데이터베이스는 계속적으로 변화하는 현실 세계를 표현하고 있으며, 데이터 모델은 바로 이 현실 세계를 데이터베이스로 표현하는 과정이다. 이 장에서는 일반 사용자로 하여금 데이터베이스가 테이블, 즉 릴레이션(Relation)의 집합이라고 생각하게 하는 구조를 이해한다. 특히, 이 구조에서는 데이터베이스를 구성하는 개체(Entity)와 관계(Relationship)가 모두 동일하게 테이블 (Table)로 표현된다는 특성을 가진다. 따라서 이러한 관계 데이터 모델의 구조와 제약 조건을 살펴보고, 관계 데이터 모델의 릴레이션을 조작하기 위한 연산을 배운다. 마지막으로 상용화되어 있는 관계 데이터베이스 관리 시스템의 종류와 특징, 그리고 기능을 살펴본다.

제1절 관계 데이터 모델의 구조

관계 데이터 모델은 개체 집합(Entity Set) 내의 속성과 연관성 사이의 관계를 표현하기 위한 모델의 하나이다. 도메인(Domain) $D_1, D_2, ..., D_n$을 생각해 보자. 만약 R이 N-튜플(N-Tuple)이고 이 튜플의 원소가 각각 $D_1, D_2, ..., D_n$에서 취해졌다면, 이때 R을 이러한 N개의 집합에서 정의된 릴레이션(Relation)이라고 한다. 정확하게 말하면, R은 카티션 프로덕트(Cartesian Product) $D_1 * D_2 * ... * D_n$의 부분 집합이다. 집합 D_j는 R의 3번째 도메인이라 부른다. 이때 위에서 정의한 R은 차수(Degree) N을 가지고 있다고 한다. 차수가 1인 릴레이션은 보통 1항(Unary) 릴레이션, 차수가 2인 릴레이션을 2항(Binary) 릴레이션, 차수가 3인 릴레이션을 3항(Ternary) 릴레이션, 그리고 차수가 N인 릴레이션은 N항(n-ary) 릴레이션이라고 한다. 다시 말하면, 테이블(Table)의 항목이 하나이면 1항, 둘이면 2항 등으로 부른다. 또 하나의 릴레이션에 포함되어 있는 튜플의 수를 그 릴레이션의 카디널리티(Cardinality)라 한다.

릴레이션은 릴레이션 스킴(Scheme)과 릴레이션 인스턴스(Instance)로 구성된다. 릴레이션 스킴은 어떤 한 릴레이션에서 일정 수의 애트리뷰트 집합으로 구성되며, 릴레이션 내포(Intension)라고도 한다. 릴레이션 인스턴스는 어느 한 시점에서 R이 포함하고 있는 튜플의 집합을 말하며 릴레이션 외연(Extension)이라고도 한다.

그림 1-20은 세 개의 개체 집합에 대한 릴레이션을 나타내고 있다. 즉, 교과 과정, 개인, 주택 및 개인과 주택 간의 연관성을 표시한 소유지 릴레이션들이다.

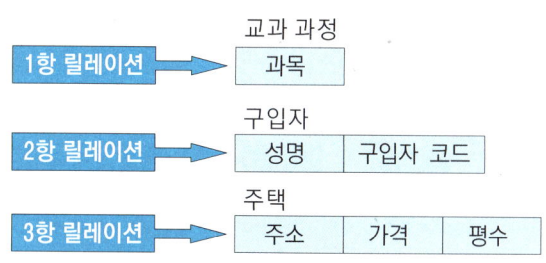

【그림 1-20】 릴레이션 차수의 예

그리고 관계 데이터 모델에서 나오는 릴레이션은 속성들을 갖고 있는 2차원 테이블이며, 이 테이블의 이름을 릴레이션 이름이라고 한다. 또한 속성(Attribute)은 한 릴레이션의 각 열(Column)이며, 튜플(Tuple)은 릴레이션의 각 행(Row)을 의미한다. 도메인(Domain)은 속성에서 나타날 수 있는 값(Value)을 뜻한다. 하나의 속성만으로 한 데이터베이스 내의 모든 튜플을 구분할 수 있을 때, 이 속성을 기본 키(Primary Key)라고 하며, 하나 또는 2개 이상의 속성을 조합하여 튜플을 구분할 수 있으면 이 속성들을 후보 키(Candidate Key)라고 한다. 여러 개의 후보 키 중에서 데이터베이스 관리자가 하나를 선택하여 기본 키로 사용한다. 이를 정리하면 표 1-4와 같다.

이러한 릴레이션, 속성, 튜플, 도메인 등의 관계를 그림 1-21에서 보여 준다. 학생 릴레이션은 5개의 항목으로 구성되어 있으므로 차수가 5, 즉 5항 릴레이션이라고 한다. 그림 1-21에서 속성 "성별"의 도메인은 남녀인 2개의 값을 갖고 있고, 속성 "나이"의 도메인은 100보다 작은 양의 정수이다.

【표 1-4】 관계 데이터 모델에서의 용어

관계 데이터 모델의 용어	의미
릴레이션	테이블
튜플	행 또는 레코드
속성	열 또는 필드
기본 키	레코드를 식별할 수 있는 필드
도메인	필드가 가질 수 있는 값들
차수	필드의 수

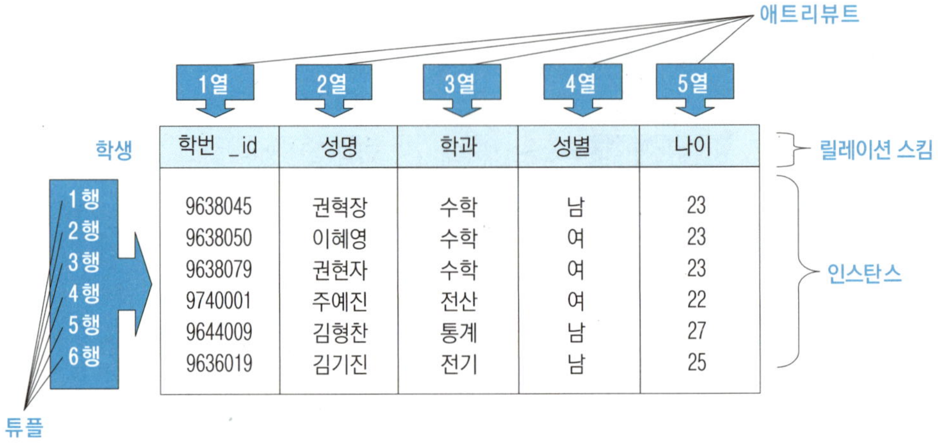

```
학생
         1열      2열    3열    4열    5열
        학번_id   성명   학과   성별   나이
   1행  9638045  권혁장   수학    남    23
   2행  9638050  이혜영   수학    여    23
   3행  9638079  권현자   수학    여    23
   4행  9740001  주예진   전산    여    22
   5행  9644009  김형찬   통계    남    27
   6행  9636019  김기진   전기    남    25
```

애트리뷰트 / 릴레이션 스킴 / 인스탄스 / 튜플

【그림 1-21】 학생 릴레이션의 예

    데이터베이스의 릴레이션은 시간에 따라 변하게 된다. 예를 들면, 릴레이션이 표현하는 개체 집합은 개체가 삽입, 삭제, 수정되기 때문에 계속 변하게 된다. 시간에 따라 변하는 데이터베이스는 수학적 릴레이션과는 본질적으로 다른 것임을 알 수 있다. 차수가 N인 (n-ary)릴레이션은 테이블로 표현할 수 있다. 속성으로 불리는 테이블의 열(Column)은 릴레이션의 도메인과 대응되고, 각 행(Row)은 튜플에 대응된다.

    예를 들면, 만약 릴레이션의 개체 집합을 나타낸다면 각 열은 속성에 대응되고, 각 행은 개체 집합의 한 개체에 대응되게 된다. 더욱이 행의 순서는 중요하지 않으며 모든 행은 그 내용이 상이하다. 즉, 어느 개체도 테이블에서 같은 것이 한 번 이상 나타날 수 없다. 이러한 성질은 릴레이션이 집합이라는 사실에서 나온 결과이다. 행의 순서는 무관하나 보통 열의 순서는 중요하며 이 순서는 기본 도메인을 순서화하여 나타낸다. 그러나 각 열이 그 열과 대응되는 도메인의 명칭으로 명명되어 있어서, 열의 상대적인 위치보다는 이 명칭으로 참조될 때는 열의 순서가 중요하지 않다. 속성(Attribute)의 유일한 식별을 보장하기 위해서 릴레이션 내의 속성의 명칭은 유일해야 한다.

그러나 어떤 관계의 두 개 이상의 속성이 동일한 기본 도메인에서 값을 취할 때 문제점이 발생한다. 그러면 이 릴레이션에서 두 개 이상의 속성이 같은 명칭을 갖게 되는데, 이러한 경우에는 공통적인 속성 명칭 앞에 상이한 역할 이름(Role Name)을 사용하여 속성을 구별할 수 있다. 이러한 방법으로 한 관계의 속성 명칭은 유일하게 유지된다. 예를 들어, 다음과 같은 릴레이션을 통해 이해를 높여 보자.

| 사원(사번, 주소, 주소) |

사원(X, Y, Z)의 의미는 사번이 X인 사원은 첫 번째 주소와 두 번째 주소의 두 개의 주소를 갖고 있다는 것을 나타낸다. 이때에 다음과 같은 릴레이션을 만들기 위해서 "첫 번째"와 "두 번째" 명칭을 주소 앞에 붙인다.

| 사원(사번, 첫 번째 주소, 두 번째 주소) |

이 접두어는 두 주소를 구별해 주는 역할을 한다. 일반적으로 릴레이션이 갖고 있는 어떤 속성의 부분 집합의 값은 그 릴레이션의 튜플을 유일하게 식별한다. 릴레이션의 R의 키 K는 다음과 같이 시간에 무관한 성질을 갖고 있는 속성의 부분 집합이다. 이러한 키가 가지는 특성을 요약하면 다음과 같다.

▶ **유일한 식별성**: 키값으로 릴레이션에 있는 모든 튜플에 대해 하나의 튜플을 유일하게 식별한다.
▶ **비중복성**: 키를 구성하는 속성 하나를 제거하면 유일한 식별성이 파괴된다. 즉, 유일한 식별을 위해 반드시 필요한 속성만을 포함한다.

제2절 관계 데이터 모델의 제약

관계 데이터 모델의 제약(Constraints)에는 개체 무결성(Entity Integrity) 제약과 참조 무결성(Referential Integrity) 제약이 있는데, 이는 관계 데이터 모델의 키로부터 유래된다. 먼저 속성 집합 A로 구성된 릴레이션 R에서, A의 한 부분 집합인 속성 K가 다음의 두 가지 성질을 항상 만족한다면, 이 K를 릴레이션 R의 후보 키(Candidate Key)라고 한다.

- 릴레이션에 있는 모든 튜플에 대해 속성 집합 K의 값들은 모두 다르고 유일하다는 유일성의 특성을 가진다.
- 속성 집합 K가 둘 이상의 속성으로 구성되어 있을 때 어느 한 속성이라도 제외시키는 경우는 튜플의 유일성이 깨지는 최소성의 특성을 가진다.

이 후보 키 중에서 키로 선택된 것을 기본 키(Primary Key)라고 하며, 이는 한 개의 속성 또는 여러 개의 속성이 조합되어 사용할 수 있다. 또한 후보 키 중에서 기본 키로 선택되지 않은 키를 대체 키(Alternate Key)라고 하며, 이는 인덱스(Index)로 활용하고자 주로 사용된다. 외래 키(Foreign Key)는 두 릴레이션 간의 관계를 결정해 주는 속성으로서 관계에 의한 종속 릴레이션(Child Relation) 쪽에 위치하며 주 릴레이션(Parent Relation)의 식별자와 같은 값을 갖는 키이다. 이를 좀 더 정확하게 정의하면 다음과 같다.

릴레이션 R1에 속한 한 속성의 집합을 FK라고 하자. 그런데 만약 이 FK가 어떤 다른 릴레이션 R2의 기본 키가 된다고 할 때, 이 FK를 릴레이션 R1의 외래 키라고 한다. 이 경우에 속성 FK는 릴레이션 R2를 참조(Reference)한다고 하고 릴레이션 R2는 참조 릴레이션이라고 한다. 여기서 릴레이션 R1과 R2는 반드시 상이해야 하는 것은 아니다. 그러나 외래 키와 기본 키가 정의된 도메인은 반드시 같아야 한다. 다음의 그림 1-22를 통해 기본 키와 외래 키의 개념을 정리해 보자.

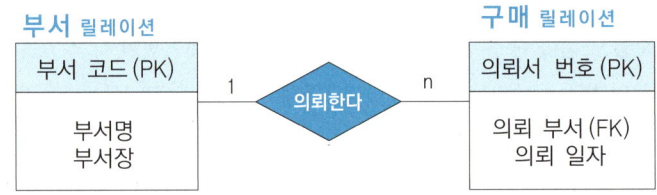

S PK : 기본키 (Primary Key), FK : 외래키 (Foreign Key)

【그림 1-22】 기본 키와 외래 키의 예

그림 1-22를 앞으로 다음과 같이 표현할 수도 있으므로, 서로 같은 표현임에 주의한다.

> 부서(부서 코드, 부서명, 부서장)
> 구매(의뢰서 번호, 의뢰 부서, 의뢰 일자)

그림 1-22에서와 같이 부서 릴레이션의 기본 키는 부서 코드이고, 구매 릴레이션의 기본 키는 의뢰서 번호이다. 이 두 릴레이션 간에는 "부서는 구매를 의뢰한다"는 관계가 성립된다. 이때 구매 릴레이션의 의뢰 부서는 부서 릴레이션을 참조하기 위한 외래 키이며, 이 외래 키는 부서 릴레이션에서는 기본 키가 된다. 따

라서 부서 릴레이션은 참조 릴레이션이 된다.

지금까지의 키의 개념을 토대로 관계 데이터 모델의 제약인 개체 무결성 제약과 참조 무결성 제약을 살펴본다.

1 개체 무결성(Entity Integrity)

개체 무결성이란 기본 키에 속해 있는 속성은 널(Null) 값을 가질 수 없다는 것이다. 여기서 널(Null)이란 튜플의 속성값을 아직 모르거나(Unknown Value), 해당 없음(Inapplicable)을 나타내는 것이다. 그러므로 공백이나 0과는 다르다.

관계 데이터 모델에서 릴레이션이 포함하고 있는 튜플들은 현실 세계를 나타내는 개체들을 나타내고 있다. 그런데 이 개체들은 본질적으로 서로 구별될 수 있는 것이므로 당연히 이들은 유일하게 식별할 수 있는 어떤 식별자가 반드시 있어야 한다. 따라서 기본 키 값으로 널 값을 포함하게 되면, 기본 키는 유일한 식별성을 잃어버리므로, 어떠한 릴레이션이라도 기본 키 값은 절대 널이어서는 안 된다.

2 참조 무결성(Referential Integrity)

참조 무결성이란 만약 릴레이션 R1의 기본 키 K를 참조하는 외래 키 FK가 릴레이션 R2에 포함되어 있다면, 이 FK의 값은 반드시 R1에 나타나 있는 기본 키 K의 어떤 값과 같거나 널이어서는 안 된다는 것이다. 즉, 릴레이션은 참조할 수 없는 외래 키 값을 가질 수 없다는 제약 조건이다.

이 두 가지의 제약 조건은 데이터베이스 상태가 항상 만족해야 할 기본 규칙이다. 여기서 데이터베이스 상태란 어느 한 시점의 데이터베이스 인스턴스를 말한다. 따라서 만약 이 두 조건을 지키지 않으면, 현실 세계를 반영하는 데이터베이스의 한 시점에서의 인스턴스는 부정확한 값을 가지게 된다.

제3절 관계 데이터 모델의 연산

관계 데이터 모델에서 속성 간의 관계는 릴레이션에 의하여 표현된다. 그러나 망 데이터 모델과는 달리 연관성을 표현하기 위해 링크와 같은 방식은 사용하지 않는다. 연관성을 나타내기 위하여 또 다른 릴레이션을 사용한다.

데이터 선정의 측면에서 볼 때, 사용자는 새로운 릴레이션을 정의함으로써 원하는 데이터를 표현한다.

이러한 경우에 결과적으로 구해지는 선택 구조는 새로운 릴레이션의 정의를 내리고, 시스템은 사용자 관점에서 볼 때 새로운 릴레이션을 만든다.

관계 연산자는 관계 대수(Relational Algebra)나 관계 해석(Relational Calculus)을 사용하여 기술한다. 관계 대수는 주어진 릴레이션에서 필요한 릴레이션을 만드는 연산자들이다. 새로운 릴레이션은 주어진 릴레이션들을 조합하여 부분 집합을 취함으로써 얻어진다.

관계 해석은 원하는 릴레이션에 대해 정의를 하는 방식이다. 이러한 정의는 결과적으로 구해지는 릴레이션에 대한 형태와 내용을 결정하는 조건들로 구성된다.

연산자를 설명하기에 앞서 필요한 용어와 정의를 소개하기로 한다.

- ∃(there exists), ∀(for all), ∧(and), ∨(or), ¬(not), ∈(belong to, member of), ⊂(subset), ø(empty), : (such that) 등은 통상의 의미 그대로 사용한다.

◆ 정의 1

튜플 r=⟨r1, ..., rm⟩과 튜플 s=⟨s1, ..., sn⟩이 주어졌을 때 r과 s의 접합(Concatenation)은 다음과 같이 정의되는 (M+N)−튜플이다.

rs=⟨r1, ..., rm, s1, ..., sm⟩

예를 들어, r=⟨1, 2, x⟩, s=⟨a, z, 3⟩일 때 rs=⟨1, 2, x, a, z, 3⟩이다.

◆ 정의 2

R을 n−ary 릴레이션이라 하고, R∈R인 R을 R의 튜플이라 하고, {D1, ..., Dn}을 R의 영역이라 하자.

1. R[D1]은 R의 i번째 구성 요소(D1의 값)이다.
2. A⊂{D1, ..., Dn}이면

   (A) r[A]는 A가 지정하는 구성 요소를 포함하는 튜플이다.

       예를 들어, r=⟨a, 2, f⟩, R=R(D1, D2, D3)이면 r[D1, D3]=⟨a, f⟩이다.

   (B) R[A]={R[A] : R∈R}, 예를 들어 만일 R(D1, D2, D3)이

R	D1	D2	D3
	a	2	f
	b	1	g
	c	3	f
	d	3	g
	e	2	f

   라면,

r[D1]= a　　r[D3, D2]= f 2
　　　b　　　　　　　g 1
　　　c　　　　　　　f 3
　　　d　　　　　　　g 3
　　　e　　　　　　　f 2 가 된다.

◆ 정의 3

T(x, y)를 이항 릴레이션(Binary Relation)이라고 하자. T에서 X의 치역 집합(Image Set)은 GT(x)={y : ⟨x, y⟩∈T}로 정의된다.

예를 들어, R이

　　　R(D1, D2)
　　　1　a
　　　1　b
　　　2　c
　　　1　d이면,

Gr(D1=1)={⟨a⟩, ⟨b⟩, ⟨d⟩}
Gr(D1=2)={⟨c⟩}
Gr(D1=3)={∅}이 된다.

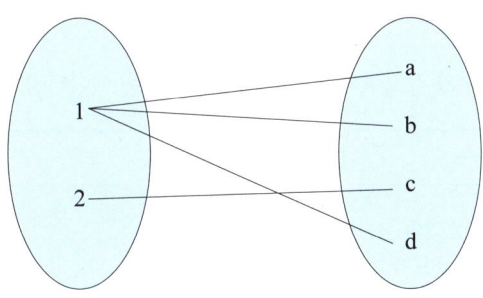

【그림 1-23】 치역 집합의 예

◆ 정의 4

영역 {D1, ..., Dn}에서의 N항 릴레이션 R과 영역 A(A⊂{D1, ..., Dn})의 임의의 K-튜플(K≤n)에 대해
1. A'={D1, D2, ..., Dn}-A(A'는 A에 속하지 않는 모든 영역을 포함한다)
2. R이 R의 임의의 N-튜플이면,
   Gr(R[A'])={S : S∈R[A]∧⟨r[A'], S⟩∈R[A'A]}이다.
   릴레이션 R이

   R(D1, D2, D3, D4, D5)
   1 a x f 2
   2 a y g 3
   1 b x f 2
   2 c y b 3
   3 a x f 1
   1 b y f 2
   2 a x b 3

이고, A={D3, D2, D4}이면 A'={D1, D5}이다. R=⟨1, a, x, f, 2⟩이면
R=[A]=⟨X, A, F⟩, R[A']=⟨1, 2⟩,
Gr(R[A'])=Gr(⟨1, 2⟩)={⟨X, B, F⟩, ⟨Y, B, F⟩}가 된다.

◆ 정의 5

2개의 속성 집합 A, B의 차수가 같고 A와 B가 갖는 영역이 같은 데이터 형태이면 A, B는 호환성이 있다.

【표 1-5】 릴레이션의 예

구매	
구매	제품 코드
주예진	A01
이선정	B03
김윤희	A01
박종화	C01

제품		
제품 코드	생산비	판매가
A01	700	1000
B03	500	700
C01	300	500

제4절 관계 데이터베이스 관리 시스템

　데이터베이스는 계속적으로 변화하는 현실 세계를 표현하며, 이러한 현실 세계를 표현하기 위한 방법 또는 도구로서 데이터 모델을 이용한다. 지금까지 제안된 데이터 모델 중에서 가장 많이 사용되고 있는 것은 관계(Relational) 데이터 모델이다.

　대부분의 데이터베이스 관리 시스템(DBMS)은 특정한 하나만의 데이터 모델만을 지원하는데, 그 이유는 어떤 데이터베이스 관리 시스템도 둘 이상의 모델을 동시에 구현할 수 없기 때문이다. 초기의 DBMS는 계층 데이터 모델을 지원하였으나 제한점으로 인해 망 DBMS로 넘어가게 되었다. 1970년대 중반 이후부터 관계 데이터 모델을 지원하는 관계 DBMS가 나오게 되었으며, 간단한 구성 및 사용의 편리성으로 인해 현재까지 수많은 관계 DBMS가 시판되고 있으며 이 추세는 당분간 계속될 것으로 보인다.

　앞으로는 데이터의 의미(Semantics)를 보다 정확히 나타낼 수 있는 의미 데이터 모델과 분산 데이터베이스 환경하에서 좀 더 효율적인 데이터 간 통신을 제공하는 데이터 모델, 그리고 향후 멀티미디어 데이터를 수용할 수 있도록 데이터 표현에 따라 액세스 경로를 결정하는 데이터 모델 등이 필요할 것이다.

제5절 관계 데이터베이스 구조 이해하기

　관계형 데이터베이스 시스템에서는 정보를 정리한 기본 단위를 테이블로 분할하여 입력하고, 상호 간의 관계를 정확히 설정해야 한다. 그 결과 기업 정보 등과 같은 넓은 범위의 정보라고 하더라도 유연하게 대응할 수 있게 되며, 관리는 최소의 단위로 각각의 부서가 책임을 가지고 실행하며 이용할 때에는 데이터를 관련지어서 광범위한 정보를 한 번에 이용할 수 있게 된다.

　또한 데이터베이스 관리 시스템은 클라이언트의 요구에 대응하여 단순히 데이터를 입력하는 것이 아니라 데이터를 자신이 관리해야 하는 오브젝트로서 받아들여서, 클라이언트의 요구가 타당한 것인지를 DBMS가 판단하여 데이터의 보전이나 정확성 유지에 스스로 책임를 가진다.

　예를 들어, 어느 기업의 업무 정보를 데이터베이스화할 경우를 생각해 보자. 업무 정보는 기업 활동에 의해 생겨난 것인 이상 이들 정보는 상호 밀접하게 관련되어 있으며, 기업의 관리자는 이들 정보를 항상 총괄적으로 받아들인다. 그러나 정보의 내용을 보면 상품 관리를 담당하는 부서, 고객 관리를 담당하는 부서 혹은 영업 담당 부서에서 필요로 하는 데이터 범위는 각각 다르고 데이터의 성질이나 관리 방법도 다르다. 따라서 이들 기업 정보를 하나의 정리된 데이터로서 관리한다는 것은 불가능하다.

그래서 관계형 데이터베이스 시스템에서는 이들 정보를 가능한 한 작은 단위인 테이블로 분할해서 관리하도록 하여, 구체적으로 상품 관리 데이터는 상품 관리 담당 부서에 맡기고, 고객 관리 데이터는 고객 담당 부서에서 맡도록 하여 자신이 담당하지 않는 데이터는 엑세스하지 않도록 한다. 단, 상호 관련이 있는 데이터는 관계성을 설정하여 사용하도록 하는 것이 관계 데이터베이스의 기본 개념이다. 그림 1-24는 관계형 데이터베이스의 개념을 그림으로 표시한 것이다.

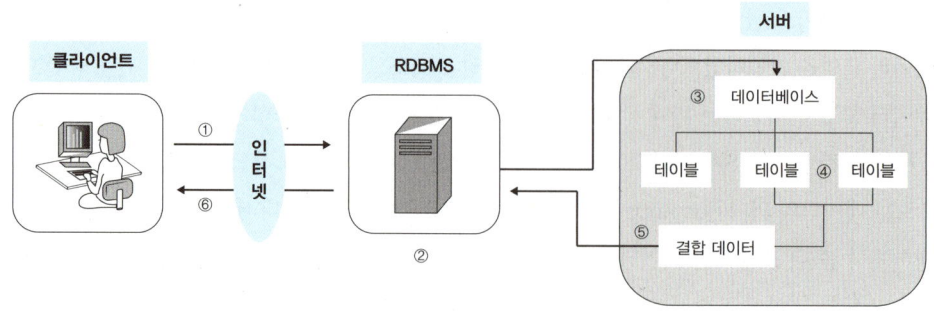

【그림 1-24】 관계형 데이터베이스의 개념

① 클라이언트는 데이터베이스 시스템으로 데이터의 액세스나 검색을 요구한다.
② 관계형 데이터베이스 관리 시스템의 본체, 즉 DB 서버 부분이다.
③ 데이터베이스는 여러 개를 작성할 수 있다.
④ 데이터베이스에서는 데이터를 정리된 단위(테이블)로 분할하여 입력 및 관리할 수 있다.
⑤ 테이블에 나누어 입력하고 있는 데이터는 필요에 따라서 관련 항목을 결합하고 한 번에 표시할 수 있다.
⑥ 데이터베이스 시스템은 클라이언트에게 검색 결과나 종료 코드, 에러 코드 등을 보내 준다.

요약

릴레이션은 릴레이션 스킴(Scheme)과 릴레이션 인스턴스(Instance)로 구성된다. 릴레이션 스킴은 어떤 한 릴레이션에서 일정 수의 애트리뷰트 집합으로 구성되며, 릴레이션 내포(Intension)라고도 한다. 릴레이션 인스턴스는 어느 한 시점에서 릴레이션이 포함하고 있는 튜플의 집합을 말하며, 릴레이션 외연(Extension)이라고도 한다.

관계 데이터 모델의 제약(Constraints)에는 개체 무결성(Entity Integrity) 제약과 참조 무결성(Referential Integrity) 제약이 있는데, 이는 관계 데이터 모델의 키로부터 유래된다.

데이터베이스 언어의 중요한 기능은 데이터베이스에서 원하는 데이터를 선택하는 것이다. 그러한 데이터 선택은 기본적으로 두 가지 방법으로 이루어진다.

① 데이터의 내용으로 선택한다.
② 데이터 간의 관계로 선택한다.

데이터 간의 관계성은 데이터 모델에 따라 다르게 표현된다. 망 데이터베이스 언어에는 레코드 형태를 연결하는 링크를 사용하고, 관계 데이터베이스 언어에서는 기존의 릴레이션들로부터 새로운 릴레이션을 만든다. 두 가지 경우 모두에 있어서 데이터 언어가 완전한가를 결정하는 일이 중요하다. 이러한 완전성을 위해서는 데이터베이스 내의 어떠한 데이터나 데이터 간의 관계도 추출할 수 있는 연산들을 갖추어야 한다.

관계 데이터 모델에서는 릴레이션에 대한 연산이 반드시 관계 대수일 필요는 없으나 관계 대수로 얻을 수 있는 릴레이션들을 제공할 수 있어야 한다. 서로 다른 관계 데이터베이스 언어를 비교하기 위해서는 그들의 기능 간에 동등성(Equivalence) 개념이 필요하다. 관계 데이터베이스 언어가 관계 대수에 있는 모든 연산을 수행할 수 있으면 완전하다고 한다. 완전성(Completeness)의 정의는 데이터베이스 언어의 선택 기능과 연산 기능에 관련이 있다.

다른 각도에서도 데이터베이스 언어 간의 동등성에 대한 정의가 가능하다. 릴레이션의 집합 $R=\{R1, R2, ..., Rn\}$과 관계 대수 연산자로 얻을 수 있는 릴레이션의 집합 C(R)을 생각해 보자. 집합 C(R)은 데이터베이스에 있는 모든 관계성들의 집합이다. 만일 어떤 데이터베이스 언어가 집합 C(R)이 나타내는 데이터 간의 관계를 모두 나타낼 수 있다면, 그 데이터베이스 언어는 완전하다고 한다.

관계 모델은 수학을 기초로 하는 관계 대수와 관계 해석을 사용하고 있다. 관계 대수의 선정 연산 또는 선택(Select), 추출 또는 프로젝션 연산(Project), 교차곱(Cartesian), 조인(JOIN) 및 디비전(Division)과 교집합(∩), 합집합(∪), 차집합(-) 등을 사용한다. 그리고 관계 해석은 기존에 사용하던 수학 기호인 ∃(there exists), ∀(for all), ∧(and), ∨(or), ¬(not), ∈(belong to, member of), ⊂(subset), Ø(empty) 등의 의미 그대로 사용한다.

데이터베이스를 관리하는 대부분의 데이터베이스 관리 시스템(DBMS)은 특정한 하나만의 데이터 모델만을 지원하는데, 초기의 DBMS는 계층 데이터 모델을 지원하였으나 계층 데이터 모델의 제한으로 인해 망 DBMS로 넘어가게 되었다. 1970년 중반 이후부터 관계 데이터 모델을 지원하는 관계 DBMS가 나오게 되었다.

제3장 연습 문제

01 릴레이션의 특성을 설명하시오.

02 릴레이션과 테이블의 차이점을 설명하시오.

03 대부분의 상용 DBMS가 데이터베이스 언어를 갖고 있는 이유를 설명하시오.

04 키의 정의를 내리고 그 특성을 설명하시오.

05 키의 종류를 나열하고 그들 간의 관계를 비교하시오.

06 릴레이션의 제약 조건을 설명하고, 이것이 데이터베이스에 미치는 영향을 기술하시오.

07 레코드 집합(튜플의 집합)의 데이터 언어와 주 프로그래밍 언어, 혹은 한 번에 하나의 레코드(Tuple)를 처리하는 데이터 언어와 주 프로그래밍 언어와의 접속(Interface) 문제를 생각할 때 이를 실현할 수 있는 방법을 제시하시오.

08 릴레이션의 기본 키에 널 값이 끼치는 영향을 설명하시오.

09 외래 키에 대한 정의를 내리고 이 키가 중요한 이유를 설명하시오.

10 각 데이터 모델(계층, 망, 관계)을 실제 컴퓨터 시스템에 표현하기 위해 어떠한 구조가 적합한지 기술하시오.

11 관계 데이터 모델에서의 릴레이션 연산은 어떤 특성을 가지는지 설명하시오.

제4장 데이터 모델과 성능

- 제1절 데이터베이스 설계 절차
- 제2절 관계 데이터베이스의 정규화
- 제3절 관계 데이터베이스의 고급 정규화
- 요약
- 연습 문제

데이터베이스 설계는 사용자의 요구 조건으로부터 데이터베이스 구조를 도출해 내는 과정을 말한다. 데이터베이스 설계의 근본 문제는 특정 응용을 위해 한 조직에 있는 사용자의 정보 요구에 부합할 수 있게끔 데이터베이스의 논리적·물리적 구조를 어떻게 설계하느냐에 있다. 그러므로 이 장에서는 기업이나 조직에서 요구하는 본연의 기능을 발휘할 수 있도록 데이터베이스의 설계 방법을 알아본다. 그리고 데이터베이스의 정확성을 보장하고 이상화(Anomaly) 현상을 제거하기 위한 정규화 이론을 이해한다.

제1절 데이터베이스 설계 절차

사용자의 요구 사항에 맞는 데이터베이스 구조를 개발해 내는 것을 데이터베이스 설계라 한다. 데이터베이스 설계는 다음의 세 가지를 고려하여 반영시켜야 좋은 설계가 된다.

- 사용자 요구에 부응한 데이터베이스 논리적, 물리적 구조의 개발 과정
  - ▶ **분석**: 사용자의 요구 사항은 무엇이고, 어떻게 형상화될 수 있는가?
  - ▶ **설계**: 요구 사항을 바탕으로 어떻게 효과적인 데이터베이스 구조를 설계할 것인가?
  - ▶ **미래 요구의 적용성**: 사용자와 조직의 새로운 요구 사항에 대해 데이터베이스 구조를 어떻게 대처해 나갈 것인가?

그러나 데이터베이스의 현재 실정은 실세계로부터 논리적 구조를 바로 추출하고, 자체 기업 내의 정보들을 데이터베이스화하지 않고 그때그때마다 사용자의 요구를 따로 설계하며, 미래의 요구 사항에 관계없이 현재 사용자에 적합하게 설계되었기 때문에 미래 요구가 발생할 시 설계를 다시 해야 한다는 문제점을 안고 있다. 또한, 일정한 원칙으로 설계하지 않고 설계자의 주관에 의하여 설계가 이루어지며, 충분한 명세서를 작성하지 않는다는 점을 지적할 수 있다.

이러한 지적 사항을 토대로 우리는 일반적이며 체계화되어 있는 데이터베이스의 설계 방법을 필요로 하게 되었다. 데이터베이스 설계 방법의 기본 조건은 다음의 네 가지를 만족해야 한다.

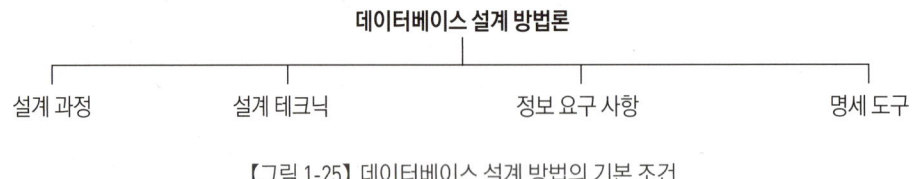

【그림 1-25】 데이터베이스 설계 방법의 기본 조건

▶ **설계 과정**: 여러 단계로 나누어진 설계 과정이 있어야 한다.
▶ **설계 테크닉과 평가 기준**: 각 설계 단계에서 적용될 수 있는 평가 기준이 있어야 한다.
▶ **정보 요구 사항**: 전 설계 과정에 영향을 미치는 설계 작업의 핵심인 입력 데이터가 있어야 한다.
▶ **명세 도구**: 자료의 설계 과정, 설계 시 적용 방법, 고려 사항, 설계 근거 등이 다른 사람이 이해하기 쉽게 작성되어야 하며, 각 단계마다 명세화를 한다.

데이터베이스 설계는 현실 세계(기업)에서 요구하는 형태의 데이터를 정확하고 일관성 있게 제공하기 위해 조직체 관점의 데이터 구조로 표현한다. 우선, 조직체 관점의 데이터 구조로 표현하기 위해 E-R Diagram으로 표현하며, 이를 컴퓨터 세계에서 사용자가 이해할 수 있는 DBMS-적용 가능 형태로 표현한다. DBMS-적용 가능 형태는 계층(Hierarchical), 망(Network), 관계(Relational) 데이터 구조(스키마)로 표현한다(그림 1-26).

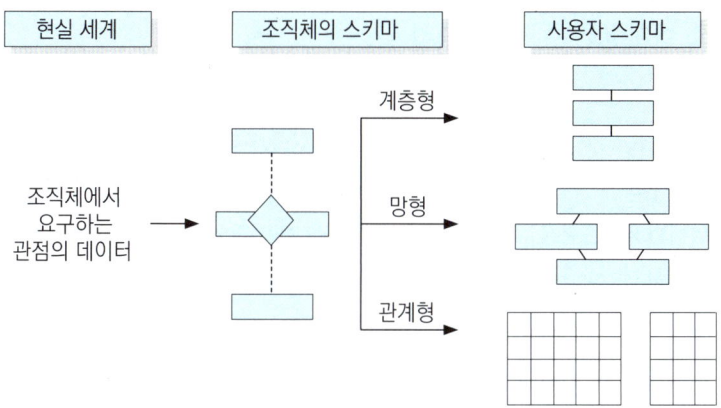

【그림 1-26】 데이터 표현의 유형별 관점

데이터베이스의 설계 과정은 실세계의 시스템 요구에서부터 데이터에 대한 요구를 파악하는 데이터 분석, 자료 흐름도에서 E-R Diagram으로 변환하는 개념적 모델링, E-R Diagram에서 데이터 모델로 변환하는 논리적 모델, 그리고 논리적 모델을 물리적 레코드 구조로 변환하는 물리적 모델링으로 구분할 수 있다. 이에 대한 개요도는 그림 1-27과 같다.

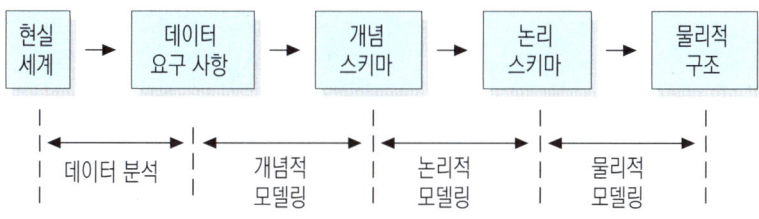

【그림 1-27】 데이터베이스 설계 개요도

1 데이터베이스 설계 생명 주기(Life Cycle)

정보 시스템의 기초가 되고 있는 것은 데이터베이스이다. 이 데이터베이스의 생명 주기는 크게 요구 조건 분석, 설계, 구현, 운영, 감시 및 개선 단계로 나누어 볼 수 있다. 요구 조건 분석 단계는 데이터베이스의 범위를 정의하고 사용자와 그 응용을 식별하여 그들이 필요로 하는 요구 조건을 분석하는 것이다. 이 요구 조건 분석이 끝나면 데이터베이스를 설계한다. 이 설계 단계는 개념적 설계에서 시작하여 논리적인 설계를 거쳐 목표 DBMS에 구현할 수 있는 물리적 설계까지를 모두 포함한다. 이 설계 다음에 목표 DBMS에의 구현 단계는 데이터베이스 스키마의 정의, 빈 데이터베이스 파일의 생성, 응용 소프트웨어의 구현을 수행한다.

마지막 단계인 감시 및 개선 단계는 새로운 요구 조건이나 응용에 대처하고, 또 시스템 활용의 변동에 따라 떨어질지 모르는 성능을 향상시킨다. 그러기 위해서는 시스템을 계속적으로 감시하고 데이터베이스를 변경하여 개선해 나간다.

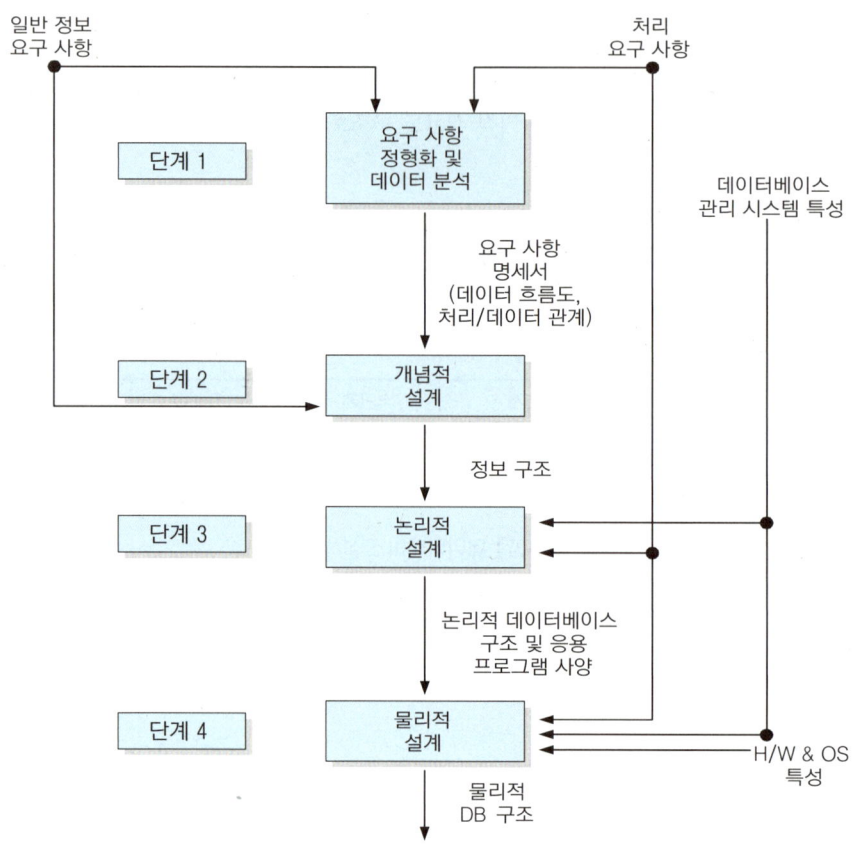

【그림 1-28】 데이터베이스 설계 생명 주기

2 요구 사항 분석 단계

　데이터베이스 설계의 첫 번째 단계는 잠정적인 사용자를 식별하고 사용자가 의도하는 데이터베이스의 용도를 파악하는 것이다. 이 과정의 핵심은 요구하는 정보와 처리 요구 사항을 수집하여 데이터베이스 요구 사항을 유도하고 요구 사항을 명세화하는 것이다. 또한 보안, 신뢰성, 무결성 정책 등의 제약 조건을 계획한다.

　데이터베이스 측면에서 이 요구 조건은 첫째 개체, 속성, 관계성, 제약 조건 등과 같은 정적 정보 구조에 대한 요구 조건, 둘째 트랜잭션 유형, 실행 빈도와 같은 동적 데이터베이스 처리 요구 조건, 셋째 경영 정책, 구정 및 기타 제약 조건을 포함해야 한다. 요구 사항 분석 단계는 다음과 같은 과정을 거쳐 수행된다.

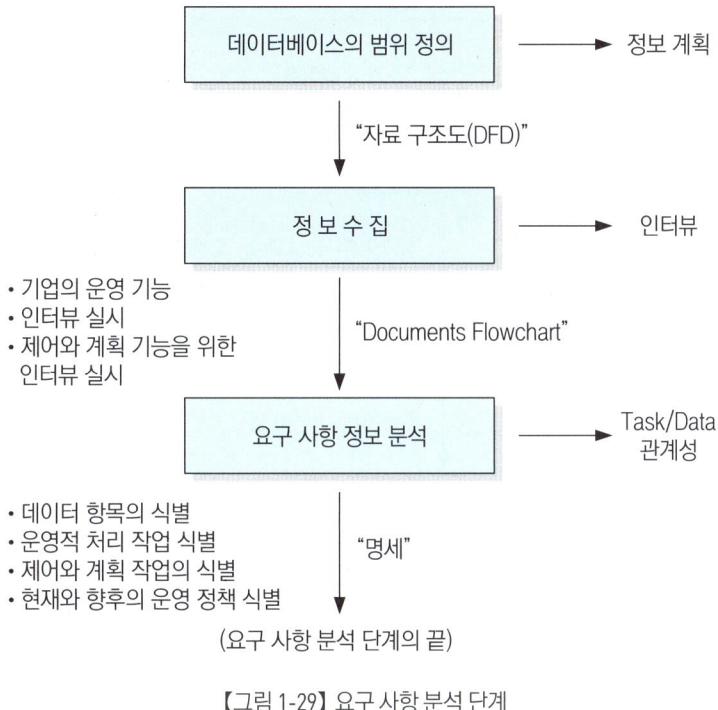

【그림 1-29】요구 사항 분석 단계

3 개념적 설계 단계

개념적 설계에서는 두 가지 활동, 즉 개념 스키마 모델링과 트랜잭션(Transaction) 모델링을 병행적으로 수행한다. 개념적 스키마 모델링은 데이터 중심 설계이고, 트랜잭션 모델링은 처리 중심 설계가 된다. 요구사항 및 분석 결과로 생긴 자료들을 바탕으로 조직 정보 구조를 설계하는 단계로서 정보 구조는 개념적 모델인 E-R Diagram으로 나타낸다.

특정 DBMS 특성과는 무관하고 기업 전체의 관점을 나타내며, "어떻게" 설계할 것인가보다 "무엇"을 설계할 것인가에 중점을 둔다. 개념적 설계 단계는 다음과 같은 과정으로 수행된다.

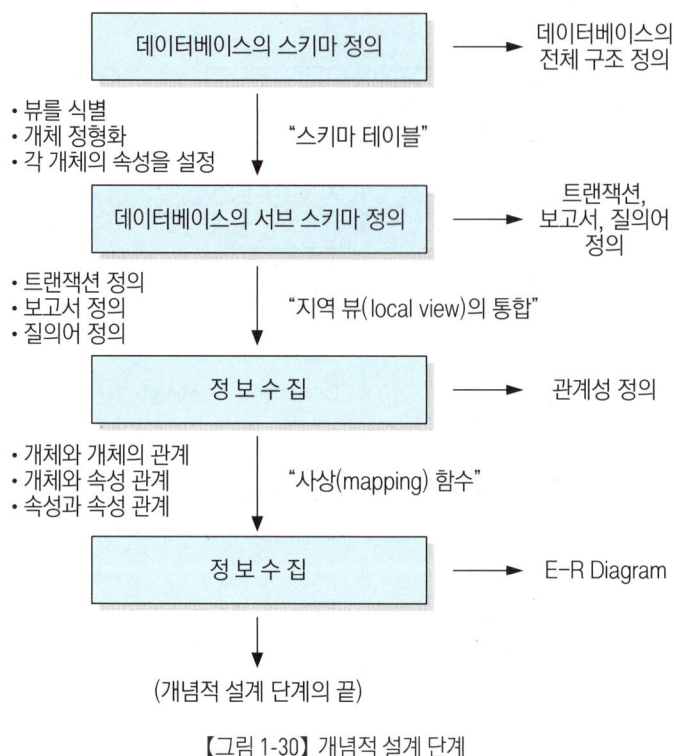

【그림 1-30】 개념적 설계 단계

4 논리적 설계 단계

개념적 설계의 결과인 E-R Diagram을 입력으로 하여 특정 데이터베이스가 수행할 수 있는 스키마를 정의한다. 각 응용 프로그램의 개발 지침이 결정되며, E-R Diagram을 특정 DBMS를 위한 논리적 구조로 변형한다.

이 스키마는 요구 조건 명세를 만족해야 할 뿐만 아니라 무결성(Integrity)이나 일관성(Consistency) 제약 조건도 만족해야만 한다. 논리적 설계는 다음과 같은 과정으로 수행된다.

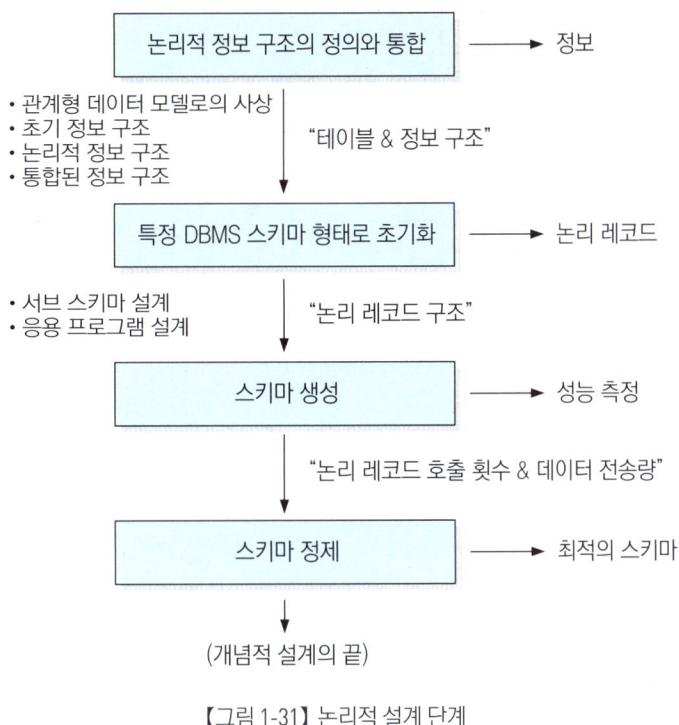

【그림 1-31】 논리적 설계 단계

5 물리적 설계 단계

물리적 설계는 논리적 설계로 생성된 논리적 데이터베이스 구조로부터 효율적이고 구현 가능한 물리적 데이터베이스 구조를 설계하는 과정을 말한다. 데이터베이스의 물리적 구조는 데이터베이스 시스템 성능에 중대한 영향을 미친다. 왜냐하면 실제 저장 장치에 구현되는 것은 이 물리적 구조이기 때문이다. 이 물리적 설계에는 저장 레코드 양식, 저장 장치 위의 레코드 집중화(Clustering), 접근 경로의 설계 등이 포함된다. 이 물리적 설계는 다음과 같은 과정으로 수행된다.

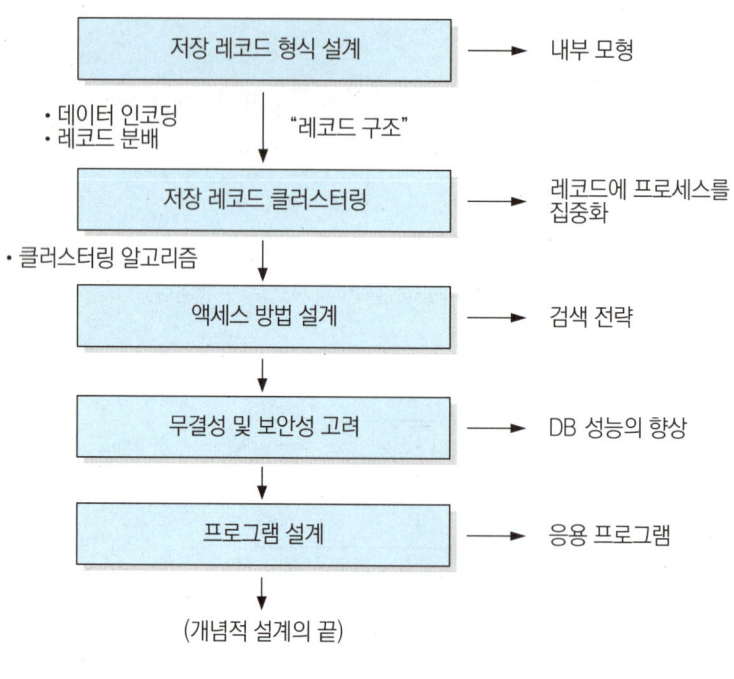

【그림 1-32】 물리적 설계 단계

제2절 관계 데이터베이스의 정규화

어떤 개체 형태와 개체의 속성, 관계성이 주어졌다고 하자. 즉, 현실 세계의 어떤 일부분을 표현해야 한다고 할 때 어떻게 적절한 릴레이션을 만들 수 있을까? 만약 어떤 릴레이션이 현실 세계를 표현하는 데 효율적이고 데이터를 일관성 있게 유지하게 된다면, 이 릴레이션은 바람직한 릴레이션이 될 수 있다. 네트워크 데이터 모델에 대해서도 똑같은 질문을 할 수 있다. 어떻게 적절한 레코드 형태를 선택하고 어느 관계성을 링크로 표현할 것인가? 위의 두 결정 요인은 개체 형태, 속성, 관계성이 될 것이다.

현실 세계에 대한 모델로부터 릴레이션을 선택하는 데 있어 직면하는 문제는 릴레이션의 어떤 속성의 값이 다른 속성의 값을 완전히 결정할 수 있다는 사실에서 찾아볼 수 있다. 속성 간의 이런 관계 때문에 이들 속성들을 한 릴레이션에 두는 것은 바람직하지 않다. 만약 속성 "건축가"의 값이 속성 "건축 양식" 값을 결정하고, 또 속성 "건축 양식"의 값이 속성 "가격" 값을 결정한다고 할 때, 이 속성들 집(건축가, 건축 양식, 가격)을 릴레이션에 함께 두는 것은 여러 가지 바람직하지 못한 성질을 갖게 된다(표 1-6).

【표 1-6】집 릴레이션

집		
건축가	건축 양식	가격
홍길동	초가집	100
장보고	양옥집	200
김유신	양옥집	200
이순신	거북선	300
황진이	초가집	100
주문진	아파트	100

건축 양식과 가격 사이의 관계는 특정한 건축 양식의 주택을 짓는 각 건축가에 대하여 릴레이션 내에서 반복되는데 이것이 문제점을 발생시킨다. 만약 어떤 양식의 주택을 짓는 건축가가 삭제되면 건축 양식과 가격 사이의 관계 또한 릴레이션에서 사라진다. 이 같은 현상을 삭제 이상(Deletion Anomaly)이라고 부른다. 이와 유사하게 어떤 건축 양식의 주택을 짓는 건축가만을 처음 삽입할 때 비록 건축 양식이나 가격을 삽입할 의도가 없다 하더라도, 건축 양식과 가격 관계도 또한 삽입되는데, 이러한 현상을 삽입 이상(Insertion Anomaly)이라 부른다. 이러한 삽입과 삭제 연산은 건축 양식-가격 관계성에 부작용을 발생시키기 때문에, 위와 같은 삽입과 삭제는 바람직하지 않은 연산이다. 사용자는 이러한 삽입과 삭제의 영향을 깨닫지 못하는 경우도 있기 때문에 이와 같은 이상(Anomaly)은 바람직하지 않다. 즉, 사용자 자신도 모르는 사이에 원하지 않는 변경이 이루어져 관계성에 영향을 주게 된다.

앞에서 말한 바와 유사하게 위의 속성들을 한 릴레이션에 둘 때 발생하는 또 하나의 문제로 갱신의 영향이 있다. 이는 릴레이션의 일관성에 영향을 주는 문제이다. 예를 들면, 가격이 오르거나 하여 건축 양식과 가격 간의 관련성이 변경되는 경우, 그 건축 양식의 주택을 짓는 모든 건축가에 대하여 새로운 건축 양식-가격 관계성이 포함되어야 한다.

초보 사용자는 단지 한 건축가에 대해서 이 관계성을 수정할 수 있다. 릴레이션을 일관성 있게 유지한다는 것은 쉬운 일이 아니다. 만일 시스템이 건축가-건축 양식-가격의 의미를 알고 있다면, 시스템은 적당한 추론의 과정을 거쳐서 그 건축 양식의 주택을 짓는 모든 건축가에 대하여 관계성을 갱신할 수 있다. 후자의 경우 일관성 있는 릴레이션을 유지하는 데에 사용자의 책임이 어디서 시작하고 끝나는지는 명확하지 않게 된다. 일관성과 삽입, 삭제 이상은 릴레이션의 모든 속성에서 항상 영향을 주는 문제는 아니다. 만약 릴레이션 집(건축가, 건축 양식, 가격)이 정규화되면 일관성과 이상 문제는 사라지게 된다.

정규화(Normalization)는 주어진 릴레이션을 원래의 릴레이션보다 간단한 여러 릴레이션들로 나누어 이러한 릴레이션들의 집합으로 변환시키는 단계적인 과정이다. 또한 이렇게 나누어진 릴레이션을 역순으로 합병하면 원래의 릴레이션들의 집합으로 복구가 가능하게 되며, 그러므로 정보를 잃지 않게 된다. 정규화의 목적은 다음과 같다.

① 어떠한 릴레이션도 데이터베이스 내에서 표현이 가능하도록 만든다.
② 보다 간단한 관계 연산(Relational Operation)에 기초하여 효과적인 검색 알고리즘을 만들 수 있다.
③ 릴레이션에서 바람직하지 않은 삽입, 갱신, 삭제 이상이 발생하지 않도록 한다.
④ 새로운 형태의 데이터가 삽입될 때 릴레이션을 재구성할 필요성을 줄인다.

처음 두 목적은 단지 제1 정규형(First Normal Form)에만 적용되고, 마지막 두 목적은 모든 정규화에 적용된다. 제1 정규형 혹은 1NF는 릴레이션의 구조와 관련이 있다. 즉, 릴레이션의 모든 속성은 원자값(Atomic Value)으로 구성되는 단순 도메인에서 정의되어야 한다.

제1 정규형의 정의는 다음과 같이 내릴 수 있다.

◆ 정의 1

어떤 릴레이션의 모든 속성이 단순 도메인에서 정의되면 그 릴레이션은 1NF이다. 즉, 모든 속성이 원자값(Atomic Value)을 가지는 것이다.

다음과 같은 제1 정규형의 릴레이션을 고려해 보자.

집(건축가, 모델)

여기서 언급한 모델이 릴레이션 모델(건축 양식, 가격)을 가리키며 건축가가 여러 모델의 집을 짓는다면 릴레이션 집은 1NF에 위배된다. 이 릴레이션은 다음과 같이 1NF 릴레이션으로 표현할 수 있다.

집(건축가, 건축 양식, 가격)

어느 릴레이션이라도 비단순 도메인을 그 구성 요소인 단순 도메인으로 대치함으로써 알고리즘을 이용하여 1NF로 바꿀 수 있다. 앞에서 언급한 바와 같이 현실 세계의 모델로부터 릴레이션을 선택하는 문제는 릴레이션의 어떤 속성의 값이 다른 속성의 값을 완전히 결정할 수 있다는 사실과 연관되어 있다. 이러한 사실은 함수적 종속성(Functional Dependency)의 개념으로 형식화된다.

▶ **함수적 종속성**

A와 B를 어떤 릴레이션 속성이라 하고 Domain(A)를 A의 도메인, Domain(B)를 B의 도메인이라 하자. 또한, F를 F : Domain(A)→Domain(B)인 시간에 따라 변하는 함수라 하자. 데이터베이스의 릴레이션이 시간에 따라 변하는 것과 마찬가지로 F도 시간에 따라 변하기 때문에 정확한 수학적 의미로는 함수가 아니다.

◆ **정의 2**

F : Domain(A) → Domain(B)의 시간에 따라 변하는 함수를 정의하면 F도 순서쌍(Ordered Pair)의 집합{(A, B) | A는 Domain(A)의 원소이고, B는 Domain(B)의 원소}이라 할 때, 모든 시점에서 Domain(A) 내의 어떤 값 A가 주어지면 Domain(B) 내의 B값은 많아야 한 개가 결정된다. 이 F를 수학적 함수와 구별하기 위하여 함수적 종속성이라 부른다.

표기를 간단히 하기 위하여 보통 Domain이란 단어는 생략하고 F : A → B와 같이 표현한다. 만약 F : A → B와 같은 함수적 종속성이 있으면, B는 A에 함수적으로 종속한다고 말하고, A는 B를 함수적으로 종속시킨다고 말하고, A는 B를 함수적으로 결정한다고 말한다.

만약 A에서 B로 하나의 함수적 종속성이 존재하면 A → B와 같이 간단히 표기하고 A는 B를 함수적으로 결정한다고 한다. A ↛ B의 표기는 A와 B 사이에 아무런 함수적 종속성이 없음을 나타낸다. 만약 A → B와 B → A가 동시에 만족하면, A와 B는 항상 1:1 대응이 되고 이때 관계를 A ↔ B로 표기한다.

함수적 종속성의 이해를 돕기 위하여 표 1-7의 릴레이션 R은 어떤 함수적 종속을 만족하는지를 살펴보자. 여기서 R이 A → C를 만족함을 알 수 있다.

【표 1-7】 릴레이션 R의 예

R 릴레이션			
A	B	C	D
A1	B1	C1	D1
A1	B2	C1	D2
A2	B2	C2	D2
A2	B3	C2	D3
A3	B4	C2	D3

이것을 증명하면, 함수적 종속성은 슈퍼 키를 일반화한 것이다. V⊂R이고 W⊂R이라고 하자. 함수적 종속 V → W가 R에 가해진다. 모든 적법한 릴레이션 R(R)에서 T1[V]=T2[V]인 모든 튜플의 쌍 T1, T2에 대해 T1[W]=T2[W]이다. 여기서 R은 릴레이션의 스키마이며, V와 W는 속성이다.

슈퍼 키를 함수적 종속을 사용하여 표현하면, K → R일 때에 K는 R이 슈퍼 키이다. 즉, T1[K]=T2[K]일 때마다 T1[R]=T2[R](즉, T1=T2)이면, K는 슈퍼 키이다.

함수적 종속이 슈퍼 키를 일반화한 것이므로 이것을 증명하면 된다. 속성 A에 값 A1을 갖는 튜플은 두 개가 존재한다. 이 두 튜플은 같은 C값, 즉 C1을 갖는다. 마찬가지로 속성 A에 A1을 갖는 두 튜플은 같은 C값 C2를 갖는다. 같은 A값을 갖는 서로 다른 튜플의 쌍은 이제 더 이상 존재하지 않는다. 그러나 함수적 종속 C → A는 만족하지 않는다. 이를 알아보기 위해 두 튜플 T1=(A2, B3, C2, D3)와 T2=(A3, B3, C2, D3)를 살펴보자.

이 두 튜플은 같은 R값 C2를 갖고 있으나, A 속성에 대해서는 서로 다른 값 A2와 A3를 각각 갖고 있다. 따라서 우리는 T1[C]=T2[C]나 T1[A]=T2[A]인 두 튜플 T1과 T2를 발견할 수 있다.

제2 정규형은 다음과 같이 정의할 수 있다.

◆ 정의 3

어떤 릴레이션 R이 1NF이고 키에 속하지 않은 모든 애트리뷰트가 기본 키에 완전 함수 종속일 때 이 릴레이션 R은 2NF에 속한다.

다음과 같은 릴레이션을 생각해 보자(밑줄 친 부분은 기본 키이다).

집(ID, 주소, 번지, 구역, 건축 양식, 건축가)

특정한 지역에서 다음과 같은 함수적 종속성이 존재한다.

Id → 주소	주소 → Id	번지, 구역 → Id
Id → 번지	주소 → 번지	번지, 구역 → 주소
Id → 구역	주소 → 구역	번지, 구역 → 건축 양식
Id → 건축 양식	주소 → 건축 양식	번지, 구역 → 건축가
Id → 건축가	주소 → 건축가	구역 → 건축가

집 릴레이션에서 키는 ID, 주소, 번지, 구역이고 키가 아닌 속성은 건축 양식과 건축가이다. 여기서 키 번지, 구역은 "번지, 구역 → 건축가"와 같은 함수적 종속성을 갖고 있지만, 위에서 "구역 → 건축가" 관계도

또한 성립된다. 그러므로 건축가는 번지, 구역에 단지 부분적으로 종속하며, 따라서 이 릴레이션은 2NF에 속하지 않는다. 이 릴레이션을 2NF로 만들기 위해 다음과 같이 두 개의 릴레이션으로 나눈다.

집(<u>ID</u>, <u>주소</u>, <u>번지</u>, <u>구역</u>, 건축 양식)
토건업자(<u>구역</u>, 건축가)

건축가에 대한 정보는 위의 두 릴레이션에 공통된 구역 속성을 통해 검색이 가능하다. 예를 들면, 어떤 주택에 대한 건축가를 찾기 위해서 집 릴레이션에서 구역값을 갖는 튜플이 선택되고, 이 구역 속성값을 토건업자 릴레이션을 검색하기 위해 사용하여 원하는 건축가를 결정하게 된다.

제3 정규형은 다음과 같이 정의할 수 있다.

◆ 정의 4

어떤 릴레이션 R이 2NF고, 이 릴레이션의 키가 아닌 속성 모두가 R의 어떤 키에도 이행적(Transitive)으로 종속하지 않을 때, R은 3NF에 속한다. 3NF에 속하는 임의의 릴레이션은 키가 아닌 모든 속성들이 부분적으로 종속하지도 않고, 이행적으로 종속하지도 않는 성질을 갖는다. 이것은 키가 아닌 속성이 서로 독립적이라는 것을 의미한다. 그러므로 어떤 키가 아닌 속성들의 값이 변경되기 전에는 앞에서 언급한 바람직하지 않은 부작용은 발생하지 않는다. 그러나 이와 같은 성질은 R에서 단지 키가 아닌 속성들만이 필요로 하는 것이다. 제2 정규형은 키 속성(Prime Attribute)들이 부분적 종속성과 이행적 종속성을 갖는 것을 방지하지 못한다. 키 속성 간의 이러한 부분적 종속성과 이행적 종속성은 또한 일관성과 갱신 문제를 발생시킬 수 있다. 이러한 문제점을 제거하기 위하여 3NF는 다시 더 정규화된다. 이를 위해서는 키 속성, 완전 종속성, 이행적 종속성 등의 개념이 불필요하게 된다.

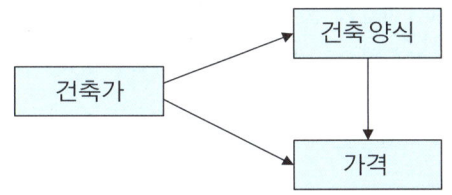

【그림 1-33】 건축가에 대한 가격의 이행적 종속성(2NF)

키가 아닌 속성들의 이행적 종속성을 제거한 릴레이션은 제3 정규형(Third Normal Form 또는 3NF)으로 변환된 것이다. 건축가, 건축 양식, 가격을 릴레이션 집의 속성이라 하고, 다음과 같이 시간에 무관한 조건이 만족한다고 하자.

> 건축가 → 건축 양식
> 건축 양식 → 가격
> 건축가 → 가격
> 건축 양식 → 건축가
> 가격 → 건축가

그림 1-33에서 위의 조건이 만족할 때, 릴레이션 집에서 건축가에 대한 가격은 이행적으로 종속한다고 말한다. 또 여기서 가격 → 건축 양식의 조건이 성립한다면, 건축 양식과 가격은 모두 건축가에 이행적으로 종속하게 된다.

이행적 종속성은 앞서 언급한 삽입, 삭제 이상과 일관성 문제를 야기시킨다. 다음 관계를 다시 생각해 보자. 그림 1-33에 이 릴레이션에 대한 종속성이 도시되어 있다.

어떤 특정한 시간에서 릴레이션 집은 그림 1-33에 나타난 데이터를 포함할 수 있다. 이제 어떤 건축가가 짓는 집의 건축 양식을 정하는 문제를 고려해 보자. 이때 초보 사용자는 그 건축가의 건축 양식 속성값만을 변경할지도 모른다. 그러나 여기에는 건축 양식과 가격 사이에 관계성이 있기 때문에 건축 양식 속성값을 변경할 때는 보통 가격 속성값도 변경하여야 한다. 만약 그렇지 않게 되면 데이터베이스는 일관성이 없는 상태가 된다.

다시 튜플을 삽입하고 삭제하는 문제를 생각해 보자. 만일 새로운 양식의 주택에 대한 튜플이 삽입되면, 건축 양식과 가격 간의 관계가 생겨야만 한다. 또한 어떤 건축가가 집 릴레이션으로부터 삭제될 때, 만약 이 건축가가 집 릴레이션에서 그 양식으로 주택을 건축하는 최후 또는 유일한 건축가라면 이 양식의 건축 양식-가격 릴레이션에 대한 정보도 삭제된다.

이러한 문제는 건축가에 대한 가격의 종속성이 건축가 → 건축 양식 종속성과 건축 양식 → 가격 종속성의 두 단계로 간접적으로 유도되기 때문에 발생한다. 가격에 대한 건축가의 이행적 종속성은 집 릴레이션을 다음과 같은 두 릴레이션으로 분할함으로써 제거할 수 있다.

> 집1(건축가, 건축 양식), 비용(건축 양식, 가격)

이 두 릴레이션은 각각 차수가 2가 되어 어떤 이행적 종속성도 존재하지 않게 된다. 그림 1-33의 예는 표 1-8과 같이 표현할 수 있다.

【표 1-8】 제3 정규형으로 표현된 릴레이션

비용	
건축 양식	가격
초가집	100
양옥집	200
거북선	300
아파트	100

집1	
건축가	건축 양식
홍길동	초가집
장보고	양옥집
김유신	양옥집
이순신	거북선
황진이	초가집
주문진	아파트

제3절 관계 데이터베이스의 고급 정규화

BCNF(Boyce-Codd Normal Form)

보이스-코드(Boyce-Codd) 정규형(BCNF)의 정의는 다음과 같다.

◆ 정의 5

어떤 릴레이션 R의 모든 결정자가 후보 키이면 릴레이션 R은 BCNF에 속한다. BCNF는 키에 속하지 않은 모든 속성은 서로 독립적임을 의미한다. 만약 릴레이션이 BCNF에 속하면, 이 릴레이션은 3NF에 속한다. 이와 같은 결과는 키에 대하여 모든 속성(키 속성 또는 키가 아닌 속성)의 대부분이 종속성과 이행적 종속성을 배제시켰기 때문이다. 그러나 3NF에 속하나 BCNF에 속하지 않은 릴레이션의 예가 있다(그림 1-34).

집2(건축가, 구역, 가격, 건축 양식)

종속성 ⇨ 건축가, 구역 → 건축 양식
건축가, 구역 → 가격
가격 → 구역

【그림 1-34】 3NF이지만 BCNF에 속하지 않은 릴레이션의 예

예를 들면, 그림 1-34에서 보는 바와 같이, 집2 모델을 기술하고 있는 수정된 함수적 종속성을 생각해 보자. 건축가는 여러 대지를 계약할 수 있다고 가정하자. 이 대지 내에서 건축가는 단지 한 건축 양식의 주택을 짓는다는 것을 건축가의 계약서에 명시하였다고 하자. 건축가가 계약한 대지 각각에 대하여 건축가는 주택당 고정 가격을 부과한다고 한다. 또한 부과된 가격은 대지를 결정한다. 즉, 어떤 건축가는 자신이 계약한 대지 각각에 있는 동일 양식의 주택에 대하여 여러 가격을 부과할 수 있다.

그림 1-34에 있는 릴레이션 집2는 이러한 모델을 기술해 주는 3NF 릴레이션이 된다. 그러나 여기에는 바람직하지 않은 점이 있음을 볼 수 있다. 속성 구역은 키 "건축가, 구역"에 대하여 이행적으로 종속하는데, 그 이유는 건축가, 구역 → 가격, 가격 → 건축가, 구역 그리고 가격 → 구역의 관계가 있기 때문이다. 이때 구역은 키 속성이므로 이 릴레이션은 3NF에 위배되지 않으나 BCNF에는 위배된다. 결국 이러한 이행적 종속성은 문제점을 발생시킨다.

대지에 건축가가 부과했던 종전의 가격이 새로운 대지에도 부과된다고 가정하자. 즉, 가격 → 구역 종속성이 변경된다고 할 때, 사용자는 처음에 그 가격이 나타내는 건축가, 구역에 대해서도 자동적으로 지정될 것이다. 그러나 이와 같이 추정하는 것은 옳지 못하다. 둘째로, 키인 건축가, 구역이 같은 값을 갖는 튜플이 두 개 존재할 가능성이 있다. 이러한 문제점은 비록 함수적 종속성 가격 → 구역이 주어졌다 하더라도, 어떤 가격에 대한 구역의 값을 마음대로 변경할 수 없기 때문이다.

그림 1-35는 BCNF에 속하지 않은 그림 1-34를 다시 알기 쉽게 도표로 표시한 것이다.

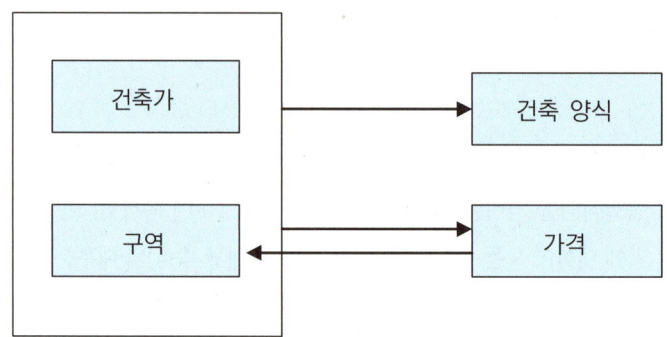

【그림 1-35】 그림 1-34를 도식화한 속성 간의 관계

BCNF를 자세히 살펴보면 속성을 정규화된 집합으로 만드는 데에 또 다른 정당성을 찾아볼 수 있음을 알 수 있다. BCNF 릴레이션 R에서 Rso에 존재하는 모든 함수적 종속성은 K → A의 형태를 갖는다. 여기서 K는 키이고, A는 속성이다. 그러면 다음과 같이 주장할 수 있다.

① 모든 키가 아닌 속성은 각 키에 완전 종속해야 한다.
② 모든 키 속성들은 그 자신이 부분적으로 들어가 있지 않은 키에 대하여 완전 종속해야 한다.
③ 어떤 속성도 키가 아닌 속성에 대해서는 완전 종속할 수 없다.

그림 1-36은 지금까지 언급한 정규화 과정을 요약한 것이다. 기본적인 정규화보다 더 진보된 정규화에 제4 정규형(4NF)과 제5정규형(5NF)은 BCNF보다 더 정규화된 것들을 볼 수 있다. 모든 정규화 간에 서로 포함되는 관계를 도시하면 그림 1-36(b)과 같다. 여기서 1NF는 2NF를 포함하나 역은 그렇지 않다. 다른 정규형들 간의 관계도 이와 마찬가지이다.

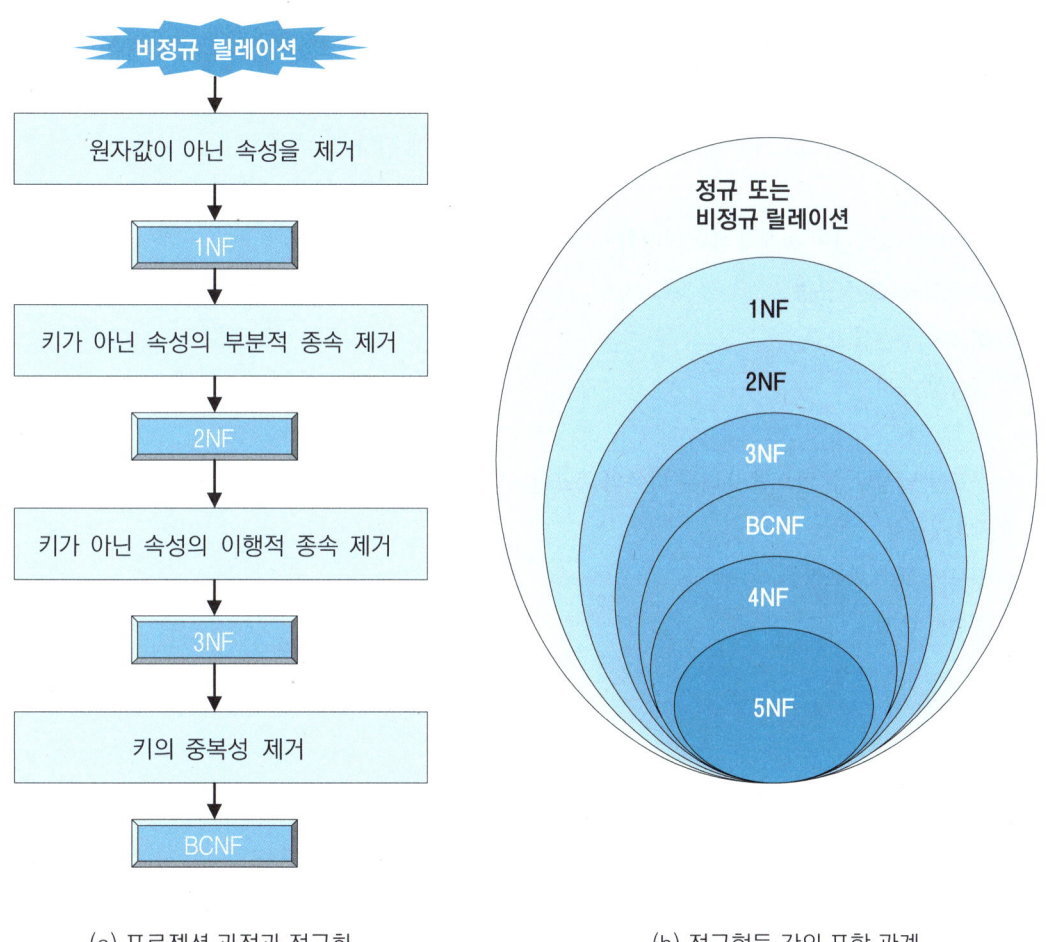

(a) 프로젝션 과정과 정규화　　　　　　　　(b) 정규형들 간의 포함 관계

【그림 1- 36】 프로젝션 과정과 정규화(a)와 정규형들 간의 포함 관계(b)

우리는 이제까지 관계형 데이터베이스 스키마에 대한 기본적인 정규형을 살펴보았다. 손실 없는 조인이나 종속성 유지를 희생하지 않고도 제3 정규형으로 설계하는 것이 항상 가능하다는 것이 제3 정규형의 장점이다. 그러나 제3 정규형에도 단점이 있다. 스키마에 이행 종속이 존재하면 데이터 항목 사이에 존재할 수 있는 의미 있는 관계를 표현하기 위해 빈 값을 사용해야 할 경우가 있다. 이를 설명하기 위해 F={Jk → L, L → K}를 갖는 스키마 S=(J, K, L)을 다시 살펴보자. 종속 L → K가 성립하므로 우리는 L값과 K값 사이의 관계를 표현하기를 원한다. 그러나 이들 사이의 관계를 나타내기 위해서는 J에 해당되는 값이 있어야 하고, 만약 J값이 존재하지 않으면 속성 J에 빈 값을 사용해야 한다.

우리가 보이스-코드 정규형과 종속성을 유지하는 제3 정규형 사이에 하나를 선택해야 한다면 흔히 제3 정규형을 선택한다. 종속성의 유지를 효율적으로 검증할 수 없다면 시스템의 성능이 매우 나빠지든지 아니면 데이터의 일관성을 잃게 될 것이다. 이 두 대안 중에서 어느 쪽도 매력적이지 못하다. 이 대안에 비하면 제3 정규형하에서 허용되는 이행 종속에 의해 발생하는 제한된 양의 중복은 그리 나쁜 단점이 아니다. 따라서 보통으로 보이스-코드 정규형 대신에 종속성 유지를 택하게 된다.

위의 논의를 요약하면 관계형 데이터베이스 설계의 목표는 다음과 같다.
① 보이스-코드 정규형
② 정보의 무손실 표현
③ 종속성 유지

위 목표를 달성할 수 없으면 우리는 다음의 목표를 선택한다.
① 제3 정규형
② 정보의 무손실 표현
③ 종속성 유지

요약

데이터베이스 설계는 현실 세계(기업)에서 요구하는 형태의 데이터를 정확하고 일관성 있게 제공하기 위해 조직체 관점의 데이터 구조로 표현한다. 우선, 조직체 관점의 데이터 구조로 표현하기 위해 E-R Diagram으로 표현하며, 이를 컴퓨터 세계에서 사용자가 이해할 수 있는 DBMS-적용 가능 형태로 표현한다. DBMS-적용 가능 형태는 계층 (Hierarchical), 망(Network), 관계(Relational) 데이터 구조(스키마)로 표현한다.

데이터베이스 설계의 첫 번째 단계는 잠정적인 사용자를 식별하고 사용자가 의도하는 데이터베이스의 용도를 파악하는 것이다. 이 과정의 핵심은 요구하는 정보와 처리 요구 사항을 수집하여 데이터베이스 요구 사항을 유도하고 요구 사항을 명세화하는 것이다. 또한 보안, 신뢰성, 무결성 정책 등의 제약 조건을 계획한다.

개념적 설계에서는 두 가지 활동, 즉 개념 스키마 모델링과 트랜잭션(Transaction) 모델링을 병행적으로 수행한다. 개념적 스키마 모델링은 데이터 중심 설계이고, 트랜잭션 모델링은 처리 중심 설계가 된다. 요구 사항 및 분석 결과로 생긴 자료들을 바탕으로 조직 정보 구조를 설계하는 단계로서 정보 구조는 개념적 모델인 E-R Diagram으로 나타낸다.

논리적 설계에서는 개념적 설계의 결과인 E-R Diagram을 입력으로 하여 특정 데이터베이스가 수행할 수 있는 스키마를 정의한다. 각 응용 프로그램의 개발 지침이 결정되며, E-R Diagram을 특정 DBMS를 위한 논리적 구조로 변형한다.

물리적 설계는 논리적 설계로 생성된 논리적 데이터베이스 구조로부터 효율적이고 구현 가능한 물리적 데이터베이스 구조를 설계하는 과정을 말한다.

정규화(Normalization)는 주어진 릴레이션을 원래의 릴레이션보다 간단한 여러 릴레이션들로 나누어 이러한 릴레이션들의 집합으로 변환시키는 단계적인 과정이다. 또한 이렇게 나누어진 릴레이션을 역순으로 합병하면 원래의 릴레이션들의 집합으로 복구가 가능하게 되며, 그러므로 정보를 잃지 않게 된다.

어떤 릴레이션의 모든 속성이 단순 도메인에서 정의되면 그 릴레이션은 1 정규형이다. 즉, 모든 속성이 원자값 (Atomic Value)을 가지는 것이다.

어떤 릴레이션 R이 1NF이고 키에 속하지 않은 모든 애트리뷰트가 기본 키에 완전 함수 종속일 때 이 릴레이션 R은 2 정규형에 속한다.

어떤 릴레이션 R이 2NF고, 이 릴레이션의 키가 아닌 속성 모두가 R의 어떤 키에도 이행적(Transitive)으로 종속하지 않을 때, R은 3 정규형에 속한다.

어떤 릴레이션 R이 (1)1NF이고, (2)R의 속성들의 집합 C, 각각에 대하여 C에 있지 않은 어떤 속성이 C에 대하여 함수적으로 종속할 때, R의 각 속성이 C에 대하여 함수적으로 종속하면 이러한 관계 R은 BCNF에 속한다.

어떤 릴레이션 R에서 R.A →→ R.B인 MVD가 존재할 경우, R의 모든 애트리뷰트들이 A에 함수적으로 종속되면 이 릴레이션 R은 4NF에 속한다.

어떤 릴레이션 R에 존재하는 모든 조인 종속성이 후보 키들의 결과로만 나타난다. PJ/NF(Projection-JOIN Normal Form)라고도 한다. 여기서 JD가 후보 키들의 결과로만 나타난다. 즉, 내포된다는 의미는 JD에 의하여 후보 키를 유추하여 결정할 수 있는가 하는 의미이다.

제4장 연습 문제

01 데이터베이스 설계를 단계별 입출력을 중심으로 설명하시오.

02 데이터베이스 설계 시의 고려 사항을 설명하시오.

03 함수적 종속성, 부분적 종속성, 완전 종속성, 이행적 종속성, 다치 종속성, 조인 종속성을 설명하시오.

04 정규화의 정의를 내리고, 필요한 이유를 설명하시오. 또한 기대 효과를 설명하시오.

05 제3 정규형과 BCNF의 차이점을 설명하시오. 또한 3NF이면서 BCNF가 아닌 예를 들고, 이상 현상이 일어나는지 알아보시오.

06 관계 데이터베이스 설계 시 바람직하지 않은 이상 현상을 예를 들어 설명하고, 이를 해결하기 위한 방법을 제시하시오.

07 정규화의 목적과 정규화들 간의 관계를 설명하시오.

제5장 데이터 모델링 사례

- 제1절 데이터베이스 설계 방법에 의한 모델링 사례
- 제2절 정규화 이론에 의한 모델링 사례
- 요약
- 연습 문제

이전 장에서 배운 데이터베이스 설계 이론을 토대로, 관계 데이터베이스의 설계 사례를 수행한다. 관계 데이터베이스의 설계는 전통적인 데이터베이스 설계 절차에 의한 설계와 정규화 이론을 근거로 한 데이터베이스 설계를 사례를 통해 알아본다.

제1절 데이터베이스 설계 방법에 의한 모델링 사례

사용자가 원하는 정보 검색을 위한 데이터베이스 개발을 수행한다.

1 단계 1 : 요구 사항 분석

(1) 데이터베이스의 설계 범위 정의

① 범위 정의 : 정보 검색 데이터베이스는 키워드, 대상자명, 주제 출처, 주제 항목 번호로 자료를 검색·갱신한다.

② 정보 계획 : 조직체의 현재와 미래의 경영 정보 전략 정의, 각 시스템의 영역 토의, 주요 시스템과 데이터 집단 간의 종속성 정의를 포함한다.

③ 정보 검색 응용을 위해 개발된 데이터베이스임 : 정보 검색을 지원하는 데 필요한 주요 데이터 그룹(정보 검색, 정보 용어집, 항목 분류집, 코드집)

④ 자료 흐름도(Data Flow Diagram) 표현 형식

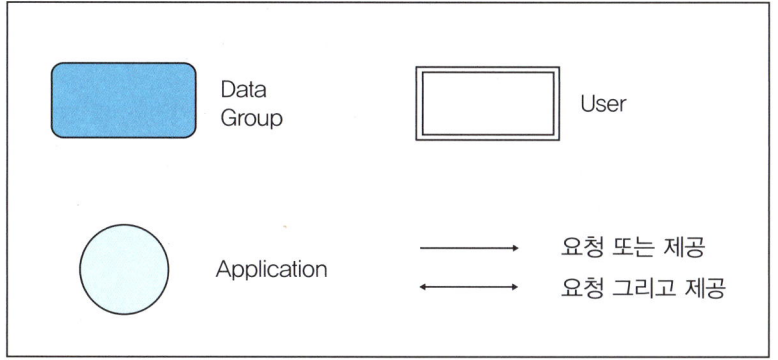

⑤ 자료 흐름도(Data Flow Diagram) 표현

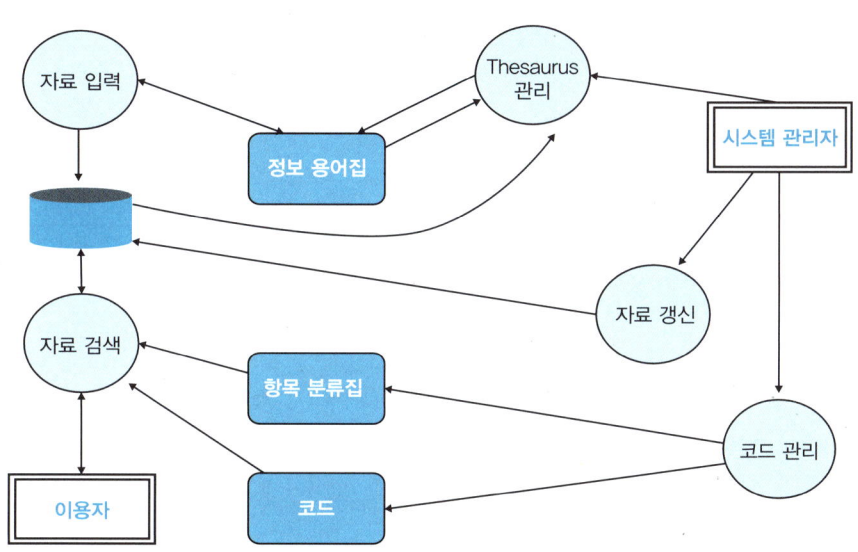

【그림 1-37】 정보 검색 데이터베이스의 자료 흐름도

(2) 정보 수집
  1) 인터뷰 대상 결정
    개발 대상 현업 관리자, DB 개발팀, 전산 담당자
  2) 인터뷰 실시로 요구 사항 수집
    ① 생성되는 정보를 수집하여 그 중에서 시스템에 축적할 가치가 있는 정보만을 선택 분류한다.
    ② 정보 이용자의 질문 내용을 분석·가공하여 Thesaurus 통제 과정을 거쳐 검색어로 변환한다.
    ③ 추출된 내용을 시스템 내에 축적 가능한 형태로 만들기 위하여 어휘 조절 작업을 통해 키워드나 분류 기호와 같은 색인 언어로 변환하여 표시한다.
    ④ 단어는 Thesaurus 파일과 대조하여 색인어로 채택하고 색인된 색인어의 변화된 내용은 데이터베이스에 축적된다.
    ⑤ 정보의 검색 과정도 축적 과정과 같은 방법으로 정보 요구자의 질문 주제와 같은 개념을 분석한다.
    ⑥ 데이터베이스는 주제, 관련어, 대상자, 내용, 키워드의 개체가 필요하다.
    ⑦ 질의는 키워드, 대상자명, 주제 출처, 주제 항목 번호로 검색한다.

(3) 요구 사항 정보 분석
  ① 데이터 요소 식별

식별-번호	식별자명	정의	식별-번호	식별자명	정의
1	키워드	Char(30). 튜플 구분자	11	주제 호수	Char(03).
2	관련어	Char(30).	12	주제 페이지	Decimal(06).
3	관련어 구분	Char(01).	13	관련 국가	Char(05).
4	대상자명	Char(13). 튜플 구분자	14	주제명	Char(60).
5	대상자 구분	Char(20). 튜플 구분자	15	내용 번호	Serial. 튜플 구분자
6	주제 번호	Serial. 튜플 구분자	16	내용	Char(30).
7	출처	Char(02).	17	관련어 건수	Decimal(05).
8	항목 번호	Char(07).	18	주제어 건수	Decimal(05).
9	주제 구분	Char(01).	19	주제명 구분	Char(01).
10	발행 일자	Decimal(06).			

② Document Flowchart 작성

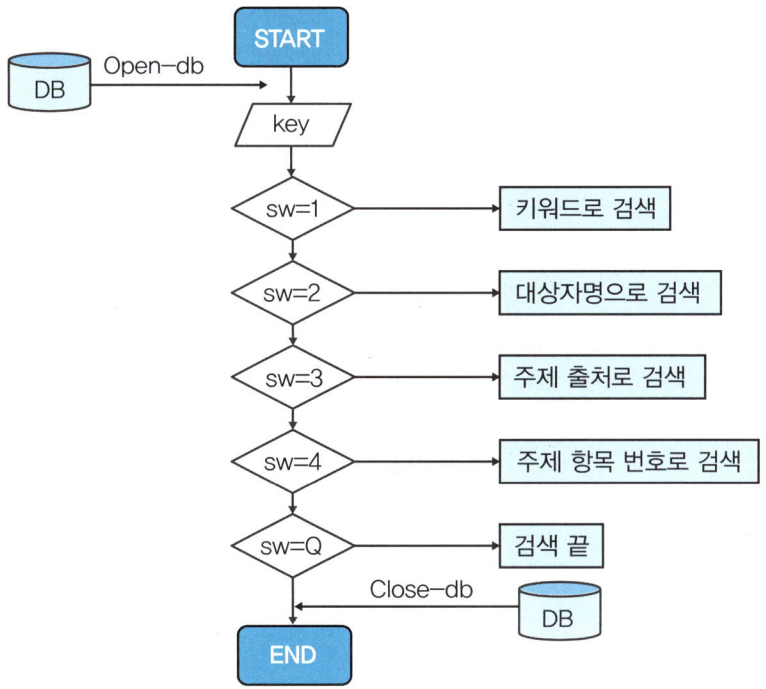

【그림 1-38】 정보 검색 데이터베이스의 Document Flowchart

2 단계 2 : 개념적 설계

(1) 스키마 기술

개체 유형	속성	값 영역	기본 키
관련어	키워드 관련어 관련어 구분	Char(30). Char(30). Char(01).	키워드
대상자	대상자명 대상자 구분	Char(13). Char(02).	대상자명
주제	대상자명 대상자 구분 주제 번호 출처	Char(13). Char(02). Serial. Char(02).	주제 번호, 대상자명

개체 유형	속성	값 영역	기본 키
주제	항목 번호 주제 구분 발행 일자 주제 호수 주제 페이지 관련 국가 주제명	Char(07). Char(01). Decimal(06). Char(03). Decimal(06). Char(05). Char(60).	주제 번호, 대상자명
주제 내용	주제 번호 내용 번호 내용	Serial. Serial. Char(130).	주제 번호, 내용 번호
키워드	키워드 관련어 건수 주제어 건수	Char(30)L. Decimal(05). Decimal(05).	키워드
키워드_주제	키워드 주제 구분 주제명 구분	Char(30). Char(01). Char(01).	키워드

(2) 서브 스키마 정의

1) 초기 정보 구조

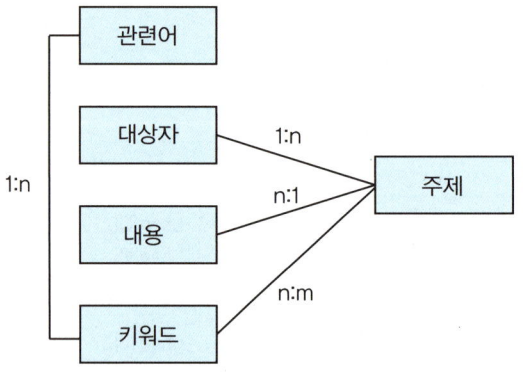

【그림 1-39】 서브 스키마의 초기 정보 구조

2) 트랜잭션 결정

① T1 : 키워드로 자료를 검색한다.
(키워드, 부제 번호, 주제 구분, 관련어, 관련어 구분, 대상자명, 대상자 구분, 출처, 발행 일자, 항목 번호, 주제 호수, 주제 페이지, 관련 국가, 주제명, 내용, 내용 번호)

② T2 : 대상자명으로 자료를 검색한다.
(대상자명, 대상자 구분, 주제 번호, 출처, 발행 일자, 주제 구분, 항목 번호, 주제 호수, 주제 페이지, 관련 국가, 주제명, 내용 번호, 내용)

③ T3 : 주제 출처로 자료를 검색한다.
(대상자명, 대상자 구분, 주제 번호, 출처, 발행 일자, 주제 구분, 항목 번호, 주제 호수, 주제 페이지, 관련 국가, 주제명, 내용 번호, 내용)

④ T4 : 주제 항목 번호로 자료를 검색한다.
(대상자명, 대상자 구분, 주제 번호, 출처, 발행 일자, 주제 구분, 항목 번호, 주제 호수, 주제 페이지, 관련 국가, 주제명, 내용 번호, 내용)

3) 리포트 결정

① R1 : 수시로 사용자 요구에 따라 질의 내용을 출력한다.

4) 질의어(Query) 결정

① Q1 : 키워드로 관련 주제, 주제 내용을 검색한다.
② Q2 : 주제 번호로 주제 테이블의 모든 내용을 검색한다.
③ Q3 : 주제 번호로 주제 내용 테이블의 모든 내용을 검색한다.
④ Q4 : 대상자로 주제를 찾아 내용을 조회한다.
⑤ Q5 : 출처로 주제를 찾아 내용을 조회한다.
⑥ Q6 : 주제 항목 번호로 주제를 찾아 내용을 조회한다.

(3) 관계성(Relationship) 정의

개체 세트	관계 세트	의미 정보
주제 관련어 대상자 내용 키워드	시스템 — 주제 시스템 — 대상 대상자 — 주제 주제 — 내용 키워드 — 관련 키워드 — 주제	1 : 1 1 : 1 1 : N 1 : N 1 : N N : M

(4) E-R Diagram 작성

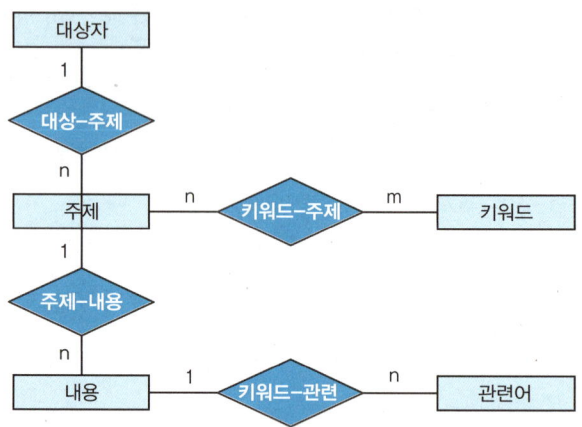

【그림 1-40】 정보 검색 데이터베이스의 E-R Diagram

3 단계 3 : 논리적 설계

(1) 논리 정보 구조 정의 및 통합

① 관계 데이터 모델로 사상 : 관련어 테이블, 대상자 테이블, 주제 테이블, 내용 테이블, 키워드 테이블, 키워드-주제 테이블

(2) 초기 DBMS-적용 스키마 형성

① 서브 스키마 설계, 통합된 스키마 구조, 논리 레코드 정의, 응용 프로그램 설계, 스키마 생성 및 정제, 총 메모리 사용량 측정, 그리고 성능 측정을 수행

제2절 정규화 이론에 의한 모델링 사례

1 정규화의 예

기본적인 정규형인 제1 정규형, 제2 정규형, 제3 정규형 혹은 보이스-코드 정규형(BCNF)을 차례대로 분해해 가는 과정을 위해 표 1-9를 이용하여 설명한다.

【표 1-9】학사 릴레이션

학사					
학번	이름	학년	이수 학점	과목 번호	성적
9638001	김희동	3	20	C101	90
9638001	김희동	3	20	C102	95
9638001	김희동	3	20	C103	85
9638045	이선정	3	18	C101	90
9638045	이선정	3	18	C104	95
9738001	권희대	2	20	C105	80
9738001	권희대	2	20	C107	95

*기본 키 : 학번, 과목 번호

그림 1-41의 "학사" 릴레이션은 모든 도메인이 원자값만으로 되어 있고, 다음과 같은 함수적 종속성을 가지므로 1NF이다.

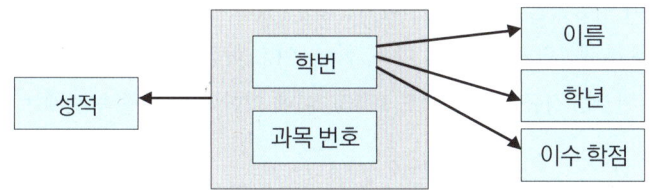

【그림 1-41】학사 릴레이션의 함수적 종속성(1NF)

1NF의 정규 형태의 "학사" 릴레이션은 다음과 같은 이상이 발생한다.

(1) 삽입 이상

학번 9738045인 학생이 2학년으로 복학하였으나 수강할 과목이 미정일 경우, 이와 같은 정보는 "학사" 릴레이션에 삽입 불가능하다. 그 이유는 기본 키인 속성값은 널(Null)일 수 없기 때문이다.

(2) 삭제 이상

학번 9638045인 학생이 휴학하였을 경우, "학사" 릴레이션에서 해당 튜플이 삭제되면, 9638045 학생이 3학년이며 이수 학점이 18학점이라는 정보도 상실하게 된다.

(3) 갱신 이상

학번 9738001인 학생이 3학년이 되었다. 이때 "학사" 릴레이션에서의 일관성을 유지하기 위해서는 모든 관련 튜플들이 "학년", "이수 학점" 속성값도 같이 갱신을 해주어야 한다.

【표 1-10】제2 정규형으로 분해된 학사 릴레이션

수강		
학번	과목 번호	성적
9638001	C101	90
9638001	C102	95
9638001	C103	85
9638045	C101	90
9638045	C104	95
9738001	C105	80
9738001	C107	95

학생			
학번	이름	학년	이수 학점
9638001	김희동	3	20
9638045	이선정	3	18
9738001	권희대	2	20

이와 같은 변경 시의 이상들을 해결하기 위하여 "학사" 릴레이션을 키가 아닌 속성이 모든 키에 대하여 완전 종속할 수 있도록 분해하면 학생(학번, 이름, 학년, 이수 학점), 수강(학번, 과목 번호, 성적)으로 되며 보다 바람직한 정규형인 제2 정규형이 된다(표 1-10). 이에 대한 함수적 종속 관계는 그림 1-42와 같다.

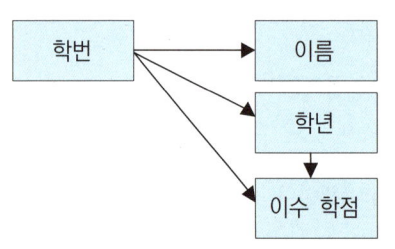
(a) 학생 릴레이션의 함수적 종속 관계

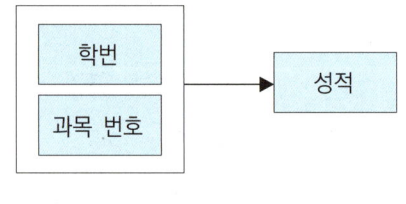
(b) 수강 릴레이션의 함수적 종속 관계

【그림 1-42】학생 릴레이션과 수강 릴레이션의 함수적 종속 관계

그림 1-42의 "학생" 릴레이션은 다음과 같은 이상이 발생한다.

(1) 삽입 이상

학사가 개정되어 졸업 후 3학년으로 전공을 바꾸어 수강할 수 있는 편입 제도가 생겼을 때, 편입한 학생이 3학년일 경우 이수 학점이 22학점이라면 이와 같은 사실은 아직 편입한 학생이 없을 때 기본 키의 속성인 학번의 값이 널이므로 삽입이 불가능하다.

(2) 삭제 이상

학번이 9638045인 학생이 학교를 그만두게 될 경우, "학생" 릴레이션이 관련 튜플을 삭제하면 3학년 이수 학점이 18이라는 정보가 손실된다.

(3) 갱신 이상

역시 학사 개정으로 인하여 3학년의 이수 학점이 18학점으로 줄어들었다. 이때 "학생" 릴레이션의 일관성을 위하여 3학년의 모든 튜플의 이수 학점을 18로 갱신하여야 한다. 이와 같은 이상들은 "학생" 릴레이션이 갖는 완전 이행 종속성, 즉 어떤 키에도 이행적으로 종속하지 않도록 하기 위해 분해하면 해결이 가능하다.

즉, 학년(학번, 이름, 학년)과 이수 학점(학년, 이수 학점)으로 분해하면, 제3 정규형의 릴레이션의 모든 키가 아닌 속성이 릴레이션의 어떤 키에도 이행적으로 종속하지 않는다는 정의와 합치되므로 표 1-11과 같이 제3 정규형이 된다.

【표 1-11】 제3 정규형으로 학생 릴레이션의 분해

이수 학점	
학년	이수 학점
1	20
2	20
3	18
4	16

학년		
학번	이름	학년
9638001	김희동	3
9638045	이선정	3
9738001	권희대	2

2 정규화 이론에 의한 모델링 사례

기업에서 사용하는 양식을 기초로 정규화를 통한 데이터 모델링을 실시하는 방법을 소개한다. 정규화 이론의 기본적인 아이디어는 서로 독립적인 관계는 별개의 릴레이션으로 표현한다는 것이다. 이렇게 표현된 릴레이션이 어떤 특정 제약 조건을 만족하면 그 제약 조건으로 정의된 정규형(Normal Form, NF)에 속하게 된다.

현재 정규형은 제1 정규형에서부터 제5 정규형까지 있지만 실제로 사용 가능한 제3 정규형까지를 소개하고 예제를 통해 그 만족도를 살펴보자.

① 제1 정규형(First Normal Form, 1NF) : 어떤 릴레이션 R의 모든 도메인이 원자값(Atomic Value)만으로 되어 있는 것을 말한다. 즉, 반복되는 속성이나 그룹 속성이 제거된 릴레이션을 제1 정규형이라고 한다.

② 제2 정규형(Second Normal Form, 2NF) : 어떤 릴레이션 R이 1NF이고 키에 속하지 않은 애트리뷰트 모두가 기본 키에 완전 함수 종속인 경우를 말한다.

③ 제3 정규형(Third Normal Form, 3NF) : 어떤 릴레이션 R이 2NF이고 키에 속하지 않은 애트리뷰트 모두가 기본 키에 이행적 함수 종속이 아닌 경우를 말한다. 이 방법은 데이터베이스 설계 경험이 많은 설계자에게 적합한 방법으로서 빠른 개발 공정이나 소규모의 업무 개발에 적용할 수도 있다.

그림 1-43과 같이 기업에서 사용되는 판매 전표에 대하여 정규화를 통한 데이터 모델링을 해보자.

판 매 전 표

판매 일자 : ___ 년 ___ 월 ___ 일	
판매 부서 코드 : _____	부서명 : _____
판매 순번 : _____	부서 실적 : _____

| 판매 사원 번호 : _____ | 사원명 : _____ |
| 고객명 : _____ |
| 고객 주소 : _____ |
| 누적 판매량 : _____ |
| 채권액 : _____ |

항목	제품 번호	제품명	수량	단가	금액
#1					
#2					
#3					

수금액 : ___ 미수금액 : ___ 수금 완료일 : ___ 년 월 일
기타 사항 : _____

【그림 1-43】 판매 전표 양식

그림 1-43의 양식을 비정규 형태의 원시 자료로 표현하여 그룹 속성과 반복 속성을 제거하여 제1 정규형으로 변환하면 그림 1-44와 같다.

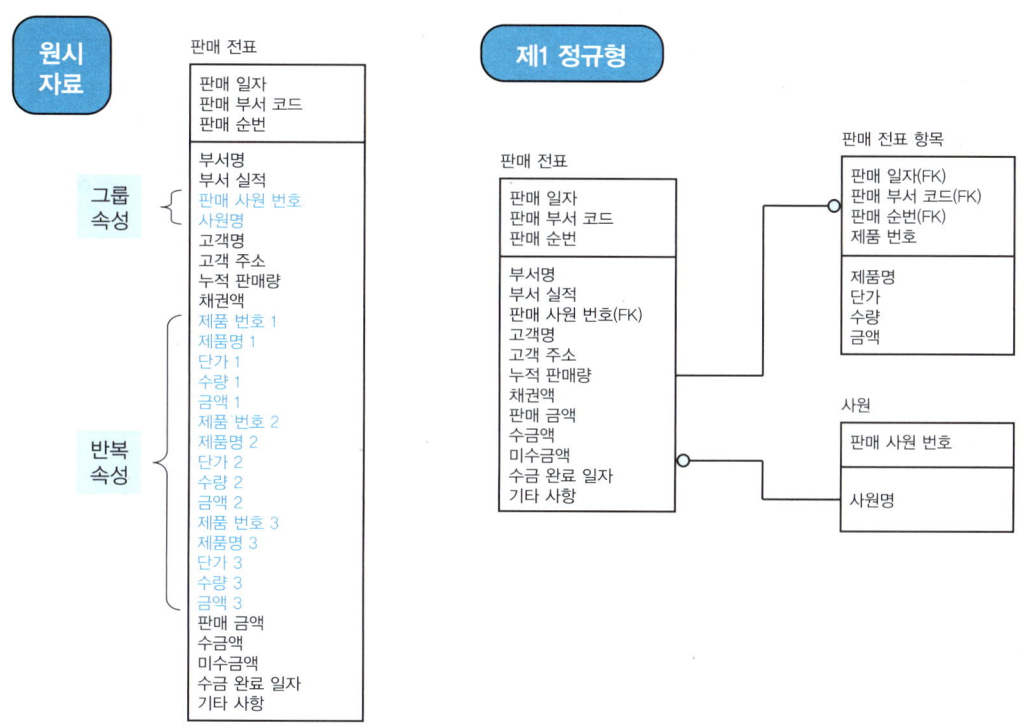

【그림 1-44】제1 정규형으로의 변환

그림 1-44의 제1 정규형에서 판매 전표 릴레이션의 판매 전표 부분 키에 키가 아닌 속성(부서명, 부서 실적)이 부분적으로 종속되어 있으므로, 이를 완전 함수 종속이 되도록 변환하면 그림 1-45와 같이 제2 정규형이 된다.

그림 1-45의 제2 정규형에서 판매 전표 릴레이션의 고객명, 고객 주소, 누적 판매량, 채권액 속성은 비이행적으로 기본 키(판매 일자, 부서 코드, 판매 순번)에 종속되므로 이를 비이행적 종속이 없는 형태로 변환하면 그림 1-46과 같은 제3 정규형이 된다.

1과목 데이터 모델링의 이해

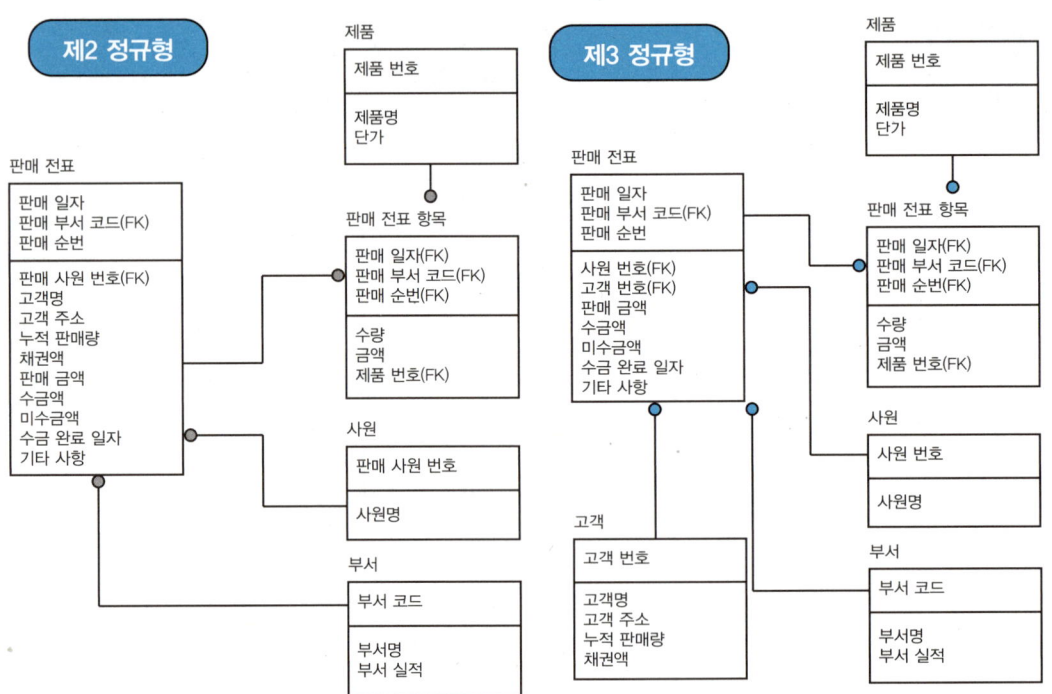

【그림 1-45】 제2 정규형으로의 변환   【그림 1-46】 제3 정규형으로의 변환

> ## 요약
>
> 데이터베이스의 설계는 현실 세계(기업)에서 요구하는 형태의 데이터를 정확하고 일관성 있게 제공하기 위해 조직체 관점의 데이터 구조로 표현한다. 우선, 조직체 관점의 데이터 구조로 표현하기 위해 E-R Diagram으로 표현하며, 이를 컴퓨터 세계에서 사용자가 이해할 수 있는 DBMS-적용 가능 형태로 표현한다. DBMS-적용 가능 형태는 계층, 망, 그리고 관계형 데이터 구조(스키마)로 표현한다.
>
> 제1 정규형(First Normal Form, 1NF)은 어떤 릴레이션 R의 모든 도메인이 원자값(Atomic Value)만으로 되어 있는 것을 말한다. 즉, 반복되는 속성이나 그룹 속성이 제거된 릴레이션을 제1 정규형이라고 한다. 제2 정규형(Second Normal Form, 2NF)은 어떤 릴레이션 R이 1NF이고 키에 속하지 않은 애트리뷰트 모두가 기본 키에 완전 함수 종속인 경우를 말한다. 제3 정규형(Third Normal Form, 3NF)은 어떤 릴레이션 R이 2NF이고 키에 속하지 않은 애트리뷰트 모두가 기본 키에 이행적 함수 종속이 아닌 경우를 말한다.

제5장 연습 문제

01 관계 데이터베이스 설계 시 바람직하지 않은 이상 현상을 예를 들어 설명하고, 이를 해결하기 위한 방법을 제시하시오.

02 정규화의 목적과 정규화들 간의 관계를 설명하시오.

03 소속 대학에서 사용하는 학생 기록 카드 내용을 이해하여 정규화 이론에 의한 데이터베이스 설계를 수행하시오.

1과목 예상 문제

01 데이터베이스에 대한 설명으로 잘못된 것은?

① 데이터베이스는 통합된 데이터이다.
② 데이터베이스는 저장된 데이터이다.
③ 데이터베이스에 저장되어 있는 데이터는 운영 데이터이다.
④ 데이터베이스는 중복된 데이터이다.

02 현대적 의미의 데이터베이스 개념을 확립한 사람은?

① 폰 노이만
② 케머니
③ 바크만
④ 크루츠

03 데이터베이스의 특성에 속하지 않는 것은?

① 실시간 접근성
② 정적인 데이터
③ 동시 공유
④ 내용에 의한 참조

04 데이터베이스의 구성 요소 중 성격이 다른 것은?

① 비트, 바이트
② 애트리뷰트
③ 블록
④ 실린더

05 개체(Entity)에 대한 설명으로 적절하지 못한 것은?

① 사람이 생각하는 개념이나 정보의 단위
② 파일 구성 측면에서 보면 레코드(Record)에 대응

③ 이름을 가진 데이터의 가장 작은 논리적 단위
④ 하나 이상의 속성, 즉 애트리뷰트로 구성

06 한 속성(Attribute)이 취할 수 있는 모든 값을 총칭해서 무엇이라 하는가?

① 도메인(Domain)
② 튜플(Tuple)
③ 개체 타입(Entity type)
④ 개체 어커런스(Entity occurrence)

07 다음 내용에서 괄호 안에 순서대로 들어갈 용어로 적절한 것은?

> "애트리뷰트 이름들로 기술된 개체의 정의를 (   )이라 하며, 실제 애트리뷰트 값으로 구성된 엔티티를 (   ) 또는 엔티티 인스턴스라 하고, 이것들의 집합을 (   )라 한다."

① 개체 타입, 개체 어커런스, 개체 집합
② 개체, 개체 타입, 도메인
③ 개체 타입, 개체 어커런스, 도메인
④ 개체 타입, 개체, 개체 집합

08 다음 중 데이터베이스 구성 요소와 파일 구성 요소 간의 관계가 잘못 연결된 것은?

① 개체 타입 — 레코드 타입
② 개체 어커런스 — 개체 인스턴스
③ 속성 — 필드, 데이터 항목
④ 개체 — 레코드

09 "학생(학번, 이름, 학과)"과 "교수(교수 번호, 이름, 학과)" 개체에 대해서 (ㄱ), (ㄴ)의 관계성에 대한 보기로 옳은 것은?

> (ㄱ) "학번이 1234인 학생의 이름을 검색하라"
> (ㄴ) "학번이 1234인 학생의 지도 교수를 검색하라"와 같은 질의가 있을 경우

① (ㄱ) : 개체 관계, (ㄴ) : 속성 관계
② (ㄱ) : 속성 관계, (ㄴ) : 개체 관계
③ (ㄱ) : 개체 관계, (ㄴ) : 도메인 관계
④ (ㄱ) : 관계 없음, (ㄴ) : 관계 없음

10 자료를 이용하는 응용 프로그래머나 사용자의 입장에서 본 구조로서 자료 레코드의 논리적 배치를 무엇이라 하는가?

① 데이터베이스의 논리적 구조
② 데이터베이스의 물리적 구조
③ 데이터베이스의 개념적 구조
④ 데이터베이스의 실제 구조

11 파일 시스템의 구조에 대한 설명으로 옳지 않은 것은?

① 응용 프로그램은 논리적 파일 구조와 물리적 파일 구조가 1:1로 대응될 것을 요구한다.
② 응용 프로그래머는 물리적 데이터 구조에 대해 알아야만 그에 대한 접근 방법을 응용 프로그램 속에 구현시킬 수 있다.
③ 데이터에 대한 공용이 가능하다.
④ 데이터의 종속성과 데이터의 중복성의 문제점이 있다.

12 데이터 종속성에 대한 설명으로 적절하지 않은 것은?

① 응용 프로그램과 데이터 간의 상호 의존 관계
② 데이터의 구성 방법이나 구성 형식, 접근 방법이 변경되면 이에 관련된 응용 프로그램도 같이 변경된다.
③ 데이터 항목이 하나 첨가될 경우에도 전체 레코드의 길이가 달라지기 때문에 이 파일에 접근하는 모든 응용 프로그램은 수정되어야 한다.
④ 한 시스템 내에 같은 내용의 데이터가 중복되게 저장 · 관리된다.

13 데이터 중복성으로 인해 발생하는 문제점이 아닌 것은?

① 내부적 일관성 유지의 곤란
② 동일 수준의 보안성 유지의 어려움
③ 데이터 저장 공간 낭비 및 갱신 비용이 낮음
④ 데이터의 무결성 유지가 어려움

14 다음 중 데이터베이스를 구성하는 장점이 아닌 것은?

① 데이터의 중복을 최소화한다.
② 여러 사용자가 동시에 데이터를 공유한다.
③ 데이터 간의 종속성이 존재한다.
④ 데이터 내용의 일관성을 유지한다.

15 스키마(Schema)에 대한 설명으로 알맞은 것은?

① 물리적 레코드가 가지고 있는 모든 정보
② 특정 값을 가지고 있는 데이터 항목을 빨리 찾기 위한 암호
③ 데이터 개체, 속성과 이들 간의 관계, 그리고 데이터값의 제약 조건에 관한 정의를 기술
④ 항목들이 가질 수 있는 자료형과 길이에 대한 정의

16 데이터의 세계를 설명한 것 중 잘못된 것은?

① 정보 모델링 : 현실 세계에 대한 인식을 추상적 개념으로 표현하는 과정
② 정보 구조 : 데이터 모델링으로부터 얻은 결과
③ 개체 집합 : 현실 세계의 객체에서 추상화된 것
④ 데이터 구조화 : 논리적 데이터 구조가 저장 장치 위에 표현될 수 있도록 물리적 데이터 구조로 변환되는 과정

17 데이터 모델의 구성 요소가 아닌 것은?

① 추상적 개념으로 조직된 구조   ② 구성 요소의 연산
③ 구성 요소의 제약 조건   ④ 물리적 저장 구조

18 다음의 데이터 모델 중 성격이 다른 것은?

① E-R 모델   ② 관계 모델
③ 네트워크 모델   ④ 계층 모델

19 다음 용어에 대한 설명 중 잘못된 것은?

① 속성 관계 : 하나의 개체를 기술하고 있는 속성과 속성 사이의 관계
② 개체 관계 : 개체 집합과 개체 집합 사이의 관계
③ 도메인 : 관계 데이터 모델에서 어느 한 속성이 가질 수 있는 값을 총칭
④ 개체 타입 : 개체에 속해 있는 실제 값들로 구성된 개체 어커런스의 집합

20 자료 구조도(Data Structure Diagram)에 대한 설명으로 잘못된 것은?

① 현실 세계를 사람이 이해할 수 있도록 표현한 개념적 구조로서 Bachman이 고안했다.
② 개체 집합은 사각형, 개체 관계는 1:n의 관계를 가진 방향성 링크, 그리고 개체 관계 이름은 label로 표현한다.
③ 자료 구조도의 형태가 그래프가 되면 Network Data Model이다.
④ 자료 구조도의 형태가 트리가 되면 Hierarchical Data Model이다.

21 개체-관계 모델(E-R Model)에 대한 설명으로 잘못된 것은?

① E-R Diagram으로 표현하며 P.Chen이 고안했다.
② 1:1, 1:n의 관계 유형만을 표현할 수 있다.
③ 개체 집합은 사각형, 관계는 다이아몬드, 속성은 타원, 그리고 이들을 연결하는 링크로 구성된다.
④ E-R Model은 기본적으로 추상화에 기초한다.

22 확장 개체-관계 모델은 개체와 관계라는 추상적 개념 외에 어떤 추상화 방법이 추가되었는가?

① 일반화, 세분화, 구조화   ② 일반화, 세분화, 집단화
③ 일반화, 구조화, 집단화   ④ 세분화, 구조화, 집단화

23 다음 기술 내용 중 괄호 안에 들어갈 적절한 말은?

"관계 데이터 모델은 일반 사용자로 하여금 데이터베이스가 테이블, 즉 (   )의 집합이라고 생각하게 한다. 특히 데이터베이스를 구성하는 개체와 관계가 모두 똑같이 (   )로 표현된다는 특성을 가지고 있다."

① 엔티티, 애트리뷰트　　　　　② 릴레이션, 엔티티
③ 릴레이션, 테이블　　　　　　④ 엔티티, 테이블

24 다음 중 레코드 중심의 모델이 아닌 것은?

① E-R 모델　　② 계층 모델　　③ 네트워크 모델　　④ 관계 모델

25 개체 관계(E-R) 모델의 개체 관계도에서 개체 간의 관계를 표시하는 도형은?

① 사각형　　② 타원　　③ 마름모　　④ 삼각형

26 도메인(domain)에 대한 설명으로 옳지 않은 것은?

① 하나의 애트리뷰트가 취할 수 있는 같은 타입의 모든 원자값들의 집합이다.
② 프로그래밍 언어의 변수에 비유할 수 있다.
③ 실제 애트리뷰트 값이 나타날 때 그 값이 합법적인지 아닌지를 시스템이 검사할 수 있게 만든다.
④ 도메인에는 단순 도메인과 복합 도메인이 있다.

27 다음 중 컴퓨터 세계에서 표현하는 데이터의 구성 요소가 아닌 것은?

① 속성　　② 레코드 타입　　③ 필드　　④ 값

28 관계성(relationship)에 대한 설명으로 적절하지 못한 것은?

① 개체 집합(entity set) 사이의 대응성을 관계라고 한다.
② 현실 세계의 다양한 관계를 분류하는 기준으로 사상 원소수를 들 수 있다.
③ 사상 원소수에는 일 대 일, 일 대 다의 관계성만을 표현한다.
④ 관계는 개체 관계, 개체-속성 관계, 속성 관계로 나눌 수 있다.

29 현실 세계의 데이터를 컴퓨터 세계로 모델링하도록 지원하는 CASE를 무엇이라고 하는가?

① 상위 CASE　　② 중위 CASE　　③ 하위 CASE　　④ 개념 CASE

30 다음 중 관계형 데이터 모델을 지원하는 DBMS는?

① IMS   ② DB2   ③ IDMS   ④ TOTAL

31 다음 중 관계 데이터 모델에서 사용되는 용어가 아닌 것은?

① 관계(relation)
② 애트리뷰트(attribute)
③ 튜플(tuple)
④ 멤버(member)

32 다음 중 정규화를 시켜주는 이유에 대한 설명으로 바른 것은?

① 정규화된 데이터는 크기가 작다.
② 정규화된 데이터의 저장이 더 간편하다.
③ 정규화된 데이터는 이상화 현상(anomaly)이 적게 일어난다.
④ 데이터를 정규화시켜서 저장하면 테이블의 개수가 줄어든다.

33 도메인(domain)에 대한 설명으로 잘못된 것은?

① 하나의 애트리뷰트가 취할 수 있는 같은 타입의 모든 원자값들의 집합이다.
② 프로그래밍 언어의 변수에 비유할 수 있다.
③ 실제 애트리뷰트값이 나타날 때 그 값이 합법적인지 아닌지를 시스템이 검사할 수 있게 만든다.
④ 도메인에는 단순 도메인과 복합 도메인이 있다.

34 다음 중 릴레이션에 대한 설명으로 적절하지 못한 것은?

① 릴레이션은 릴레이션 스킴과 릴레이션 인스턴스로 구성된다.
② 릴레이션 스킴을 릴레이션 내포(intension)라고도 하며, 한 릴레이션의 논리적 구조를 기술한 것이다.
③ 릴레이션 인스턴스를 릴레이션 외연(extension)이라고도 하며, 한 데이터베이스의 논리적 구조를 기술한 것이다.
④ 릴레이션의 스킴은 정적인 성질을 가지며, 릴레이션 인스턴스는 동적인 성질을 가진다.

35 다음 릴레이션의 차수(degree)는 (   )이고, 카디널리티(cardinality)는 (   )이다. 이때, 괄호 안에 들어가기에 적절한 것은?

비용			
학번	이름	학년	학과
100	고구려	3	전기
200	홍길동	4	전자
300	가야금	3	전산

① 3, 4 ② 4, 3 ③ 3, 3 ④ 4, 4

36 다음 중 릴레이션의 특성에 속하지 않는 것은?

① 한 릴레이션에 포함된 튜플들은 같을 수도 있다.
② 한 릴레이션에 포함된 튜플 사이에는 순서가 없다.
③ 한 릴레이션을 구성하는 애트리뷰트 사이에는 순서가 없다.
④ 모든 애트리뷰트 값은 원자값이다.

37 관계 데이터 모델을 최초로 제안한 사람은?

① Codd ② P.Chen ③ Bachman ④ Von Neumann

38 튜플을 유일하게 식별할 수 있는 애트리뷰트의 집합을 무엇이라고 하는가?

① 대체 키 ② 기본 키 ③ 후보 키 ④ 키

39 릴레이션에 있는 모든 튜플에 대해 유일성과 최소성을 만족시키는 키를 무엇이라고 하는가?

① 대체 키 ② 기본 키 ③ 후보 키 ④ 키

1과목 데이터 모델링의 이해

40 외래 키(Foreign Key)에 대한 설명으로 옳은 것은?

① 릴레이션 R1에 속한 애트리뷰트 집합 FK가 다른 릴레이션 R2의 기본 키인 것을 말한다.
② 외래 키와 기본 키가 정의된 도메인은 다를 수도 있다.
③ 릴레이션 R1과 R2는 반드시 달라야 한다.
④ 둘 이상의 후보 키 중에서 선정된 키이다.

41 관계 데이터 모델이 가지고 있는 무결성 제약이 올바르게 나열된 것은?

① 관계성 무결성 제약, 참조 무결성 제약
② 개체 무결성 제약, 참조 무결성 제약
③ 도메인 무결성 제약, 개체 무결성 제약
④ 개체 무결성 제약, 키 무결성 제약

42 "널 값(null value)"에 대한 설명으로 잘못된 것은?

① 정보의 부재를 나타낼 때 사용하는 특수한 데이터값이다.
② 아직 알려지지 않은 모르는 값이다.
③ 해당되지 않는 값이다.
④ 영(zero)과 같은 값이다.

43 다음 두 릴레이션 간의 관계에서 외래 키는?

> 교수(<u>교수 번호</u>, 교수 이름, 학과 번호, 직급)
> 학과(<u>학과 번호</u>, 학과 이름, 학과장 교수 번호, 학생 수)

① 교수 이름   ② 학과 번호   ③ 직급   ④ 학과 이름

44 기본 키에 속해 있는 애트리뷰트는 언제 어느 때고 널 값을 가질 수 없는 제약을 무엇이라고 하는가?

① 개체 무결성   ② 참조 무결성   ③ 키   ④ 널 무결성

45 다음 중 참조 무결성과 관계가 있는 키는?

① 기본 키   ② 대체 키   ③ 후보 키   ④ 외래 키

46 데이터베이스 상태(database state)에 대한 설명으로 부적절한 것은?

① 어느 일정 시점의 데이터베이스 인스턴스를 말한다.
② 개체 무결성과 참조 무결성은 데이터베이스 상태와 무관하다.
③ 데이터베이스 상태는 삽입, 삭제, 변경 등의 연산을 통해 변한다.
④ 데이터베이스 상태는 현실 세계를 정확하게 반영해야 한다.

47 정규화의 목적이 아닌 것은?

① 어떤 릴레이션이라도 데이터베이스 내에 표현 가능하게 한다.
② 가능한 한 종속되지 않도록 릴레이션을 분해하여 연산 시간을 감소시킨다.
③ 효과적인 검색 알고리즘을 생성할 수 있다.
④ 삽입, 삭제, 갱신 이상의 발생을 방지한다.

48 다음의 함수 종속 다이어그램은 어떤 정규형에 속하는가?

수강 과목 : (학번, 과목, 교수)
후보 키 : (학번, 과목), (학번, 교수)
기본 키 : (학번, 과목)

① 제1 정규형   ② 제2 정규형   ③ 제3 정규형   ④ 제4 정규형

49 어떤 릴레이션 R이 1NF이고, 키에 속하지 않은 애트리뷰트 모두가 기본 키에 완전 함수 종속이면, 어떤 정규형인가?

① 제1 정규형   ② 제2 정규형   ③ 제3 정규형   ④ 보이스–코드 정규형

50 데이터의 중복으로 인해 릴레이션을 조작할 때 곤란한 현상이 발생하는 것을 무엇이라고 하는가?

① Anomaly
② Triggered Delete
③ Transformation
④ Decomposition

[51~53] 어떤 릴레이션 R〈A, B, C, D〉가 복합 애트리뷰트 〈A, B〉를 기본 키로 가지고 있다고 하자. 다음의 경우 이 릴레이션은 어떤 정규형에 속하는지 답하시오.

51 A, B, C, D가 각각 〈A, B〉에 함수 종속이고 D가 C에 함수 종속일 때

① 제1 정규형
② 제2 정규형
③ 제3 정규형
④ 보이스 – 코드 정규형

52 A, B, C, D가 각각 〈A, B〉에 함수 종속이고 B가 C에 함수 종속일 때

① 제1 정규형
② 제2 정규형
③ 제3 정규형
④ 보이스 – 코드 정규형

53 A, B, C, D가 각각 〈A, B〉에 함수 종속일 때

① 제1 정규형
② 제2 정규형
③ 제3 정규형
④ 보이스 – 코드 정규형

정답

01	02	03	04	05	06	07	08	09	10	11	12	13	14	15
④	③	②	④	③	①	①	②	②	①	③	④	③	③	③
16	17	18	19	20	21	22	23	24	25	26	27	28	29	30
②	④	①	④	①	②	②	③	①	③	②	①	③	②	②
31	32	33	34	35	36	37	38	39	40	41	42	43	44	45
④	③	②	③	②	①	①	④	③	①	②	④	②	①	④
46	47	48	49	50	51	52	53							
②	②	③	②	①	②	③	④							

제1장 관계 데이터베이스 언어

제2장 SQL 기본과 활용

예상 문제

2과목
SQL 기본과 활용

SQL(Structured Query Language)은 데이터베이스를 유일하게 액세스할 수 있는 언어이다. 2과목에서는 SQL 문법, 옵티마이저, 인덱스의 기초 원리를 이해한다. 이를 바탕으로 데이터 정의어(DDL)를 통해 테이블의 구조를 생성·변경·삭제·재명명하고, 데이터 조작어(DML)를 통해 데이터를 입력·조회·수정·삭제한다. 집합과 집합의 관계를 다양한 JOIN 방법을 사용하여 표현하고, 주종 관계의 경우 서브쿼리를 사용하는 작업 등을 수행한다.

제1장 관계 데이터베이스 언어

- 제1절 관계 대수
- 제2절 관계 해석
- 제3절 질의어(Query Language)
- 요약
- 연습 문제

데이터베이스 언어는 사용자가 원하는 데이터베이스의 구조를 정의하고, 쉽고 편하게 조작하며 데이터의 정확성을 유지하기 위해 이용된다.

이 장에서는 현재 보편화되어 있고 일반화되어 있는 관계 데이터 모델에서의 데이터 언어를 살펴본다. 먼저 관계 대수와 관계 해석 연산자의 표현 방법을 알아본다. 그리고 사용자가 데이터베이스에서 정보를 얻고자 할 때 사용하는 언어인 질의어에 대해 알아본다.

관계 대수는 절차식 언어(Procedural Language)이다. 관계 대수에는 선택(Select), 프로젝션(Projection), 카티션 프로덕트(Cartesian Product), 연합(Union), 차집합(Set Difference) 등 다섯 개의 연산이 있다. 다섯 개의 연산 이외에 교집합(Intersect), Θ-조인(Theta JOIN), 자연 조인(Natural JOIN), 디비전(Division) 등 다섯 개의 기타 연산이 있다. 이들 연산은 모두 그 연산의 결과로 새로운 릴레이션을 생성한다.

우리가 관계 대수식을 작성할 때에는 질의에 대한 해를 생성하기 위해 수행해야 할 연산의 순서를 명시해야 하므로 관계 대수는 절차식 언어이다. 반면에 관계 해석은 비절차식 언어(Non-Procedural Language)이다. 관계형 해석에서는 사용자가 정보를 얻는 방법은 명시하지 않고 원하는 정보의 내용만 형식을 갖추어 기술한다.

관계 해석에는 두 가지 형태가 있다. 하나는 변수가 튜플을 나타내는 것이고, 다른 하나는 변수가 도메인의 값을 나타내는 것이다. 전자를 튜플 관계 해석(Tuple Relational Calculus), 후자를 도메인 관계 해석(Domain Relational Calculus)이라고 부른다.

제1절 관계 대수

지금부터 기술할 각 연산 기호에서 등호(=)의 왼편 수식은 관계 대수 방식의 표현이고, 오른편 수식은 관계 해석 방식의 표현이다. 예제는 1과목 3장 3절 표 1-5의 릴레이션을 이용한다.

1 제한 연산(Θ)

일반적으로 제한 연산자는 그리스 소문자 세타(Θ)를 사용하며
R[AΘv]={r : r∈R∧(r[A]=∨)}로 정의한다.
(A는 R의 속성, Θ∈{〈, ≤, 〉, ≥, =, ≠}, v는 실제 값이다)

예제 1 고객이 "판매가" 속성값이 700보다 작거나 같은 제품 릴레이션 내의 튜플을 원한다고 하자. 이를 나타내는 제한(Restriction) 연산자는 다음과 같이 표현한다.

표현식 ⇒ 제품[판매가≤700]=(제품 코드, 생산비, 판매가)

결과 ⇒ 제품 코드	생산비	판매가
B03	500	700
C01	300	500

2 선택 연산(Σ)

제한 연산자는 하나의 릴레이션에 대해 하나의 조건을 갖는 선택 조건과 같다. 조건에 특정한 값(위의 예제 1에서는 700)이 필요하다. 같은 릴레이션 안에 있는 두 개의 속성(A, B)을 포함하는 것도 또한 가능하다.
선택 연산자는 그리스 소문자 시그마(Σ)를 사용하며,
R[AσB]={r∈R∧(R[A]Θr[B])}로 정의한다.

예제 2 생산비 가격에 판매되는 물품을 알고자 한다면 선택(Selection) 연산자는 다음과 같이 데이터를 선택한다.

표현식 ⇒ 제품[판매가 = 생산비] = (제품 코드, 생산비, 판매가)

결과 ⇒ 제품 코드	생산비	판매가
…	…	…

위의 표현식은 Σ판매가=생산비(제품)로 표기할 수 있다. 이 경우에 선택 조건은 릴레이션 제품의 속성 판매가와 생산비를 포함하는 조건이다. 두 속성은 호환성이 있어야 한다. 즉, 그들은 데이터 형태여야 한

다. 결과로 나오는 릴레이션은 제품 릴레이션에서 생산비 속성값과 판매가 속성값이 같은 튜플들만을 포함한다. 표 1-5의 릴레이션에서 예제 2에서 만족하는 결과값은 없음을 알 수 있다.

3 프로젝션 연산(Π)

제한 연산자와 선택 연산자는 선택된 튜플 안에 있는 모든 속성값을 구한다. 그러나 릴레이션에서 특정 속성값만을 구하는 선택 연산이 있다. 이러한 연산을 위하여 사용되는 것이 프로젝션(Projection) 연산자이다.

일반적으로 프로젝션은 그리스 소문자(Π)를 사용하며
R[A]={R[A] | R∈R}로 정의한다.

예제 3 고객이 제품 구입자의 모든 이름을 알고자 하는 경우에 데이터 선택은 다음과 같이 표현한다.

표현식 ⇒ 구매[성명] = (성명)
결과 ⇒ 성 명
　　　　주예진
　　　　조현승
　　　　이수빈
　　　　이선정

위 표현식은 성명(구매)으로 표기할 수 있다. 결과로 나온 릴레이션에는 명시된 속성값만이 나타난다. 이 때 중복되는 튜플들은 제거된다.

4 카티션 프로덕트 연산(⊗)

이제까지의 연산자로는 사용자가 한 번에 한 개의 릴레이션에 데이터를 선택할 수 있었지만 릴레이션 간의 관계성을 이용하는 연산자도 필요하다. 이러한 연산자를 이용하여 레코드 형태 간의 링크와 유사한 방법으로 서로 다른 릴레이션에 있는 데이터끼리 관계를 갖게 할 수 있다. 카티션 프로덕트 연산자는 두 릴레이션의 튜플 간 모든 조합을 취하는 연산이다. 결과로 나오는 릴레이션의 차수는 원래 릴레이션들의 튜플의 수효의 곱이 된다.

일반적으로 카티션 프로덕트는 다음과 같이 정의된다.
R⊗S={(R · S) | R∈R∧S∈S}

예제 4 구매와 제품의 카티션 프로덕트 연산을 수행하면 다음과 같다.

표현식 ⇒ 구매⊗제품
= (성명, 제품 코드, 제품 코드, 생산비, 판매가)

결과 ⇒ 성명	제품 코드	제품 코드	생산비	판매가
주예진	A01	A01	700	1000

표현식 ⇒ 구매⊗제품
= (성명, 제품 코드, 제품 코드, 생산비, 판매가)

결과 ⇒ 성명	제품 코드	제품 코드	생산비	판매가
주예진	A01	A01	700	1000
조현승	B03	A01	700	1000
이수빈	A01	A01	700	1000
이선정	C01	A01	700	1000
주예진	A01	B03	500	700
조현승	B03	B03	500	700
이수빈	A01	B03	500	700
이선정	C01	B03	500	700
주예진	A01	C01	300	500
조현승	B03	C01	300	500
이수빈	A01	C01	300	500
이선정	C01	C01	300	500

5 조인 연산(⋈)

고객이 구입자 이름, 구입 품목 그리고 각 품목의 생산비와 판매가를 알고자 할 경우에는 두 릴레이션 구매, 제품이 포함되어야 한다. 이 경우, 결과로 나오는 릴레이션은 두 릴레이션을 합치는 조건에 따라 구매와 제품을 조인(JOIN)함으로써 얻을 수 있다. 즉, 구매 릴레이션의 각 튜플이 제품 릴레이션의 튜플로부터 새로운 튜플이 만들어져서 결과로 나오는 릴레이션에 들어간다. 조인 조건은 처음 두 릴레이션의 호환적인 속성으로써 표현한다.

일반적으로 조인은
$R[A \theta b]S = \{(R \cdot S) \mid R \in R \wedge S \in S(R[A] \Theta s[B])\}$
로 정의한다($\Theta \in \{<, \leq, >, \geq, =, \neq\}$). 속성 A, B는 반드시 호환적이어야 한다.

위 조인 연산자는 R▷◁S로 표현할 수 있다. 그리고 Θ는 위에서의 관계 연산 기호와 동일하다. 조인에는 여러 종류가 있다.

일반 조인(Generalized JOIN)은 Θ-조인이라고도 하며, 조인 조건이 만족되면 구매와 제품의 튜플에서 새로운 튜플을 형성한다. 일반 조인을 카티션 프로덕트와 선택(Selection)으로 볼 수가 있다. 즉, 구매 릴레이션의 제품 코드와 제품 릴레이션의 제품 코드를 기준으로 한 구매와 제품의 조인은 구매와 제품을 카티션 프로덕트 하여 조인 조건을 만족하는 튜플만을 선택한 연산이다.

자연 조인(Natural JOIN)은 조건 연산자가 등호(=)인 조인이며 속성의 중복이 허용되지 않는다. 합성(Composition)은 공통된 조인 속성을 제거한 자연 조인이다. 다음의 예에서 사용한 조인은 일반 조인이다. 조인은 "For Each"나 "There Exists" 조건도 표현할 수 있다.

예제 5 조인 조건 "구입품 코드값"과 "제품 코드값이 같다"라는 것에 따르면 구매와 제품 릴레이션의 조인(일반 조인)은 다음과 같이 된다.

표현식 ⇒ 구매[제품 코드=제품 코드] 제품
= (성명, 제품 코드, 제품 코드, 생산가, 판매가)

결과 ⇒

성 명	제품 코드	제품 코드	생산비	판매가
주예진	A01	A01	700	1000
이수빈	A01	A01	700	1000
조현승	B03	B03	500	700
이선정	C01	C01	300	500

6 디비전 연산(÷)

일반적으로 디비전 연산자는 나누기 기호를 사용하며
$R[A \div B]S = \{R[A'] : R \in R \land S[B] \cdot (R[A'])\}$
로 정의된다(A, B는 동일한 속성을 갖추어야 한다).

예제 6 "제품의 각 품목을 모두 구입하는 구매자들을 찾으시오"라는 질의어를 생각해 보자. 관계 대수에서 이 질의어에 대한 데이터 선택은 디비전(Division) 연산자를 이용하여 다음과 같이 표현할 수 있다.

표현식 ⇒ 구매[제품 코드 ÷ 제품 코드] 제품 = (성명)
결과 ⇒ 성 명
       …

수학적인 집합의 개념으로 릴레이션에 대한 연산을 하기 위해서는 부가적인 다른 연산자가 필요하다. 이러한 연산자는 집합 연산자인 합집합(∪), 교집합(∩), 차집합(−)에 해당하는 것이다. 이들 연산자는 호환성이 있는 튜플을 가진 릴레이션들을 병합할 수도 있고, 이들 릴레이션의 여집합을 구성할 수도 있는 여러 가지 연산자를 이용할 수 있다.

예를 들어 보면, "가격이 500 이상 900 미만인 물품을 구입하는 구매자를 찾으시오"라는 질의는 다음과 같이 표현된다.

{구매[제품 코드 = 제품 코드](제품 코드[판매가 ≥ 500] ∩ 제품[판매가 〈 900])}[성명]

제2절 관계 해석

관계 해석에는 두 가지 형태가 있다. 하나는 변수가 튜플을 나타내는 것이고, 다른 하나는 변수가 도메인의 값을 나타내는 것이다. 우리는 전자를 튜플 관계 해석(Tuple Relational Calculus), 후자를 도메인 관계 해석(Domain Relational Calculus)이라고 부른다.

1 튜플 관계형 해석

튜플 관계 해석의 질의는 다음과 같은 형태로 표시된다.
표현식 ⇒ {T | P(T)}
즉, 술어 P가 참인 모든 튜플 T들의 집합을 나타낸다. T[A]는 튜플 T를 A로 추출한 값을 나타낸다. 또한, 기호 T∈R은 튜플 T가 릴레이션 R에 속함을 나타낸다.

예제 7 제품 릴레이션에서 판매가가 600원을 초과하는 제품 코드, 생산비, 판매가를 검색하라.

표현식 ⇒ {T | T∈제품 ∧ T[판매가]〉800}
결 과 ⇒ 제품 코드 생산비 판매가
　　　　　　A01　　 700　　 1000
　　　　　　B03　　 500　　 700

(1) 존재한다(∃)

수학적 논리(Mathematical Logic)의 술어 해석(Predicate Calculus)으로부터 "존재한다: There Exist"라는 구성 요소를 도입하였다. 기호 ∃T(Q(T)) : "술어 Q(T)가 참인 튜플 T가 존재한다"는 의미이다.

◆ 예제 8 존재한다(∃)라는 관계 해석을 사용하면, 질의 "제품 릴레이션의 판매가가 600원을 초과하는 모든 제품 코드를 찾아라"는 다음과 같이 표현될 수 있다.

표현식 ⇒ {T | ∃S(S∈제품∧T[제품 코드] = S[제품 코드]∧S[판매가]〉600)}

(2) 모든 것에 대하여(∀)

수학적인 논리의 관계로 기호 ∀의 표현은 For All의 의미를 나타낸다. 수식 ∀T(Q(T))의 의미는 "모든 튜플 T에 대하여 Q가 참(True)이다"라는 뜻이다.

(3) 자유 변수와 한정 변수 및 원소 구성을 나타내는 일반적인 식

표현식 ⇒ {T | P(T)}

위 식에서 P : 하나의 식(Formula)이다. 하나의 식에 여러 튜플 변수들이 나타날 수도 있다. 어떤 튜플 변수가 "∃" 또는 "∀"에 의해 한정되지 않는 변수를 자유 변수(Free Variable)라고 부른다. 따라서 수식

T∈제품 ∧ ∃S([제품 코드]=S[제품 코드])

에서 T는 자유 변수이다. 튜플 변수 S는 한정 변수(Bound Variable)라고 말한다. 튜플 관계 해석에서 식은 원소(Atom)로부터 만들어진다. 어떤 원소는 다음 형태 중의 하나이다.

① s∈r, 여기서 s는 튜플 변수이고, r은 릴레이션이다.
② s[x]θu[y], 여기서 s와 u는 튜플 변수이다. x는 s가 정의된 속성이고, y는 u가 정의된 속성이다. θ는 비교 연산이다(〈, ≤, =, ≠, 〉, ≥). 여기서 속성 x와 y의 도메인은 그 도메인의 요소들이 θ에 의해 서로 비교될 수 있어야 한다.
③ s[x]c, 여기서 s는 튜플 변수이고 x는 s가 정의된 속성이다. θ는 비교 연산자이고, c는 속성 x의 도메인에 속하는 상수이다.

(4) 해석 식의 규칙

식은 위의 원소들로부터 다음의 규칙들을 사용하여 생성한다.

① 원소의 식이다.
② P1이 식이면, P1과 ㅡ(P1)도 식이다.
③ P1과 P2가 식이면, P1∨P2와 P1∧P2도 식이다.

④ P1(s)가 자유 튜플 변수 s를 포함하는 식이면, ∃S(P1(s))와 ∀S(P1(s))도 식이다.
⑤ 이 외에는 어느 것도 식이 아니다.

관계 해석에서도 같은 의미를 갖는 여러 형태의 수식이 존재할 수 있다. 관계 해석에서 동등한 조건은 다음의 두 규칙을 포함한다.

① P1∧P2는 ¬(¬P1∨¬P2)와 동일하다.
② ∀t(P1(t))는 ¬∃t(¬P1(t))와 동일하다.

2 도메인 관계 해석

도메인 관계 해석은 다른 형태의 관계 해석이다. 이 형태의 관계 해석에는 전체 튜플의 값들 대신에 한 속성의 도메인으로부터 값들을 선택하기 위한 도메인 변수가 사용된다. 그렇지만 도메인 관계 해석은 튜플 관계 해석과 밀접하게 관련되어 있다.

도메인 관계 해석의 수식은 다음과 같은 형태를 갖는다.

표현식 ⇒ {⟨X1, X2, ..., xn⟩ | P(x1, x2, ..., xn)}

여기서, xi(여기서 1≤i≤n)는 도메인 변수이고, P는 식을 나타낸다. 튜플 관계 해석과 마찬가지로 식은 원소들로 구성된다.

◆ 예제 9 제품 릴레이션의 판매가가 600원 이상인 제품 코드와 생산비 및 판매가를 검색하라.

표현식 ⇒ {⟨c, w, p⟩ | ⟨c, w, p⟩∈제품 ∧ p>=600}
※ 여기서, c : 제품, 제품 코드, w : 생산비, p : 판매가, n : 구매자 성명, i : 구매, 제품 코드를 나타낸다.

◆ 예제 10 제품 릴레이션에서 판매가 600원 이상인 제품 코드를 찾아라.

표현식 ⇒ {⟨C⟩ | ∃w, p(⟨c, w, p⟩∈제품 ∧ p>=600)}

◆ 예제 11 제품 릴레이션의 생산비가 500원 이상인 모든 제품 코드와 그 품목을 취급하는 구입자 성명을 찾아라.

표현식 ⇒ {⟨c, n⟩ | ∃w, p(⟨c, w, p⟩∈제품∧w>=500)∧∃i⟨n, i⟩∈구매}

제3절 질의어(Query Language)

질의어는 사용자가 데이터베이스에서 정보를 얻고자 할 때 사용하는 언어이다. 이들 언어들은 전형적인 기존 프로그래밍 언어보다는 고급 수준이다. 질의 언어는 절차 언어(Procedural Language)와 비절차적 언어(Non-Procedural Language)로 구분된다. 절차 언어에서는 사용자가 원하는 결과를 얻기 위하여 데이터베이스에 연산의 순서를 실행하도록 시스템에 지시한다. 비절차 언어에서는 사용자가 원하는 정보를 얻는 데 특정한 절차 없이 원하는 정보를 얻는다.

대부분의 상업용 관계 데이터베이스 시스템들은 절차 언어와 비절차 언어를 모두 구사하는 질의어를 공급한다. 본 절에서는 여러 가지의 상업용 언어들을 논의하기로 한다.

데이터베이스 시스템 제품들은 좀 더 "사용자와 친숙한" 질의어를 요구한다. 본 절에서는 SQL, QBE 및 QUEL의 세 가지 제품의 질의어를 소개한다. 이 언어들이 여러 종류의 질의어 형태를 대표하기 때문에 이 언어들을 선택하였다. SQL은 관계 대수와 관계 해석을 기초로 한 고급 데이터 언어이고, QBE는 도메인 관계 해석에 근거를 두고 있다. QUEL은 튜플 관계 해석의 구성 요소들을 결합하였다. 이 세 언어는 모두 연구용 데이터베이스 시스템뿐만 아니라 사용 데이터베이스 시장에서도 상당히 많은 영향을 준 질의어이다.

1 SQL(Structured Query Language)

SQL은 System R에 대한 질의어로 소개되었다. SQL은 Structured Query Language의 약어이다. 그러나 아직도 이 언어의 옛날 이름인 Sequel로 흔히 불리고 있다. SQL 문의 기본 구조는 Select, from, WHERE의 세 형태의 절로 구성된다.

▶ **Select 절**: 관계 대수의 추출 연산에 해당된다. 이 절은 질의의 결과에 나타나는가를 원하는 속성들을 열거하기 위해 사용된다.

▶ **from 절**: 질의어 실행 중에 읽는 릴레이션들의 리스트로 구성된다.

▶ **WHERE 절**: 관계 대수의 선택 술어에 해당된다. 이 절은 from 절에 나타나는 릴레이션들의 속성들을 포함하는 술어로 구성된다.

(1) 기본 질의 형식

표현식 ⇒ Select A1, A2, ..., An
　　　　　 From r1, r2, ..., rn
　　　　　 WHERE P

여기서 Ai들은 속성을 나타내고, ri들은 릴레이션을 나타내며, p는 술어를 나타낸다. 위의 SQL 질의는 다음의 관계 대수 수식과 동일하다.

$\Pi A1, A2, ..., An(\Sigma p(R \times R2 \times ... \times Rm))$

SQL은 From 절에 나타난 릴레이션들의 카티션 프로덕트를 구한 후, 이 결과를 WHERE 절에 나타난 술어로 선택 연산을 수행한다. 그 다음 위의 결과를 select 절에 나타난 속성들에 대해 추출한다.

예제 1 릴레이션 제품에 존재하는 모든 제품 코드를 찾아라.

표현식 ⇒ Select 제품 코드
From 제품

형식 질의어에서는 릴레이션의 수학적 의미가 집합으로서 중복된 튜플을 허용하지 않지만, 실제 상황에서 중복을 제거하는 것은 상당히 시간이 많이 걸리는 작업이므로 SQL은 릴레이션에 중복 튜플을 허용한다.

(2) 중복 제거(distinct)

릴레이션에 중복을 제거하고 싶을 때에는 select 다음에 키워드 "distinct"를 삽입한다. 중복 튜플을 제거하고자 할 때에는 앞의 예제 1의 질의를 다음과 같이 재작성할 수 있다.

예제 2 릴레이션 제품에 존재하는 모든 제품 코드를 찾아라(단, 중복은 제거한다).

표현식 ⇒ select distinct 생산품 코드
from 생산품

다음은 조건(WHERE)이 있는 질의어를 사용하는 것을 보여 준다.

예제 3 제품 코드가 A01인 구입자 성명을 모두 찾아라.

표현식 ⇒ select 성명
from 구매
WHERE 제품 코드='A01'

(3) Group By 절과 함수

SQL은 Group by 절을 사용하여 튜플들의 그룹에 대한 함수를 계산하는 기능도 제공한다. Group By 절에 나타난 속성은 그룹을 만드는 데 사용된다. 이 속성에 대해 같은 값을 갖는 튜플들은 하나의 그룹이 된다. SQL은 다음과 같은 함수의 기능도 제공한다.

평균 : Avg
합계 : Sum
개수 : Count
최댓값 : Max
최솟값 : Min

예제 4 제품 릴레이션에서 모든 제품에 대한 평균 생산비를 구하라.

표현식 ⇒ select 제품 코드, avg(생산비)
　　　　　from 제품
　　　　　group By 제품 코드

2 QBE(Query By Example)

QBE(Query By Example)는 질의어 및 이 질의어를 포함하는 데이터베이스 시스템 모두를 지칭하는 이름이다. QBE에는 두 가지의 뚜렷한 특징이 있다. 대부분의 질의어나 프로그래밍 언어와는 달리 QBE는 이차원 구문을 갖고 있으므로 질의를 작성하기 위해서 화면 편집기를 사용하여 터미널에서 쉽게 사용할 수 있다.

SQL, QUEL과 같은 일차원 언어에서는 하나의 질의는 한 줄에 작성될 수 있고, 이차원 질의어는 그 수식을 위해 이차원이 필요하다. QBE의 두 번째 뚜렷한 특징은 질의들이 "예로(By Example)" 표현된다는 점이다. 원하는 결과를 얻는 과정을 제시하지 않고 사용자는 단지 원하는 결과의 예를 제시한 기이한 특징에도 불구하고, QBE와 도메인 관계 해석 사이에는 밀접한 대응 관계가 존재한다. QBE에서 질의는 QBE 테이블을 사용하여 표현한다. 이 테이블은 그림 2-1과 같이 릴레이션 스키마를 보여 준다. 그림 2-1에서 릴레이션 이름은 제품이고, 제품 코드, 생산비 및 판매가는 제품 릴레이션에 속하는 속성들이다.

제품	제품 코드	생산비	판매가

【그림 2-1】 제품 데이터베이스의 예에 대한 QBE 테이블

모든 구조를 표현하는 혼잡을 피하기 위해 사용자는 주어진 질의에 필요한 구조들만 선택한다. 사용자는 이 구조 테이블을 "예제 행(Example Row)"으로 채운다. 하나의 예제 행의 구성 요소는 "상수", "예제 요소"

이며, 예제 요소는 실제로 도메인 변수이다.

도메인 변수와 상수의 구분을 위해 도메인 변수는 _x와 같이 밑줄을 변수 앞에 첨가한다. 상수는 인용 부호 없이 나타난다. 이 점이 상수에는 인용 부호를 사용하고, 변수에는 인용 부호를 사용하지 않는 대부분의 다른 언어들과 비교해 볼 때 아주 대조적이다.

> **예제 5** 제품 코드가 A01인 모든 구입자 성명을 찾아라. 이 명령을 위해 먼저 구매 릴레이션에 대한 구조를 만든 후 다음과 같이 행을 채운다.
>
> 표현식 ⇒
>
> | 구매 | 성명 | 제품 코드 |
> |---|---|---|
> | | P._X | A01 |

위의 질의에 대해 시스템은 구매 릴레이션의 제품 코드 속성에 'A01'이라는 값을 갖는 튜플들을 생성한다. 이렇게 생성된 각 튜플에 대해 성명 속성의 값을 변수 x에 넣는다. 명령어 "P."가 이름 열의 변수 x 앞에 나타나 있으므로 변수 x의 값이 출력된다. 여기서 "P._x" 대신에 "P."만 사용해도 무방하다.

3 QUEL

QUEL은 관계 데이터베이스 관리 시스템인 Ingres의 질의어이다. QUEL은 관계 해석을 순수하게 구현한 언어라 볼 수 있으며, 기능 면에서 SQL과 매우 흡사하지만, 때로는 질의 표현에서 SQL보다 우월하다. 대부분의 QUEL의 질의는 Range Of, Retrieve, WHERE 등 세 형태의 절을 사용하여 표현된다.

① 튜플 변수는 range of 절에서 선언한다. 우리는 t를 릴레이션 r에 있는 튜플들의 값에 제한된 변수로 선언하기 위해 "range of t is r"이라고 쓴다.
② Retrieve 절은 SQL의 Select 절과 기능 면에서 유사하다.
③ WHERE 절은 선택 조건 절(Selection Predicate)을 포함한다.

[1] 기본 질의 형식

일반적으로 QUEL의 질의 형식은 다음과 같다.

표현식 ⇒ range of t1 is r1
　　　　　range of t2 is r2
　　　　　　·
　　　　　　·

range of tn is rn

retrieve(t1.Aj1, t2.Aj2, …, tn.Ajn)

WHERE P

위의 질의에서 Ti는 튜플 변수이고, ri는 릴레이션이며 Ajk들은 속성이다.

QUEL은 튜플 변수 T의 속성 A에 대한 값을 나타내기 위해 다음을 사용한다.

표현식 ⇒ {t | t∈제품 ∧ t[판매가]>800}

결과 ⇒	제품 코드	생산비	판매가
	A01	700	1000
	B03	500	700

이것은 튜플 관계 해석의 t[A]와 같은 의미이다.

예제 6 구매 릴레이션의 제품 코드가 A01인 모든 구입자 성명을 찾아라.

표현식 ⇒ range of t is 구매

retrieve(t.성명)

WHERE t.제품 코드='A01'

예제 7 제품 릴레이션에서 판매가가 800원 이상인 제품 코드와 그 품목을 구입하는 구입자 성명을 모두 찾아라.

표현식 ⇒ range of t is 제품

range of s is 구매

retrieve(t.제품 코드, s.성명)

WHERE t.판매가≥'800' and t.제품 코드=s.제품 코드

(2) 데이터 정의

QUEL에서의 데이터 정의어 문장은 다음과 같다.

명령어 ⇒ CREATE : 실제 테이블 생성

INDEX : 인덱스 생성

DEFINE VIEW : 뷰(가상 테이블)를 정의

DESTROY : 실제 테이블, 인덱스 또는 뷰를 삭제

MODIFY : 실제 테이블이나 인덱스의 기억 장소 구조를 변형

SQL 언어와 비교하면 "ALTER TABLE"과 유사한 기능이 QUEL에는 없다.

1) CREATE 문의 일반적인 형태

표현식 ⇒ CREATE 기본 테이블 이름

　　　　(열 정의[, 열 정의]...)

여기서 베이스 테이블을 구성하는 열을 정의하는 "열 정의" 문은 다음의 형태를 취한다.

　　　　열 이름 = 데이터형

2) Index 문의 일반적인 형태

표현식 ⇒ INDEX ON 기본 테이블 이름 Is 색인 이름

　　　　(열 이름[, 열 이름]...)

예를 들어, "제품" 테이블의 "제품 코드" 열에 "XN" 인덱스를 정의하고자 할 경우 다음과 같이 나타낼 수 있다.

표현식 ⇒ INDEX ON 제품 IS XN(제품 코드)

3) Destroy 문의 일반적인 형태

표현식 ⇒ DESTROY 이름[,이름]...

이때 이름은 삭제하고자 하는 기본 테이블이나 색인 또는 뷰의 이름을 가리킨다.

예를 들면,

　　　　DESTROY XN

　　　　DESTROY 구매, 제품

등이다. 하나의 기본 테이블이 파괴되면 색인 연산을 통해 이 기본 테이블에 정의된 모든 색인은 자동적으로 파괴되며, 마찬가지로 정의된 뷰들도 모두 무효화된다.

4) MODIFY 문

MODIFY 연산은 기본 테이블 또는 색인에 대한 기억 장소 구조를 바꾸기 위하여 사용하는 것을 기억 장소에서 테이블 또는 색인을 재구성한 것으로서 일반적인 형태는 다음과 같다.

표현식 ⇒ MODIFY 이름 TO 구조 [UNIQUE] [ON 열 이름[, 열 이름]...]

이때 이름은 기본 테이블이나 색인을 가리키고, 구조는 다음 중 하나가 된다.

BTREE	CBTREE
HASH	CHASH
ISAM	CISAM
HEAP	CHEAP
HEAPSORT	CHEAPSORT

(3) 데이터 조작

QUEL의 데이터 조작어 기능을 SQL의 데이터 조작어 기능과 비교하여 나타내면 다음과 같다.

【표 2-1】 SQL과 QUEL의 데이터 조작어 비교

기능	QUEL	SQL
검색	RETRIEVE	SELECT
갱신	REPLACE	UPDATE
삭제	DELETE	DELETE
삽입	APPEND	INSERT

1) RETRIEVE 문의 일반적 형태

표현식 ⇒ RETRIEVE [UNIQUE] (목표물)

[WHERE 술어]

[SORT BY 필드]

◆ 예제 8 "판매가가 700원 이상인 제품의 제품 코드와 생산비를 구하라."는 질의를 표현하면 다음과 같다.

표현식 ⇒ RETRIEVE (제품.제품 코드, 제품.생산비)

WHERE 제품.판매가≥700

◆ 예제 9 "구매의 제품 코드와 제품의 제품 코드가 같은 모든 정보를 구하라."는 질의를 표현하면 다음과 같다.

표현식 ⇒ RETRIEVE (구매.ALL, 제품.ALL)

WHERE 구매.제품 코드=제품.제품 코드

SQL의 경우와 마찬가지로 QUEL은 특정 테이블에서 어떤 열의 값의 모임에 적용되는 COUNT, SUM 과 같은 연산자를 제공한다. QUEL의 집단 연산자에는 COUNT, SUM, AVG, MAX 그리고 MIN이 있다. COUNTU, SUMU 그리고 AVGU에서의 "U"는 "UNIQUE"를 뜻한다. 그리고 SQL의 "EXISTS"와 유사한 ANY 등이 있다. 집단 함수의 참조를 위한 일반적인 구문은 다음과 같다.

표현식 ⇒ 함수(표현 [WHERE 술어])

하나의 집단화 연산이 끝나면 단일 스칼라값을 돌려주므로 WHERE 절 또는 목표 리스트 안에 상수가 가능한 곳이면 어느 곳에서나 나타날 수 있다. 다음은 QUEL 함수와 SQL 함수의 비교이다.

【표 2-2】 SQL과 QUEL 함수의 비교

QUEL 함수	SQL 함수
COUNT	COUNT
COUNT(*)	COUNT
COUNTU	COUNT(DISTINCT)
SUM	SUM
SUMU	SUM(DISTINCT)
AVG	AVG
AVGU	AVG(DISTINCT)
MAX	MAX
MIN	MIN

◆ 예제 10   "제품 테이블에서 제품의 수를 구하라."는 질의를 표현하면 다음과 같다.

표현식 ⇒ RETRIEVE (X=COUNT(제품. 제품 코드))
결 과 ⇒ X
               3

위의 예제에서 결과를 받을 수 있는 변수가 제공되어야 함에 유의해야 한다.

2) 기존의 데이터베이스의 내용을 변경하기 위한 명령의 형식

표현식 ⇒ REPLACE 튜플 변수(목표물) [WHERE 술어]

표현식의 의미를 살펴보면, WHERE 절 이하의 조건을 만족하는 튜플 변수의 필드 값을 목표물에 있는 수식으로 변경하게 한다.

예제 11 "제품 코드 A01의 생산비를 800으로, 판매가를 200만큼 증가시켜라."는 질의를 표현하면 다음과 같다.

표현식 ⇒ REPLACE 제품(생산비=800, 판매가=제품.판매가+200)
　　　　　　WHERE 제품. 제품 코드='A01'

3) 기존의 데이터베이스의 내용 삭제를 위한 명령의 형식

표현식 ⇒ DELETE 튜플 변수[WHERE 술어]

표현식의 의미를 살펴보면, WHERE 절 이하의 조건을 만족하는 튜플 변수 내의 모든 레코드는 삭제된다.

예제 12 "제품 코드가 A01인 제품을 삭제하라."는 질의를 표현하면 다음과 같다.

표현식 ⇒ DELETE 제품
　　　　　　WHERE 제품. 제품코드=A01

4) 정의된 데이터베이스의 테이블에 새로운 튜플을 삽입하는 명령의 형식

표현식 ⇒ APPEND TO 테이블 이름(목표물) [WHERE 술어]

(4) 뷰(View)

Ingres에서 뷰의 의미는 DB2와 거의 비슷하며, 단지 QUEL은 SQL과 달리 뷰의 필드에 대한 이름을 명시해야 한다. QUEL에서 뷰의 일반 형식은 다음과 같다.

표현식 ⇒ DEFINE VIEW 뷰 이름(목표물) [WHERE 술어]

예제 13 다음은 "제품" 테이블로부터 뷰를 정의하는 예이다.

표현식 ⇒ DEFINE VIEW 고가_제품
　　　　　　(제품 코드=제품.제품 코드
　　　　　　생산비=제품.생산비
　　　　　　판매가=제품.판매가)
　　　　　　WHERE 제품.생산비=1000

뷰의 삭제는 앞서 설명한 기본 테이블과 색인을 삭제하는 데 사용되었던 DESTROY 명령을 이용한다.

요약

▷ 관계 대수는 절차식 언어(Procedural Language)이다. 관계 대수에는 다음과 같은 다섯 개의 선택(Select), 프로젝션(Projection), 카티션 프로덕트(Cartesian Product), 연합(Union), 차집합(Set Difference) 등의 연산이 있다. 다섯 개의 연산 이외에 교집합(Intersect), Θ-조인(Theta JOIN), 자연 조인(Natural JOIN), 디비전(Division) 등의 기타 연산이 있다. 이들 연산은 모두 그 연산의 결과로 새로운 릴레이션을 생성한다.

▷ 관계 해석에는 두 가지 형태가 있다. 하나는 변수가 튜플을 나타내는 것이고, 다른 하나는 변수가 도메인의 값을 나타내는 것이다. 우리는 전자를 튜플 관계 해석(Tuple Relational Calculus), 후자를 도메인 관계 해석(Domain Relational Calculus)이라고 부른다.

▷ 질의어는 사용자가 데이터베이스에서 정보를 얻고자 할 때 사용하는 언어이다. 이들 언어들은 전형적인 기존 프로그래밍 언어보다는 고급 수준이다. 질의 언어들은 절차 언어(Procedural Language)와 비절차적 언어(Non-Procedural Language)로 구분된다. 절차 언어에서는 사용자가 원하는 결과를 얻기 위하여 데이터베이스에 연산의 순서를 실행하도록 시스템에 지시한다. 비절차 언어에서는 사용자가 원하는 정보를 얻는 데 특정한 절차 없이 원하는 정보를 얻는다. 대부분의 상업용 관계 데이터베이스 시스템들은 절차 언어와 비절차 언어를 모두 구사하는 질의어를 공급한다. 본 절에서는 여러 가지의 상업용 언어들을 논의하였다.

▷ QBE(Query By Example)는 질의어 및 이 질의어를 포함하는 데이터베이스 시스템 모두를 지칭하는 이름이다. QBE에는 두 가지의 뚜렷한 특징이 있다. 대부분의 질의어나 프로그래밍 언어와는 달리 QBE는 이차원 구문을 갖고 있으므로 질의를 작성하기 위해서 화면 편집기를 사용하여 터미널에서 쉽게 사용할 수 있다.

▷ QUEL은 관계 데이터베이스 관리 시스템인 Ingres의 질의어이다. QUEL은 관계 해석을 순수하게 구현한 언어라 볼 수 있으며, 기능 면에서 SQL과 매우 흡사하지만, 때로는 질의 표현에서 SQL보다 우월하다.

제1장 연습 문제

01 관계 대수와 관계 해석을 비교·설명하시오.

02 QUEL이 튜플 관계 해석에 근거한 데이터베이스 언어라는 것을 설명하시오.

03 QBE가 도메인 튜플 관계 해석에 근거한 데이터베이스 언어라는 것을 설명하시오.

04 현재 상용화되고 있는 DBMS를 5개 조사하여, 각 DBMS에서 사용하는 데이터베이스 언어를 비교하시오.

05 현재 상용화되어 있는 관계 데이터베이스 시스템을 선정하여 주요 구성 요소를 설명하시오.

제2장 SQL 기본과 활용

- 제1절 데이터 정의어(DDL)
- 제2절 데이터 조작어(DML)
- 제3절 시스템 카탈로그와 뷰
- 제4절 SQL 사용법
- 요약
- 연습 문제

관계 DBMS에서 주로 사용되는 구조적 질의어(SQL)의 기본 문법 체계를 알아보고, 예제를 통해 데이터의 정의, 조작, 제어 기능을 이해한다. 그리고 시스템 카탈로그와 뷰를 살펴보고, 이를 통해 관계 데이터 모델의 연산에 대한 이해와 효율화를 꾀한다. 마지막으로 상용 DBMS에서 SQL을 사용하기 위한 방법을 알아본다.

이 장에서는 1장에서 간단히 설명한 SQL 질의어의 릴레이션 테이블 생성, 뷰 생성 및 각종 데이터 조작 기능을 갖는 명령어를 설명한다. 또한, 정의어(DDL)와 데이터 조작어(DML)를 효율적으로 설명하기 위하여 공급자_부품 데이터베이스를 예로 이용한다.

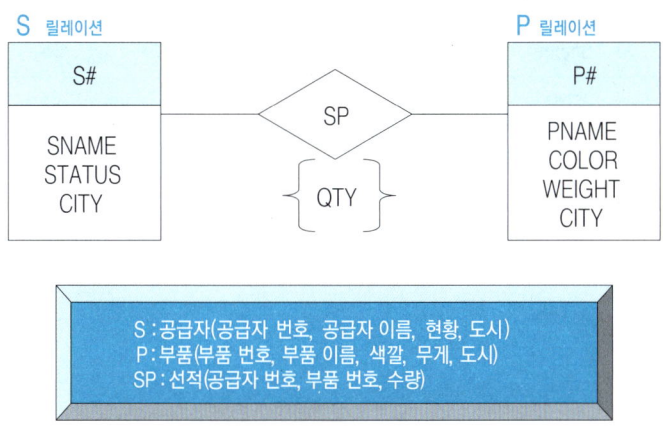

【그림 2-2】 공급자_부품 데이터베이스의 E-R Diagram

그림 2-2의 E-R Diagram을 관계 DBMS의 DDL을 이용하여 스키마를 정의하면 그림 2-3과 같다.

```
CREATE TABLE    S (  S#       CHAR(5) NOT NULL,
                     SNAME    CHAR(20),
                     STATUS   SMALLINT,
                     CITY     CHAR(15)) ;

CREATE TABLE    P (  P#       CHAR(6) NOT NULL,
                     PNAME    CHAR(20),
                     COLOR    CHAR(6),
                     WEIGHT   SMALLINT,
                     CITY     CHAR(15)) ;

CREATE TABLE    SP(  S#       CHAR(5) NOT NULL,
                     P#       CHAR(6) NOT NULL,
                     QTY      INTEGER) ;
```

【그림 2-3】 공급자_부품 데이터베이스의 정의

【표 2-3】 공급자_부품 데이터베이스의 실제 데이터

S

S#	Sname	Status	City
S1	주예진	20	서울
S2	조현승	10	대전
S3	이수빈	30	대전
S4	이선정	20	충주
S5	천석미	30	제천

P

P#	Pname	Color	Weight	City
P1	너트	적	12	서울
P2	볼트	녹	17	인천
P3	스크루	청	17	대구
P4	스크루	적	14	서울
P5	캠	청	12	강원
P6	콕	적	19	서울

SP

S#	P#	Qty
S1	P1	300
S1	P2	200
S1	P3	400
S1	P4	200
S1	P5	100
S1	P6	100
S2	P1	300
S2	P2	400
S3	P2	200
S4	P2	200
S4	P4	300
S4	P5	400

그림 2-4는 데이터 검색의 예이다.

(A) 대화형 인터페이스
　표현식 ⇒ Select City
　　　　　　From S
　　　　　　WHERE S# = 'S1' ;
　결 과 ⇒ City
　　　　　　서울

(B) 응용 프로그램 인터페이스(COBOL, PI/I 등에 내장)
　표현식 ⇒ Exec SQL Select City
　　　　　　Into :Xcity
　　　　　　From S
　　　　　　WHERE S# = 'S1' ;
　결 과 ⇒ Xcity
　　　　　　서울

【그림 2-4】 데이터 검색의 예(대화형과 응용 프로그램)

DB2에서 SQL의 중요한 특징(실제로, 대부분 관계형 시스템에서 데이터 언어의 중요한 특징)은 동일한 언어가 두 개의 상이한 인터페이스로 이용될 수 있다는 점이다. 즉, 대화형 인터페이스(DB2의 경우 "DB2I")와 응용 프로그램 인터페이스이다.

그림 2-4 (A)는 대화형 인터페이스의 예로서, 사용자는 터미널에서 SELECT 문장을 입력하면 직접 결과 ("서울")를 볼 수 있다. 그림 2-4 (B)는 응용 프로그램(예를 들어, PL/I 프로그램)에 삽입된 동일한 SELECT 문장이 보인다. 두 번째 경우에는 이 문장은 프로그램이 실행될 때 실행될 것이다. 그리고 그 결과인 "서울"이 터미널이 아닌 프로그램 내 변수인 XCITY(SELECT 문장의 INTO 절에서 XCITY는 프로그램 내의 입력 영역, 즉 PL/I 변수이다)에 저장될 것이다. 내장형 SQL 문장에서 "EXEC SQL"은 주 언어(Host Language)인 Pl/I 문장과 SQL 문장을 구분하기 위하여 사용한 표시이다.

예에서 알 수 있듯이, SQL은 대화형 질의 언어이며 데이터베이스 프로그래밍 언어이다. 자세히 설명하자면, 이 말은 모든 SQL 언어에 적용된다. 즉, 터미널에서 입력되는 어떤 SQL 문장은 프로그램 내에서도 삽입될 수 있다. 특히 Create Table과 같은 문장조차도 응용 프로그램 내에서 완벽하게 테이블을 생성할 수 있다. DB2에서 SQL 문은 Pl/I, Cobol, Fortran 그리고 시스템/370의 어셈블리 언어로 작성된 프로그램 내에 삽입될 수 있다.

제1절 데이터 정의어(DDL)

여기서는 SQL의 데이터 정의어(Data Definition Language, DDL) 문장을 다룬다. 시스템에 관련한 시스템의 내부 구조에 관한 사항이 아닌, 사용자에게 직접적으로 관심이 있는 DDL의 "관계형" 부분을 제한하여 설명한다. 사용자의 관점에서 중요한 DDL 문장은 다음과 같다.

테이블	뷰	인덱스
CREATE TABLE	CREATE VIEW	CREATE INDEX
ALTER TABLE		
DROP TABLE	DROP VIEW	DROP INDEX

1 기본 테이블

기본 테이블은 일반적인 개념인 "테이블"의 특별한 경우이다. 테이블에 대한 정의를 살펴보면, 다음과 같이 정의할 수 있다.

> "관계형 시스템에서 테이블은 열 제목(Heading)의 행과 하나 이상의 데이터 값을 갖거나 갖지 않은 행으로 구성된다."

- 열 제목 행은 하나 이상의 열(이 열들의 각각에 대해 데이터형을 준다)을 명시한다.
- 각각 데이터형은 열 표제 행에서 명시한 열의 각각에 대해 하나의 데이터값을 포함한다. 더구나, 주어진 열 내의 모든 값은 그 열에 대해 열 표제 행에 정의한 데이터형인 동일한 데이터형이다.

(1) 테이블 생성

Create Table 문장의 일반적인 형식은 다음과 같다.

표현식 ⇒ Create Table 기본 테이블 이름
(열 정의 [, 열 정의]...) ;

여기서, 열 정의 형식은

열 이름 데이터형 [Not Null]

[ ] 기호 : 구문 정의이며 안의 내용은 선택적
(...) 기호 : 반복 기호
대문자 : 시스템 정의어
소문자 : 사용자 정의어

다음은 S 테이블에 대한 Create Table 문장의 예이다.

```
CREATE TABLE S
    (S#        CHAR(5) NOT NULL,
     SNAME     CHAR(20),
     STATUS    SMALLINT,
     CITY      CHAR(15)) ;
```

이 문장의 효과는 S라 불리는 새로운 빈 테이블을 생성하는 것이다. 이 테이블에 표시된 요소는 시스템 카탈로그에 만들어진다. 테이블은 S#, SNAME, STATUS, CITY라 불리는 4개의 열과 지정된 데이터형을 갖고 있다. 데이터는 SQL 문장 INSERT와 DB2의 LOAD 유틸리티에 의해 테이블에 입력된다.

(2) 데이터형

SQL은 다음 데이터형을 지원한다.

- Integer : 부호가 붙은 완전 2진수 정수이다.
- Smallint : 부호가 붙은 반완전 2진수 정수이다.
- Decimal(P[,G]) : 부호가 붙은 10진수이다. 여기서 P자리 실수이고 소수점 이하 G자리이다.
- Float : 부호화된 더블 워드(Double Word)의 부동 소수점 수이다.
- Char(N) : N개의 문자 스트링을 뜻한다.
- Varchar(N) : 최대 문자 길이가 n개인 스트링을 뜻한다.

이들은 DB2에 의해 지원되는 데이터형이다. 물론 많은 데이터형도 가능하다. 몇 가지 일반적인 예는 LOGICAL, BIT, MONTH, DATE, TIME 등이다.

(3) 널 값(Null Value)

SQL은 널 데이터 값 개념을 지원한다. 사실상 어떤 열도 CREATE TABLE 문장의 열 정의에 NOT NULL을 명시하지 않는다면 널 값을 가질 수 있다. 널이란 모르는 값 혹은 적용할 수 없는 값을 나타내기 위한 특수한 값이다. 이것은 공백이나 0과 같지 않다. 예로, 선적 레코드는 널 QTY 값을 포함한다. 즉, 선적했으나 선적된 양은 모르는 경우가 있다. 또한 공급자 레코드는 널 STATUS 값 (STATUS는 어떤 이유로 부산에 있는 공급자에게는 적용하지 못한다)을 포함할 수도 있다.

(4) 테이블 변경

새로운 테이블 CREATE TABLE에 의해 언제라도 생성될 수 있는 것처럼 기존의 기본 테이블 ALTER TABLE에 의해 오른쪽에 새로운 열을 추가하여 언제라도 변경될 수 있다.

표현식 ⇒ ALTER TABLE 기본 테이블 이름 ;
ADD 열 이름 데이터형 ;
예를 들어, 다음과 같은 문장을 살펴보자.
ALTER TABLE S

ADD DISCOUNT SMALLINT ;

이 문장은 테이블 S에 DISCOUNT 열을 추가한다. 모든 기존의 S 레코드들은 4개의 필드값에서 5개 필드값으로 확장된다. 새로운 5번째 필드값은 모든 경우에 널이다(ALTER TABLE에서는 NOT NULL을 명시하는 것을 허용하지 않는다).

(5) 테이블 삭제

언제라도 기존의 기본 테이블은 삭제가 가능하다.

표현식 ⇒ DROP TABLE 기본 테이블 이름 ;

명시된 기본 테이블이 시스템으로부터 제거된다. 즉, 테이블에 대한 설명이 카탈로그에서 제거된다. 기본 테이블상에 정의된 모든 색인과 뷰들은 자동적으로 역시 삭제된다.

2 색인

기본 테이블과 같이 색인은 SQL 데이터 정의문으로 생성 및 삭제된다. 그러나 CREATE INDEX와 DROP INDEX는 SQL 언어에서 유일한 문장이다. 특정한 SQL 요구에 색인을 사용할 것인지 아닌지의 결정은 사용자에 의해서가 아니라 시스템 최적화기(Optimizer)에 의해서 한다.

CREATE INDEX의 일반적 형태는 다음과 같다.

표현식 ⇒ CREATE [UNIQUE] INDEX 색인 이름
        ON 기본 테이블 이름(열 이름 [순서]
        [, 열 이름[순서]]…)
        [CLUSTER] ;

선택 사항인 CLUSTER 명시는 집단화 색인을 의미한다. 주어진 기본 테이블은 하나의 CLUSTER 색인을 가질 수 있다. 각 "순서" 명시는 오름차순(ASD)이나 내림차순(DESC) 중의 하나이다. 기본 설정값은 오름차순이다.

인덱스를 삭제하기 위해서는 다음과 같다.

DROP INDEX 색인 이름 ;

위의 문장에 의해 색인이 삭제된다. 즉, 카탈로그에서 제거된다는 것이다. 만일 기존의 응용 계획이 삭제된 색인에 의존한다면, 그 계획은 실행 시간 감독기에 의해 무효로 표시될 것이다. 이 계획이 다음에 실행을 위해서 검색될 때에, 실행 시간 감독기는 사라진 색인을 사용하지 않고 원래의 SQL 문장을 지원하는

교체 계획을 생성하기 위하여 자동적으로 바운드(BIND)를 호출할 것이다. 바운드란 응용 프로그램과 데이터베이스의 구성 요소들을 연결시키는 기능을 수행한다. 이런 처리는 사용자로부터 완전히 감추어진다.

제2절 데이터 조작어(DML)

SQL의 4개의 데이터 조작어(Data Manipulation Language, DML), 즉 SELECT, UPDATE, DELETE, INSERT를 제공한다. 이들 DML 문장에 의해 조작되는 테이블은 일반적으로 기본 테이블과 뷰가 될 수 있다.

1 단순 질의

먼저 단순한 예제인 다음 질의로 시작해 보자. "대전에 살고 있는 공급자에 대한 공급자 번호와 상태를 구하라." 이 질의는 다음과 같이 SQL로 표현할 수 있다.

표현식 ⇒ SELECT S#, STATUS
　　　　 FROM S
　　　　 WHERE CITY='대전' ;

결 과 ⇒

S#	STATUS
S2	10
S3	30

이 예제는 SQL SELECT 문의 가장 일반적인 형식을 보여 준다. 즉, "SELECT(필드들) FROM(테이블) WHERE(어떤 명시된 조건 만족)." 우선 강조할 점은 질의의 결과가 다른 테이블, 즉 데이터베이스에 있는 기존의 테이블로부터 어떤 특정 방법으로 도출한 테이블이며 사용자는 단순한 표 구조에서 연산한다. 통상, 제한 필드 이름을 사용하여 위 질의를 동일하게 형식화할 수 있다.

표현식 ⇒ Select [Distinct] 필드
　　　　 FROM 테이블

[WHERE 서술어]
[GROUP BY 필드[HAVING 서술어]]
[ORDER BY 필드] ;

지금부터 예제를 통하여 데이터 조작어의 주된 특성을 설명한다.

(1) 단순 검색

예제 14 공급된 모든 부품의 부품 번호를 구하라.

표현식 ⇒ Select P#
From SP ;

결 과 ⇒

P#
P1
P2
P3
P4
P5
P6
P1
P2
P2
P2
P4
P5

이 결과에서 부품 번호들의 중복을 주목한다. SQL은 만일 사용자가 DISTINCT라는 키워드에 의해 중복을 제거하라고 명확하게 요구하지 않으면 SELECT 문의 결과에서 중복을 제거하지 않는다.

예제 15 위 예제 14에 대한 DISTINCT 사용

표현식 ⇒ SELECT DISTINCT P#
From SP ;

결과 ⇒

P#
P1
P2
P3
P4
P5
P6

(2) 수식 검색

일반적으로 SELECT 절의 항목이 수식일 때, 여기에는 일반 산술 연산자(+, -, *, /)와 계산 순서를 나타내는 괄호가 함께 결합된 필드 이름과 상수를 포함하고 또한 내장 함수도 포함할 수 있다.

예제 16 모든 부품에 대하여 부품 번호와 그림으로 나타낸 부품의 무게를 구하라. 이 질의에서 테이블 P의 부품 무게는 파운드로 주어졌다고 가정한다.

표현식 ⇒ Select P.P#, 'Weight In Grams=', P.Weight*454
　　　　　 FROM P ;

결과 ⇒

P#
P1 Weight In Grams = 5448
P2 Weight In Grams = 7718
P3 Weight In Grams = 7718
P4 Weight In Grams = 6356
P5 Weight In Grams = 5448
P6 Weight In Grams = 8626

(3) 전체를 검색하는 단순 검색

모든 속성을 나열하지 않고 테이블이 있는 각 필드를 모두 검색할 수 있다.

예제 17 모든 공급자의 전체 정보를 구하라.

표현식 ⇒ SELECT *
　　　　　 FROM S ;

결과는 S 테이블 전체이다. 별표(*)는 FROM 절에 명시된 테이블의 모든 필드 이름을 짧게 표시한 것이다.

(4) 제한 검색

WHERE에 따라 오는 조건이나 프레디키트는 비교 연산자 =, ~=, 〉, ~〉, 〉=, 〈, ~〈, 〈=(기호 ~는 "NOT"을 나타낸다)와 불린 연산자 AND, OR, NOT 및 요구하는 계산 순서를 가리키는 괄호를 포함한다.

예제 18 상태(Status)〉20이며 대전에 살고 있는 공급자에 대한 공급자 번호를 구하라.

표현식 ⇒ SELECT S#
　　　　 FROM S
　　　　 WHERE CITY='대전'
　　　　 AND STATUS〉20

결 과 ⇒

S#
S3

(5) 순서가 있는 검색

어떠한 임의의 속성을 검색하여 내림차순이나 오름차순으로 나열

예제 19 대전에 살고 있는 공급자에 대한 공급자 번호와 상태의 내림차순으로 구하라.

표현식 ⇒ SELECT S#, STATUS
　　　　 FROM S
　　　　 WHERE CITY='대전'
　　　　 ORDER BY STATUS DESC ;

결 과 ⇒

S#	Status
S3	30
S2	10

일반적으로 결과 테이블은 특정 순서가 없으나 사용자는 결과가 나타나기 전에 특정 순서로 정렬되도록 명시가 가능하다. 순서는 CREATE INDEX와 같은 방법으로 명시한다. 즉,

열 이름 [순서] [, 열 이름[순서]]L...

CREATE INDEX와 같이 순서는 오름차순(ASD) 또는 내림차순(DESC)이며, 오름차순(ASD)이 기본 설정값이다. 또한 열 번호가 결과 테이블 내에 질의에 있는 열의 왼쪽에서 오른쪽의 위치를 나타내면, 열 이름 대신에 열 번호로서 ORDER BY 절 내에서 열을 명시하는 것도 가능하다. 이런 특성은 이름이 없는 열을 기반으로 한 결과에 순서를 부여할 수 있다.

예제 20 모든 부품의 파운드를 그램으로 바꾸어 무게와 부품 번호순의 오름차순으로 구하여 출력하라.

표현식 ⇒ SELECT P.P#, 'Weight In Grams =', P.WEIGHT*454
From P
Order By 4, P# ;
(여기서, 4는 결과 테이블의 네 번째 열을 말한다)

결 과 ⇒

P#
P1 Weight In Grams=5448
P5 Weight In Grams=5448
P4 Weight In Grams=6356
P2 Weight In Grams=7718
P3 Weight In Grams=7718
P6 Weight In Grams=8626

2 조인 질의

두 개 이상의 테이블을 조인하는 능력은 관계형 시스템의 가장 강력한 특성 중의 하나이다. 사실상 관계형 시스템을 관계형이 아닌 시스템과 구별하는 것을 무엇보다 더 우선하여 조인 연산 능력이다. 그러면 조인이란 무엇인가? 간단히 말하면, 데이터가 두 개 이상의 테이블에서 검색되는 질의이다.

(1) 단순 이퀴 조인(Equi Join)

예제 21 공급자와 부품이 같은 도시에 위치하는 공급자와 부품 정보의 모든 조합을 구하라.

표현식 ⇒ SELECT S.*, P.*
FROM S, P
WHERE S.CITY=P.CITY ;

결 과 ⇒

S#	SNAME	STATUS	S.CITY	P#	PNAME	COLOR	WEIGHT	P.CITY
S1	주예진	20	서울	P1	너트	적	12	서울
S1	주예진	20	서울	P4	스크루	적	14	서울
S1	주예진	20	서울	P6	콕	적	19	서울

WHERE 절에 있는 필드 참조에서는 그 필드를 포함하는 테이블 이름으로 제한되어야 함에 주의한다. 이 제한이 없으면 동일 속성을 찾을 수 없으므로 연산이 모호해진다.

위 결과에서 보면 두 개의 CITY의 명확한 구분을 위해 S.CITY와 P.CITY로 명시한다. 이 질의의 결과는 CITY 값이 일치하는 테이블 S와 P의 조인이라고 한다. 조인이란 용어는 또한 그런 결과를 산출하는 연산을 설명하는 데 사용하곤 한다. 조건 S.CITY=P.CITY는 조인 조건이라고 한다. 조인 조건에 있는 비교 연산자는 동등(=)이 많이 사용되지만 꼭 동등(=)일 필요는 없다. 그러나 연산자가 동등(=)일 때는 종종 이퀴 조인(EQUI JOIN)이라 한다. 정의에 따른 이퀴 조인은 두 개의 동일한 열을 포함하는 결과를 산출해야 한다. 만일 이들 두 개 열 중에서 하나가 제거되면, 이 결과는 자연 조인(NATURAL JOIN)이라 한다. 다음은 CITY에 대한 S와 P의 자연 조인의 SQL 예제이다.

● 예제 22 자연 조인의 예제

표현식 ⇒ SELECT S#, SNAME, STATUS, S.CITY,
P#, PNAME, COLOR, WEIGHT
FROM S, P
WHERE S.CITY=P.CITY ;

자연 조인은 가장 널리 사용되는 조인의 형태일 것이다. 그래서 조인이라고 하면 종종 자연 조인을 나타낸다.

● 예제 23 공급자 도시가 부품의 도시보다 문자 순서로 뒤에 있는 공급자와 부품 정보의 모든 조합을 구하라.

표현식 ⇒ SELECT S.*, P.*
FROM S, P
WHERE S.CITY 〉 P.CITY ;

3 내장 함수

지금까지 설명한 SELECT 문은 비록 여러 측면에서 강력하지만, 실제 문제에는 부적절하다. 예를 들어, "얼마나 많은 공급자가 있는가?"와 같은 단순한 질의조차 지금까지 소개한 구조로는 표현할 수 없다. 그러므로 SQL은 기본적인 검색 능력의 증진을 위해 다수의 특정한 내장 함수를 제공한다. 제공된 함수는 COUNT, SUM, AVG, MAX, MIN이다. "COUNT(*)"의 특별한 경우를 제외하고는, 이들 각각의 함수는 임의의 테이블의 한 열에 있는 값들에 대하여 연산을 하고, 결과로서 다음과 같이 정의된 한 개의 값을 산출한다.

- COUNT : 열에 있는 값들의 개수
- SUM : 열에 있는 값들의 합
- AVG : 열에 있는 값들의 평균
- MAX : 열에서 가장 큰 값
- MIN : 열에서 가장 작은 값

(1) Select 절에서의 함수

예제 24 공급자의 전체 수를 구하라.

  표현식 ⇒ SELECT COUNT(*)
       FROM S;
  결 과 ⇒ 5

(2) Select 절에서의 Distinct를 갖는 함수

예제 25 현재 부품을 공급하는 공급자의 전체 수를 구하라.

  표현식 ⇒ SELECT COUNT(DISTINCT S#)
       FROM SP ;
  결 과 ⇒ 4

(3) Select 절에서의 프레디키트를 갖는 함수

예제 26 부품 P2에 대한 모든 선적 수를 구하라.

  표현식 ⇒ SELECT COUNT(*)
       FROM SP
       WHERE P# = 'P2';
  결 과 ⇒ 4

(4) Select 절에서의 프레디키드를 갖는 함수

예제 27 부품 P2의 선적량을 구하라.

  표현식 ⇒ SELECT SUM(QTY)
       FROM SP
       WHERE P# = 'P2';
  결 과 ⇒ 1000

(5) Group By의 사용

위의 예제에서 어떤 특정 부품에 대하여 공급된 전체 양을 어떻게 계산할 수 있는가를 보여주었다. 대조적으로 각 부품에 대하여 공급된 전체 양을 계산한다고 가정하자.

예제 28 공급된 각 부품에 대하여 부품 번호와 그 부품에 대한 전체 선적량을 계산하라.

표현식 ⇒ SELECT P#, SUM(QTY)
FROM SP
GROUP BY P#;

결과 ⇒

P#	
P1	600
P2	1000
P3	400
P4	500
P5	500
P6	100

GROUP BY 연산은 FROM 절에 명시된 테이블을 분할 또는 그룹으로 논리적으로 재정렬시킨다. 한 그룹 내에서 모든 행이 GROUP BY 필드에 대해 같은 값을 갖게 한다. 예제에서, 테이블 SP는 부품 P1에 대한 모든 S행을 포함하는 하나의 그룹, 부품 P2에 대한 모든 행을 포함하는 다른 그룹 등이 되도록 하기 위해 그룹을 지운다. 그래서 SELECT 절은 원래 테이블의 각 행 대신에 분할된 테이블의 각 그룹에 적용된다. SELECT 절에서 각 표현은 그룹당 한 개 값에 관한 것이어야 한다. 즉, GROUP BY 필드의 자체(또는 그 필드를 포함하는 산술식), 상수 또는 그룹 내에 주어진 필드의 모든 값에 대해 연산하여 이들 값으로부터 한 개 값을 산출하는 SUM과 같은 함수일 수 있다. 테이블은 필드들의 어떤 조합에 기초하여 그룹 지어질 수 있다. GROUP BY는 ORDER BY를 포함하지 않는다. 즉, 이전 예제에서 결과가 P# 순서대로 나타나도록 하려면, "ORDER BY P#" 절이 GROUP BY 절 다음에 명시되어야 한다.

(6) Having 사용

예제 29 둘 이상의 공급자가 공급한 모든 부품의 부품 번호를 구하라.

표현식 ⇒ SELECT P#

```
FROM SP
GROUP BY P#
HAVING COUNT(*) > 1 ;
```

결과 ⇒

P#
P1
P2
P4
P5

HAVING의 그룹에 대한 관계는 WHERE가 행에 대한 관계와 같다(HAVING이 명시되면 GROUP BY 또한 명시되어야 한다). 다른 말로 WHERE가 행을 제거하는 데 사용되듯이, HAVING은 그룹을 제거하는 데 사용된다. HAVING 절의 표현은 그룹당 한 개 값에 관한 것이어야 한다.

4 부가적인 기능

여기서는 Select 문의 나머지 다양한 기능을 설명한다. 이들 기능이 앞에서 설명한 몇 가지 개념보다 실제로 더 복잡하지는 않지만 "고급"이라는 용어를 사용한다. 사실 몇 가지는(특히, Exist) 아주 기초적이다. 그러나 실제로는 앞에서 설명한 기능보다는 덜 사용된다.

(1) Like를 사용한 검색

예제 30 부품 이름이 문자 "ㅅ"으로 시작되는 모든 부품을 구하라.

```
표현식 ⇒   SELECT P.*
           FROM P
           WHERE P.PNAME LIKE 'ㅅ%' ;
```

결과 ⇒

P#	PNAME	COLOR	WEIGHT	CITY
P3	스크루	청	17	대구
P4	스크루	적	14	서울

일반적으로는 "LIKE 술어"는 다음과 같은 형태이다.

열 이름 LIKE 문자열 상수

여기서, 열 이름은 CHAR 또는 VARCHAR형의 열을 지정해야 한다. 주어진 레코드에 대해 지정된 열에 있는 값이 문자열 상수에 명시된 패턴을 따르면, 프레디키트는 그 레코드를 "참"으로 평가한다. 그 상수 내의 문자는 다음처럼 해석된다. _(중단 혹은 밑줄)이 한 개 문자를 나타내면, % 문자(퍼센트)는 N개의 문자열을 나타낸다(N은 0이어도 된다). 또는 모든 다른 문자는 간단히 그들 자신을 나타낸다. 그러므로 예제에서 SELECT 문장은 PNAME 값이 문자 "ㅅ"으로 시작하고, 그 "ㅅ" 다음에 0개 이상의 문자열이 있는 레코드를 테이블 P에서 검색한다.

(2) 널(Null)을 포함한 검색

널을 포함한 검색 시 특정한 술어 형식은 다음과 같다.
"열 이름 IS [NOT] NULL"
예제를 위해서 S5의 STATUS 값으로 30 대신 널 값을 넣고 널 값의 존재(또는 부재)를 시험하기 위해 사용해 보자.

예제 31 널 검색의 예

표현식 ⇒ SELECT S#
FROM S
WHERE STATUS IS NULL ;

결 과 ⇒

S#
S5

(3) 부질의(Sub-Query)를 포함한 검색

부질의는 표현식 내에 중첩된 SELECT-FROM-WHERE 표현식이다. 부질의는 전형적으로 예제에서 보였듯이 "IN 술어"를 통하여 탐색되는 값의 집합을 표현하기 위해 사용한다. 시스템은 중첩된 부질의를 먼저 평가함으로써 전체 질의를 평가한다.

예제 32 부품 P2를 공급하는 공급자들에 대한 공급자 이름을 구하라.

표현식 ⇒ SELECT SNAME
FROM   S
WHERE   S#   IN

```
                    (SELECT  S#
              FROM   SP
                  WHERE   P# = 'P2') ;
```

결과 ⇒

SNAME
주예진
조현승
이수빈
이선정

부질의는 P2를 공급하는 공급자에 대한 공급자 번호의 집합('S1', 'S2', 'S3', 'S4')을 내보낸다. 따라서 원래 질의는 다음의 간단한 질의와 동일하게 된다.

```
SELECT SNAME
FROM S
WHERE S# IN('S1', 'S2', 'S3', 'S4') ;
```

이 간단한 형식에서 WHERE 절은 S#가 'S1', 'S2', 'S3', 'S4' 중에 한 개를 갖는다면 "참"으로 평가되고 전체 결과는 위에서 보여 준 것과 같다. 참고로 흔히 원래의 질의(부품 P2를 공급하는 공급자들에 대한 공급자 이름을 구하라)는 다음과 같은 조인 질의로도 잘 표현할 수 있다.

```
SELECT S.SNAME
FROM S,SP
WHERE S.S#=SP.S# AND SP.P#='P2' ;
```

(4) 다중 중첩 부질의

예제 33 적어도 하나의 적색 부품을 공급하는 공급자들에 대하여 공급자 이름을 구하라.

```
표현식 ⇒ SELECT  SNAME
         FROM    S
         WHERE   S# IN
             (SELECT    S#
              FROM      SP
```

```
WHERE      P# IN
(SELECT    P#
FROM       P
WHERE      COLOR = '적') ;
```

결 과 ⇒

SNAME
주예진
조현승
이선정

(5) In과는 다른 비교 연산자를 가진 중첩 질의

예제 34 공급자 S1과 같은 도시에 살고 있는 공급자에 대한 공급자 번호를 구하라.

```
표현식 ⇒ SELECT   S#
         FROM     S
         WHERE    CITY=
         (SELECT CITY
         FROM     S
         WHERE    S#='S1') ;
```

결 과 ⇒

S#
S1
S4

(6) 부질의에서의 함수

예제 35 테이블 S에 있는 현재의 최대 상태값보다 적은 상태값을 가진 공급자에 대한 공급자 번호를 구하라.

```
표현식 ⇒ SELECT   S#
         FROM     S
         WHERE    STATUS<
         (SELECT  MAX (STATUS)
         FROM     S) ;
```

결 과 ⇒

S#
S1
S2
S4

(7) Exists를 사용한 질의

예제 36 부품 P2를 공급하는 공급자에 대한 공급자 이름을 구하라.

표현식 ⇒ SELECT SNAME
　　　　　FROM   S
　　　　　WHERE   EXISTS
　　　　　(SELECT *
　　　　　FROM   SP
　　　　　WHERE S#=S.S# AND P#='P2');

"EXISTS(SELECT * FROM…)"은 "SELECT * FROM…"의 평가 결과가 비어 있지 않다면, 즉 "SELECT * FROM…"의 FROM 테이블에서 WHERE 조건을 만족하는 레코드가 존재한다면 참값으로 평가한다. EXISTS 표현 내의 WHERE 조건이 질의의 외부 단계에 있는 FROM 테이블을 어떻게 언급하는가를 주의한다. 즉, 예를 들면 S.S#와 같이 외부 단계의 한정된 열 이름을 기술한다.

(8) Not Exists를 사용한 질의

예제 37 부품 P2를 공급하지 않는 공급자에 대해서 공급자 이름을 구하라.

표현식 ⇒ SELECT SNAME
　　　　　FROM   S
　　　　　WHERE NOT EXISTS
　　　　　(SELECT *
　　　　　FROM   SP
　　　　　WHERE   S#=S.S#
　　　　　AND   P#='P2');

결 과 ⇒

Sname
이상용

이 질의는 "공급자를 부품 P2에 연관시키는 선적이 존재하지 않는 공급자에 대한 공급자 이름을 검색하라"로 바꾸어 쓸 수 있다. 이 질의는 IN의 부정형을 사용하여 아래와 같이 동등하게 표현할 수 있다는 것을 주의한다.

```
SELECT  SNAME
FROM    S
WHERE   S# NOT IN
        (SELECT *
        FROM SP
        WHERE P#='P2');
```

(9) Union을 포함한 질의

예제 38 무게가 16파운드 이상이거나 공급자 S2가 공급하는 부품에 대한 부품 번호를 구하라.

표현식 ⇒
```
SELECT  P#
FROM    P
WHERE WEIGHT>16
UNION
SELECT  P#
FROM    SP
WHERE   S#='S2';
```

결 과 ⇒

P#
P1
P2
P3
P6

UNION은 전형적인 집합론의 합집합 연산자이다. 즉, 집합 A와 B에서 A UNION B는 A의 원소이거나 B의 원소인 모든 객체 χ의 집합이다. 중복은 UNION의 결과에서 항상 제거된다.

5 갱신 연산

SQL의 DML은 3개의 갱신 연산을 포함한다. 즉, UPDATE, DELETE, INSERT이다. 먼저, 이들에 대한 구문과 함수를 요약하고, 몇 개의 예제를 통해 갱신 연산을 이해한다.

(1) UPDATE 문

 표현식 ⇒ UPDATE 테이블
   SET 필드=식
   [, 필드=식]...
   [WHERE 술어]

술어를 만족하는 테이블의 모든 레코드는 SET 절의 지시에 따라 수정된다.

(2) DELETE 문

 표현식 ⇒ DELETE
   FROM 테이블
   [WHERE 술어]

술어를 만족하는 테이블의 모든 레코드가 삭제된다.

(3) INSERT 문

 표현식 ⇒ INSERT
   INTO 테이블[(필드[, 필드]...)]
   VALUES (상수[, 상수]...) ;
   또는
   INSERT
   INTO 테이블[(필드[, 필드]...)]
   SELECT...FROM...WHERE... ;

첫 번째 형태에서, 특정 필드에 대해 특정 값을 갖는 행이 테이블로 삽입된다. 두 번째 형태에서, SELECT...FROM...WHERE...가 평가되고 결과가 테이블에 삽입된다. 이 결과에서 열이 필드 목록에 순서대로 필드에 대응된다. 두 경우에, 필드 목록을 생략하면 테이블의 모든 필드 목록을 왼쪽에서 오른쪽 순서로 명시하는 것과 같다.

(4) 한 개 레코드의 Update

예제 39 부품 P2의 색깔을 노란색으로 바꾸고, 무게를 5만큼 증가시키고, 도시를 "모름(Null)"으로 하라.

표현식 ⇒ UPDATE P
　　　　　SET COLOR='노랑'
　　　　　WEIGHT=WEIGHT+5,
　　　　　CITY=NULL
　　　　　WHERE P#='P2' ;

(5) 다중 레코드의 Update

예제 40 서울에 살고 있는 모든 공급자의 상태를 2배로 하라.

표현식 ⇒ UPDATE S
　　　　　SET STATUS=W*STATUS
　　　　　WHERE CITY='서울' ;

(6) 중첩 질의를 가진 Update

예제 41 서울에 살고 있는 모든 공급자의 선적량을 0으로 하라.

표현식 ⇒ UPDATE SP
　　　　　SET QTY=0
　　　　　WHERE '서울'=
　　　　　(SELECT CITY
　　　　　FROM S
　　　　　WHERE S.S#=SP.S#) ;

(7) 다중 테이블 Update

예제 42 공급자 S2에 대한 공급자 번호를 S9로 바꾸어라.

표현식 ⇒ UPDATE S
　　　　　SET S#='S9'
　　　　　WHERE S#='S2' ;
　　　　　UPDATE SP
　　　　　SET S#='S9'
　　　　　WHERE S#='S2' ;

한 개의 문장에서 둘 이상의 테이블을 갱신할 수 없다. 따라서 UPDATE 절은 정확히 한 개 테이블을 명시해야 한다. 그러므로 예제는 다음과 같은 무결성(보다 정확히는 참조 무결성) 문제를 갖는다. 데이터베이스는 첫 번째, 갱신 후에는 일관성이 없다. 즉, 대응하는 공급자 레코드가 없는 선적을 포함하게 된다. 그리고 두 번째, 갱신 후까지 그 상태를 유지한다. 그러므로 단지 한 개가 아닌 두 개의 갱신을 수행하도록 하는 것이 중요하다.

(8) 한 개 레코드의 Delete

예제 43 공급자 S1을 삭제하라.

표현식 ⇒ Delete
From S
WHERE S#='S1' ;

만일 테이블 SP가 공급자 S1에 대해서 선적을 갖고 있다면, 이 Delete는 데이터베이스의 일관성을 위배한다.

(9) 다중 레코드 Delete

예제 44 광주에 있는 모든 공급자를 삭제하라.

표현식 ⇒ Delete
From S
WHERE City = '광주' ;

예제 45 모든 선적을 삭제하라.

표현식 ⇒ DELETE
FROM SP ;

SP는 계속 사용하는 테이블이지만, 이제는 아무 데이터도 존재하지 않는다.

(10) 중첩 질의를 갖는 DELETE

예제 46 서울에 살고 있는 공급자에 대한 모든 선적을 삭제하라.

표현식 ⇒ DELETE

```
                    FROM SP
                    WHERE '서울' =
                    (SELECT CITY
                    FROM S
                    WHERE S.S# = SP.S#) ;
```

(11) 한 개의 레코드의 INSERT

예제 47 부품 P7(도시는 제주, 무게는 24, 이름과 색깔은 모름)을 테이블 P에 추가하라.

```
표현식 ⇒   INSERT
            INTO P(P#, CITY, WEIGHT)
            VALUES ('P7', '제주', 24) ;
```

새로운 부품 레코드는 명시된 부품 번호, 도시, 무게 그리고 이름과 색깔에 대해서는 널 값으로 생성된다. 물론, 이름과 색깔 필드는 테이블 P에 대한 CREATE TABLE 문에서 NOT NULL로 정의되지 말아야 한다. INSERT 문에 이름이 부여된 필드의 순서(왼쪽 → 오른쪽)는 이들이 CREATE TABLE 문에 명시된 이름의 순서와 같을 필요는 없다.

(12) 필드 이름이 생략된 한 개 레코드의 INSERT

예제 48 부품 P8(이름은 남덕영, 색깔은 황색, 무게는 14, 도시는 서울)을 테이블 P에 추가하라.

```
표현식 ⇒   INSERT
            INTO P
            VALUES ('P8', '남덕영', '황', 14, '서울') ;
```

(13) 다중 레코드 INSERT

예제 49 공급된 각 부품에 대하여, 그 부품의 부품 번호와 전체 공급량을 구하여 데이터베이스에 이 결과를 저장하라.

```
표현식 ⇒   CREATE TABLE TEMP
            (P# CHAR(6)
            TOTQTY INTEGER) ;
            INSERT
            INTO TEMP (P#, TOTQTY)
```

```
SELECT P#, SUM(QTY)
FROM SP
GROUP BY P# ;
```

보통 SELECT와 같이 SELECT가 수행되나, 결과는 사용자에게 내보내지는 것 대신 TEMP에 복사된다. 이제 사용자는 이러한 복사된 내용(TEMP)을 가지고 원하는 것을 할 수 있다. 즉, 질의를 하거나 인쇄(프린트)를 하거나 심지어 갱신도 할 수 있다. 이들 연산은 어느 것도 원래 데이터에 대해 전혀 영향을 끼치지 않는다. 결국 이 결과가 더 이상 요구되지 않을 때, 테이블 TEMP는 삭제될 수 있다.

```
DROP TABLE TEMP ;
```

제3절 시스템 카탈로그와 뷰

카탈로그(Catalog)는 시스템이 필요로 하는 객체에 관한 정보를 포함하는 시스템 데이터베이스이다. 포함하고 있는 객체로서는 기본 테이블, 뷰, 인덱스, 데이터베이스, 응용 계획 패키지, 접근 권한 등이다.

데이터베이스의 3단계 구조의 외부 단계에서 데이터베이스는 외부 스키마에 의하여 정의된 "외부 뷰"로서 인식된다. 다른 사용자는 다른 외부 뷰를 가질 수 있다. 그러나 뷰라는 용어는 SQL에서 이름이 붙여진 유도된 테이블을 의미한다. "외부 스키마"는 이러한 뷰와 기본 테이블의 정의로 구성된다. 뷰는 가상 테이블(Virtual Table)로 간주한다. 즉, 자신이 권한이 있는 상태로 존재하지 않으나 사용자에게는 있는 것처럼 간주된다. 대조적으로, 기본 테이블은 실제 테이블이다. 그 이유는 기본 테이블의 각 행에 해당하는 것이 실제 저장 장치 내에 저장되기 때문이다. 뷰는 물리적으로 분리될 수 없으며, 구별할 수 있는 저장된 데이터로 제공되지 않는다. 대신 다른 테이블에 의해서 정의되며 이것이 카탈로그에 저장된다.

예제 50 뷰(다른 공급자)의 생성

표현식 ⇒
```
CREATE VIEW SS
AS SELECT S#, STATUS, CITY
FROM S
WHERE STATUS>15 ;
```

이러한 CREATE VIEW의 실행 시, AS 다음의 SELECT-FROM-WHERE는 수행되지 않고 대신에 카탈로그에 저장된다. 그러나 사용자에게는 그림 2-5에 나타난 행과 열을 가진 다른 공급자(SS)라 불리는 테이블이 데이터베이스 내에 있는 것처럼 보인다.

사용자에 따라, 각 사용자는 "공급자"가 뷰라는 것을 인식하거나 혹은 인식하지 못할지도 모른다. 중요한 것은 사용자가 실제 테이블인 것처럼 "다른 공급자"에 연산을 수행시킨다는 점이다. 예를 들어, "다른 공급자"에 관한 검색 연산을 살펴보자.

SS

S#	Status	City
S1	20	서울
S3	30	강원
S4	20	충주
S5	30	제천

【그림 2-5】 기본 테이블 S로부터 유도된 '다른 공급자(SS)' 뷰

◆ 예제 51   다른 공급자 뷰의 연산

표현식 ⇒ SELECT *
FROM SS
WHERE CITY = ~ '서울' ;

결 과 ⇒

S#	STATUS	CITY
S3	30	강원
S4	20	충주
S5	30	제천

이 SELECT 문은 기본 테이블(S)에 대한 보통의 SELECT 문과 같이 처리된다. 시스템은 기초적인 테이블상에서의 동일한 연산으로 변환시켜 연산을 수행한다. 예로, 동일한 연산은 다음과 같다.

SELECT   S#, STATUS, CITY
FROM   S
WHERE   CITY = ~ '서울'
         AND STATUS > 15 ;

1 뷰 정의

다음은 SQL의 CREATE VIEW 연산의 일반적인 구문이다.

    표현식 ⇒   CREATE VIEW 뷰 이름
                [(열 이름[, 열 이름]...)]
                AS   부질의 ;

원칙적으로, 유도된 테이블, 즉 SELECT 문에 의하여 검색될 수 있는 어떤 테이블도 이론적으로는 뷰로서 정의할 수 있다.

DROP VIEW의 구문은 다음과 같다.

    표현식 ⇒ DROP VIEW 뷰 이름 ;

명시된 뷰는 삭제된다. 즉, 뷰의 정의가 카탈로그에서 제거된다. 이러한 뷰를 이용하여 정의된 뷰 또한 자동적으로 제거된다.

2 뷰에 관한 DML 연산

이미 앞에서 뷰에 관한 연산이 기초적인 기본 테이블에서의 동등한 연산으로 어떻게 변환되는가를 개괄적으로 설명했다. 검색 연산에 대하여, 변환 과정은 아주 간단하고 각 경우에 완벽하게 잘 적용된다. 그러나 지금 설명하는 갱신 연산에는 상황이 다르다.

기본 관점은 모든 뷰가 갱신할 수 있는 것은 아니다. 예로서, 다음의 두 가지 뷰 "공급과 도시"와 "현황과 도시"를 고려하자. 두 경우 모두 기본 테이블 S의 뷰이다.

    표현식 ⇒   CREATE VIEW 공급과 도시   CREATE VIEW 현황과 도시
                    AS SELECT S#, CITY   AS SELECT STATUS, CITY
                        FROM S ;   FROM S ;

두 가지 뷰 중에서, "공급과 도시"는 이론적으로 갱신 가능하며, 반면 "현황과 도시"는 가능하지 않다. 왜 그런지를 시험하는 것은 아주 많은 도움이 된다.

(1) "공급과 도시"의 경우
   ① 실제적으로 새로운 레코드('S6', '진주')를 뷰에 삽입하는 것은 대응하는 레코드('S6', NULL, NULL, '진주')를 기본 테이블에 삽입시킴으로써 가능하다.
   ② 실제적으로 현존하는 레코드('S1', '서울')를 뷰에서 제거하는 것은 대응하는 레코드('S1', '주예진', 20, '서울')를 기본 테이블에서 제거함으로써 가능하다.
   ③ 실제적으로 공급자 S1의 도시를 서울에서 구미로 변환시키는 것과 같이 뷰에 있는 현존하는 필드를 갱신하는 것은 기본 테이블의 대응하는 필드에 같은 변화를 줌으로써 가능하다.

(2) 대조적으로, "현황과 도시"의 경우
   ① 새로운 레코드(40, '진주')를 뷰에 삽입시키려면, 시스템은 대응하는 레코드(NULL, NULL, 40, '진주')를 기본 테이블에 삽입시키려고 할 것이다. 이 연산은 공급자 번호가 NOT NULL이 되어야 한다고 정의되었기 때문에 실패할 것이다.
   ② 현존하는 레코드(20, '서울')를 뷰에서 제거하려면 시스템은 대응되는 레코드를 기초적인 기본 테이블로부터 제거하려고 할 것이다. 그러나 어느 것을 제거할 것인가? 시스템은 공급자 번호를 명시하지 않았기 때문에(그리고 S# 필드가 뷰의 부분이 아니기 때문에 지정할 수 없다) 어느 것인지 알 수 있는 방법은 없다.
   ③ 뷰에 현존하는 레코드를 갱신하려면, 가령 (20, '서울')을 (20, '구미')로 변경시키려면, 시스템은 기초적인 기본 테이블의 대응하는 레코드를 갱신하려고 할 것이다. 그러나 역시 어느 것을 갱신할 것인가의 문제가 발생한다.

각각은 특정 테이블의 열의 부분 집합으로 구성된다. 예에서 설명한 것처럼 "열 부분 집합" 뷰가 테이블의 기본 키를 보유한다면 이론적으로 갱신 가능하다. 즉, "공급과 도시"가 기본 테이블의 기본 키(즉 S#)를 포함하는 반면에, "현황과 도시"는 그렇지 않음을 알 수 있다.
앞에서 이해한 개념을 기초로 뷰의 장단점을 간단히 요약하면 다음과 같다.

▶ 장점
① 데이터베이스 재구성 면에서 논리적 데이터 독립성을 제공한다.
② 동시에 같은 데이터를 여러 사용자에게 상이한 방법으로 볼 수 있게 한다.
③ 사용자 인식을 단순화한다.
④ 감춰진 데이터에 대해 자동적으로 보안이 제공된다.

▶ 단점
① 뷰는 정의된 사항을 변경할 수 없다.
② 뷰는 삽입, 삭제, 갱신 연산에 많은 제한을 가지고 있다.

제4절 SQL 사용법

마이크로소프트 한글 액세스에서 질의(Query)는 테이블로부터 특정 항목에 대하여 조건에 만족하는 데이터를 모아 놓은 것을 말한다. 이때 질의를 만드는 방법은 다음의 다섯 가지가 있다.

- 디자인 보기로 생성하기
- 단순 질의 마법사로 생성하기
- 크로스탭 질의 마법사로 생성하기
- 중복 데이터 검색 질의 마법사로 생성하기
- 불일치 검색 마법사로 생성하기

선택 질의는 가장 일반적인 종류의 질의이다. 테이블에서 데이터를 검색하여 데이터 시트로 표시해주므로 거기서 레코드를 수정할 수 있다. 또한 선택 질의를 사용하여 레코드를 그룹으로 묶어 합계 및 평균 등을 계산할 수도 있다. 조건에 의한 질의는 새로운 필드를 추가하거나 기존 필드에 어떠한 조건식을 입력하여 원하는 대로 필요한 정보를 얻고자 할 때 유용하다. 또한, 요약 및 집계 기능을 이용하여 데이터를 분석하는 기능을 제공한다.

그림 2-6은 교과목 테이블에서 3학점 이상의 교과목을 가르치는 담당 교수가 '이'씨인 조건을 만족하는 질의를 나타내고 있다.

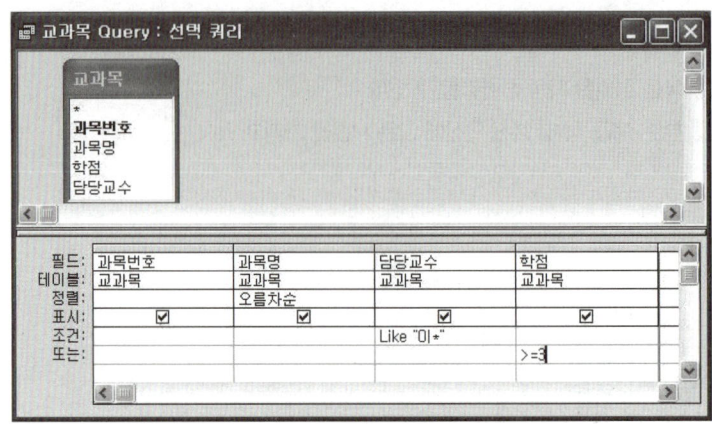

【그림 2-6】 한글 액세스에서의 선택 질의의 예

SQL(Structured Query Language) 질의란 SQL 문장으로 작성하는 질의를 말한다. SQL 문장으로 작성하는 질의에는 통합 질의, 창구 질의, 데이터 정의 질의 및 하위 질의가 있다.

1 통합 질의

통합 질의는 두 개 이상의 테이블이나 질의에서 해당되는 필드들을 한 개의 필드로 결합한다. 예를 들어, 월별로 여섯 개의 거래처에서 보내온 새 물품 명세서가 있다고 할 때, 통합 질의를 사용하여 하나의 집합으로 이 목록들을 결합한 다음 테이블 작성 질의를 만들어 새로운 테이블을 작성할 수 있다.

통합 질의를 작성하는 과정은 다음과 같다.
① 먼저 데이터베이스 윈도에서 질의 탭을 누른 다음 [새로 만들기] 버튼을 클릭한다.
② [새 질의] 대화 상자에서 [디자인 보기]를 누른 다음 [확인] 버튼을 클릭한다.
③ 테이블이나 질의를 추가하지 않고 [테이블 표시] 대화 상자에서 [닫기]를 누른다.
④ [질의] 메뉴에서 SQL 질의를 가리킨 다음 [통합]을 누른다.
⑤ SQL 문장의 규칙에 따라 질의를 입력한다.

```
Select [Distinct] 필드
From 테이블
[WHERE 조건식]
[Group By 필드]
[Order By 필드]
```

⑥ 질의 결과를 보려면 도구 모음에서 데이터시트 보기 아이콘( )을 누른다.

2 창구 질의

마이크로소프트 사의 SQL 서버와 같은 ODBC 데이터베이스로 직접 명령을 전송하려면 창구 질의를 사용한다. 특정 서버에서 요구하는 문법을 사용하여 명령을 전송한다. 창구 질의는 ODBC 서버에 내장 프로시저를 실행할 때 유용하다.

창구 질의로 SQL 데이터베이스에 명령을 전송하는 방법은 다음의 절차에 따라 이루어진다.

① 먼저 데이터베이스 윈도에서 질의 탭을 누른 다음 [새로 만들기] 버튼을 클릭한다.
② [새 질의] 대화 상자에서 [디자인 보기]를 누른 다음 [확인] 버튼을 클릭한다.
③ 테이블이나 질의를 추가하지 않고 [테이블 표시] 대화 상자에서 [닫기]를 누른다.
④ [질의] 메뉴에서 SQL 질의를 가리킨 다음 [창구]를 누른다.
⑤ 질의 속성 시트를 표시하려면 도구 모음에서 (　)를 누른다.
⑥ 연결할 데이터베이스에 정보를 정의하려면 질의 속성 시트에서 ODBCConnectstr 속성을 설정한다. 연결 정보를 입력하거나 ODBC 연결 문자열 작성기를 사용하려면 작성 버튼을 누른다.
⑦ 레코드를 되돌리는 종류의 질의가 아니면, 레코드 반환 속성을 [아니오]로 설정한다.
⑧ [SQL 창구 질의] 윈도에서 창구 질의를 입력한다.
⑨ 질의를 실행하려면 도구 모음에서 (　)를 누른다. 레코드를 되돌리는 창구 질의의 경우에는 도구 모음에서 (　)를 누른다.

3 데이터 정의 질의

데이터 정의 질의는 액세스나 SQL 서버의 테이블과 같은 데이터베이스 개체를 작성하고 변경하는 데 사용된다. 현재의 데이터베이스에서 테이블을 작성, 삭제, 변경하거나 인덱스를 작성하려면 SQL 데이터 정의 질의를 사용한다.

데이터 정의 질의를 작성하는 과정은 다음과 같다.

① 먼저 데이터베이스 윈도에서 질의 탭을 누른 다음 [새로 만들기] 버튼을 클릭한다.
② [새 질의] 대화 상자에서 [디자인 보기]를 누른 다음 [확인] 버튼을 클릭한다.
③ 테이블이나 질의를 추가하지 않고 [테이블 표시] 대화 상자에서 [닫기]를 누른다.
④ [질의] 메뉴에서 SQL 질의를 가리킨 다음 [데이터 정의]를 누른다.
⑤ 데이터 정의 질의에 대한 SQL 문장을 입력한다. 각각의 데이터 정의 질의는 한 개의 데이터 정의문으로 구성된다.
⑥ 질의를 실행하려면 도구 모음에서 (　)를 누른다.

4 하위 질의

하위 질의란 다른 선택 질의나 실행 질의 안에 있는 SQL Select 문장을 말한다. 질의 디자인 괘선에서 하위 질의는 Field 셀의 식으로 사용하거나 필드 조건을 정의할 때 사용한다.

그러나 하위 질의의 Select 문장은 통합 질의나 크로스탭 질의를 정의할 수 없다.

하위 질의로 필드나 필드 조건을 정의하는 방법은 다음과 같다.

① 먼저 데이터베이스 윈도에서 질의 탭을 누른 다음 [새로 만들기] 버튼을 클릭한다.
② [새 질의] 대화 상자에서 [디자인 보기]를 누른 다음 [확인] 버튼을 클릭한다.
③ 원하는 질의나 테이블을 추가한다.
④ 디자인 괘선에 하위 질의에서 사용할 필드를 포함하여 원하는 필드를 추가한다.
⑤ 필드 조건을 정의하기 위해 하위 질의를 사용한다면, 조건을 설정할 필드의 조건 셀에 select 문장을 입력한다. select 문장을 괄호 안에 넣는다.
⑥ 결과를 보려면 도구 모음에서 (   )를 누른다.

요약

▷ SQL은 SYSTEM R에 대한 질의어로 소개되었다. SQL은 Structured Query Language의 약어이다. 그러나 아직도 이 언어의 옛날 이름인 SEQUEL로 흔히 불리고 있다. SQL 문의 기본 구조는 SELECT, FROM, WHERE의 세 형태의 절로 구성된다.

▷ 카탈로그(Catalog)는 시스템이 필요로 하는 객체에 관한 정보를 포함하는 시스템 데이터베이스이다. 포함하고 있는 객체로서는 기본 테이블, 뷰, 인덱스, 데이터베이스, 응용 계획 패키지, 접근 권한 등이다.

▷ 뷰는 가상 테이블(Virtual Table)로 간주한다. 즉, 자신이 권한이 있는 상태로 존재하지 않으나 사용자에게는 있는 것처럼 간주된다. 대조적으로, 기본 테이블은 실제 테이블이다. 그 이유는 기본 테이블의 각 행에 해당하는 것이 실제 저장 장치 내에 저장되기 때문이다. 뷰는 물리적으로 분리될 수 없으며, 구별할 수 있는 저장된 데이터로 제공되지 않는다. 대신 다른 테이블에 의해서 정의되며 이것이 카탈로그에 저장된다.

▷ 마이크로소프트 한글 액세스에서 질의(Query)는 테이블로부터 특정 항목에 대하여 조건에 만족하는 데이터를 모아 놓은 것을 말한다. 이때 질의를 만드는 방법은 다음의 다섯 가지 방법이 있다.
- 디자인 보기로 생성하기
- 단순 질의 마법사로 생성하기
- 크로스탭 질의 마법사로 생성하기
- 중복 데이터 검색 질의 마법사로 생성하기
- 불일치 검색 마법사로 생성하기

▷ 한글 액세스에서 SQL(Structured Query Language) 질의란 SQL 문장으로 작성하는 질의를 말한다. SQL 문장으로 작성하는 질의에는 통합 질의, 창구 질의, 데이터 정의 질의 및 하위 질의가 있다.

제2장 연습 문제

01 대화식 SQL과 삽입(Embedded) SQL의 차이점을 설명하시오.

02 표 2-3의 공급자_부품 데이터베이스에서 모든 공급자 레코드를 공급자 번호순으로 출력하는 것을 삽입된 SQL 문으로 프로그램을 작성하시오.

03 뷰의 이점에 대하여 설명하시오.

04 뷰는 갱신 연산에 대해서 많은 제약을 가진다. 갱신 연산을 가능하게 하는 기본 조건을 설명하시오.

05 시스템 카탈로그란 무엇이며, 어떻게 활용되는지를 조사하시오.

06 다음과 같은 "주문" 테이블로부터 성별이 남자인 레코드만 추출하는 질의를 통합 쿼리를 이용하여 생성하시오.

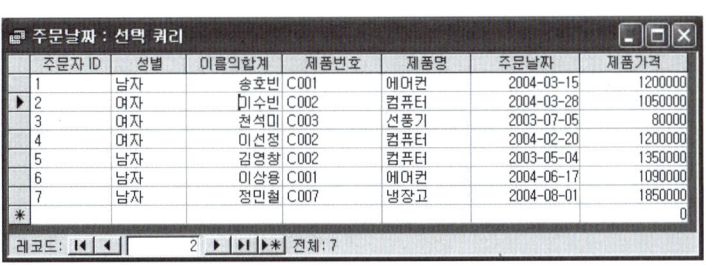

07 SQL 문장 중에서 데이터 조작어(Select, Insert, Delete, Update)의 기본 형식을 알아보시오. 그리고 각 문장의 예를 들어 보시오.

예상 문제

01 다음의 관계 데이터 언어 중에서 절차적 언어에 속하는 것은?

① 관계 대수를 이용한 관계 데이터 언어
② 튜플 관계 해석을 이용한 관계 데이터 언어
③ 도메인 관계 해석을 이용한 관계 데이터 언어
④ mapping을 이용한 SQL

02 다음 관계 대수 연산자 중에서 원시 연산에 속하지 않는 것은?

① 합집합　　② 교집합　　③ 차집합　　④ 셀렉션

03 보기의 관계 대수 문장의 의미는?

> 보기
>
> (학생【학과 = '컴퓨터'】)【이름, 학년】

① 컴퓨터과 학생의 이름과 학년을 삭제하라.
② 컴퓨터과 학생의 이름과 학년을 삽입하라.
③ 컴퓨터과 학생의 이름과 학년을 검색하라.
④ 학생 릴레이션의 학과를 컴퓨터과로 변경하라.

04 x, y가 변수로 사용된 임의의 정형식(WFF) f(x, y)가 있을 때, 다음 중 어느 것이 참인 문장인가?

① $\exists x \,(\exists y \,(f(x, y))) \equiv \exists y (\exists x (f(x, y)))$
② $\forall x \,(f(x, y)) \equiv \sim \exists x(\sim(f(x, y)))$
③ $\exists x \,(\forall y \,(f(x, y)) \equiv \forall y (\exists x (f(x, y)))$
④ $\forall x \,(\forall y \,(f(x, y)) \equiv \forall y (\forall x (f(x, y)))$

05 관계 해석에 대한 설명으로 잘못된 것은?

① 수학의 predicate calculus에 기반을 두고 있다.
② 원하는 정보를 표현하기 위해 그 정보를 어떻게 유도하는가를 기술하는 절차적 특성을 가진다.
③ 튜플 관계 해석과 도메인 관계 해석이 있다.
④ codd가 관계 데이터베이스에 쓸 수 있게끔 설계하여 제안하였다.

06 보기의 튜플 관계 해석 표현의 의미는?

> 보기
>
> (S 학생, E 등록) S.이름, S.학과 (∃ E(E.학번=S.학번 ∧ E.성적='A'))

① 학생의 이름과 학과를 검색하라.
② 등록한 학생의 이름과 학과를 검색하라.
③ 성적이 A인 학생의 이름과 학과를 검색하라.
④ 성적이 A인 학생의 이름을 검색하라.

07 보기의 튜플 관계 해석 표현의 의미는?

> 보기
>
> (S 학생) S.이름, S.학과 (S.학과 ≠ '컴퓨터')

① 컴퓨터학과에서 휴학 중인 학생의 이름, 학과를 검색하라.
② 컴퓨터학과 학생이 아닌 학생의 이름, 학과를 전부 검색하라.
③ 학생 릴레이션에서 컴퓨터 학과를 삭제하라.
④ 컴퓨터학과 학생이 아닌 학생의 학번, 이름을 전부 검색하라.

08 보기의 도메인 관계 해석 표현의 의미는?

> **보기**
>
> (DSNO 학번) DSNO ((등록(학번:DSNO, 과목 번호:'C413', 성적:'A')))

① 성적이 A인 모든 학생의 학번을 검색하라.
② 과목 번호가 C413인 모든 학생의 학번을 검색하라.
③ 과목 C413에서 성적이 A인 모든 학생의 이름을 검색하라.
④ 과목 C413에서 성적이 A인 모든 학생의 학번을 검색하라.

09 다음 관계 데이터 언어 중 관계 대수와 관계 해석을 기초로 한 혼합 데이터 언어는?

① SQL ② QBE ③ QUEL ④ TOTAL

10 selection 연산이란 무엇인가?

① 릴레이션에서 특정 속성값만을 구한다.
② 두 릴레이션에서 조건에 맞는 튜플들을 구한 후 새로운 릴레이션을 생성한다.
③ 제한 연산 조건에 맞는 튜플을 구한다.
④ 릴레이션에서 조건에 맞는 속성값과 튜플들을 구한다.

11 다음 중 자연 조인(natural join)에 대한 설명으로 옳은 것은?

① 다른 용어로 Θ-조인이라고 한다.
② 조건 연산자가 동일(=) 조인으로 튜플의 중복을 허용하지 않는다.
③ 조인의 정의에 따라 생성된, 동일한 애트리뷰트를 결과 릴레이션에서 중복 애트리뷰트로 제거한 조인이다.
④ 조인의 정의에 따라 나온 결과 릴레이션에서 처음 릴레이션의 애트리뷰트로만 프로젝션한 결과 릴레이션으로 구성된다.

12 두 릴레이션이 합병 가능(union-compatible)하기 위한 조건은?

① 차수와 카디널리티 수가 서로 같아야 한다.
② 차수와 튜플 수가 서로 같아야 한다.
③ 차수와 도메인이 서로 같아야 한다.
④ 카디널리티와 도메인이 서로 같아야 한다.

13 두 릴레이션 R(X), S(Y)에서 R에 S로 자연 조인(R⋈S)한 결과와 서로 같지 않은 것은?

① (R⋈S)⋈S ② R⋈(S⋈R) ③ (S⋈R)⋈R ④ S⋈(R⋈S)

14 다음 관계 대수 연산 중에서 성격이 다른 것은?

① 셀렉트   ② 프로젝트
③ 카티션 프로덕트   ④ 조인

15 다음 중 튜플 관계 해석을 기초로 한 데이터 언어는?

① SQL   ② QBE   ③ QUEL   ④ TOTAL

16 SQL 데이터 언어를 채택하고 있는 DBMS가 아닌 것은?

① DB2   ② Oracle   ③ Sybase   ④ IMS

17 다음 SQL의 기술이 틀린 것은?

① SELECT	② INSERT	③ UPDATE	④ DELETE
FROM	INTO	TO	FROM
WHERE	VALUES	WHERE	WHERE

18 다음에서 SQL 데이터 정의어에 포함되지 않는 명령어는?

① CREATE ② EXEC SQL ③ ALTER ④ DROP

19 SQL에 대한 설명으로 잘못된 것은?

① SQL은 1974년 IBM 연구소에서 발표한 QBE에서 연유한다.
② SQL은 대화식 질의어와 응용 프로그램에 삽입된 형태로도 사용된다.
③ SQL은 레코드 집합 단위로 질의하는 언어이다.
④ SQL은 관계 대수와 관계 해석을 기초로 한 고급 데이터 언어이다.

20 권한 부여 명세 기법이 아닌 것은?

① 뷰 기법
② GRANT/REVOKE 기법
③ DEFINE PERMIT 기법
④ ACCESS/CANCEL 기법

21 뷰(VIEW)에 대한 설명으로 옳은 것은?

① 둘 이상의 기본 테이블에서 유도된 실제 테이블이다.
② 시스템 내부의 물리적 표현으로 구현된다.
③ 데이터 사전에 기록되어 처리 효율을 높인다.
④ 뷰는 데이터의 논리적 독립성을 제공한다.

22 뷰(VIEW)의 제약 조건이 아닌 것은?

① 독자적인 인덱스를 가질 수 없다.
② 정의를 변경할 수 없다.
③ 삽입, 삭제, 갱신 연산에 많은 제한이 있다.
④ 여러 사용자의 상이한 응용이나 요구 시 효율성이 떨어지고 복잡하다.

2과목 SQL 기본과 활용

23 다음 SQL 문에서 WHERE 절의 조건이 의미하는 것은?

```
SELECT CNO, CNAME
FROM COURSE
WHERE CNO LIKE 'S__';
```

① S로 시작되는 3문자의 CNO를 검색한다.
② S로 시작하는 모든 CNO를 검색한다.
③ 문자열로만 이루어진 모든 CNO를 검색한다.
④ S를 포함한 모든 CNO를 검색한다.

24 SQL 문에서 HAVING을 사용할 수 있는 절은?

① ORDER BY 절   ② GROUP BY 절   ③ WHERE 절   ④ LIKE 절

25 다음 중 삽입 SQL에 대하여 잘못 설명한 것은?

① 삽입 SQL 실행문은 호스트 언어의 실행문이 나타나는 곳이면 어디에나 나타날 수 있다.
② 삽입 SQL은 근본적으로 이중 모드(dual-mode) 원리를 사용한다.
③ 삽입 SQL 문은 호스트 언어의 변수를 포함할 수 없다.
④ 삽입 SQL 문은 응용 프로그램에서 'EXEC SQL'을 앞에 붙여 구분한다.

26 SQL의 레코드 집합 단위 처리와 호스트 언어의 개별 레코드 단위 처리 사이에서 교량 역할을 하는 것은?

① 커서   ② 호스트 변수   ③ 뷰   ④ 다이나믹 SQL

27 QUEL에 대한 설명으로 부적합한 것은?

① INGRES를 지원하기 위해 개발된 관계 데이터 언어이다.
② QUEL은 도메인 관계 해석을 기초로 한 데이터 언어이다.

③ QUEL은 터미널을 통한 대화식 형태로 사용할 수 있고 호스트 프로그래밍 언어에 삽입되어 사용할 수 있다.
④ QUEL은 비절차적 성격에 맞는 데이터 언어이다.

28 QUEL의 기본 테이블 생성은 자동적으로 어떠한 저장 구조로 생성되는가?

① B-tree   ② HASH   ③ ISAM   ④ HEAP

29 QUEL의 "MODIFY" 문에 의해서 변경될 수 있는 저장 구조가 아닌 것은?

① HEAP   ② B-Tree   ③ ISAM   ④ B*-Tree

30 다음 QUEL 문이 의미하는 것은?

```
RETRIEVE (STUDENT.학번)
WHERE STUDENT.학년 〈 MAX(STUDENT.학년)
```

① 나이가 가장 많은 학생의 학번을 검색하라.
② 최고 학년이 아닌 학생의 학번을 검색하라.
③ 최고 학년인 학생의 학번을 검색하라.
④ 최고 학년인 학생의 수를 검색하라.

31 QBE에 대한 설명으로 부적합한 것은?

① QBE는 도메인 관계 해석을 기초로 한다.
② QBE는 IBM에서 개발한 관계 데이터 언어이다.
③ QBE는 일반 다른 언어의 선형 구문 언어와 유사하다.
④ QBE는 Query By Example의 약어로서 예를 질의문 명세에 사용하는 데서 연유된 것이다.

2과목 SQL 기본과 활용

32 DB2 시스템의 구성 요소가 아닌 것은?

① 시스템 서비스 서브 시스템
② 백업 서비스 서브 시스템
③ 데이터베이스 서비스 서브 시스템
④ 분산 데이터 시설 서브 시스템

33 DB2에서 삽입 SQL(Embedded SQL)의 컴파일 과정으로 올바른 것은?

① 예비 컴파일 – 바인드 – 실행
② 예비 컴파일 – 호스트 언어 컴파일 – 바인드 – 실행
③ 예비 컴파일 – 바인드 – 호스트 언어 컴파일 – 실행
④ 컴파일 – 바인드 – 실행

34 DB2의 시스템 카탈로그에 대한 설명으로 부적합한 것은?

① 시스템 자체가 관심을 가지고 있는 여러 가지 개체에 관한 정보를 포함하고 있는 시스템 데이터베이스이다.
② 개체들로는 기본 테이블, 뷰, 인덱스, 사용자, 응용 계획, 접근 권한 등이 있다.
③ 기본적으로 모든 데이터베이스 시스템에서 요구하는 정보는 같기 때문에 동일한 구조를 가지고 필요한 정보를 제공한다.
④ 카탈로그 자체도 일반 사용자 테이블과 같이 릴레이션으로 구성되어 있어서 일반 질의어를 이용해 그 내용을 검색해 볼 수 있다.

35 DB2의 데이터베이스 서비스 서브 시스템의 기능으로 올바른 것은?

① 시스템의 시동이나 가동 중지, 그리고 시스템 로그를 관리한다.
② 여러 사용자가 동시에 데이터베이스에 접근할 때 일어나는 병행성을 제어한다.
③ 데이터베이스의 정의, 검색, 변경을 지원한다.
④ 분산 데이터베이스 시스템 기능을 제공할 수 있도록 지원한다.

36 DB2에서 재컴파일이 일어나는 원인으로 타당한 것은?

① 컴파일할 때 바인드가 내린 결정이 실행 시에 무효로 되는 경우에 발생한다.
② 컴파일 시 오류가 발생하면 자동적으로 재컴파일된다.
③ 예비 컴파일 시 SQL 문장에서 오류가 발생하면 자동적으로 재컴파일된다.
④ 바인드 시 SQL 문장에서 오류가 발생하면 자동적으로 재컴파일된다.

37 DB2의 시스템 카탈로그 테이블의 구조로 적합하지 못한 것은?

① SYSTABLES
② SYSVIEWS
③ SYSINDEXES
④ SYSDIRS

38 다음 최적화 과정에서 접근 계획에 대한 비용을 줄이기 위한 고려 사항을 고르면?

| ㉠ 디스크 접근 비용 | ㉡ 저장 비용 | ㉢ I/O 전송 비용 |
| ㉣ 계산 비용 | ㉤ 통신 비용 | |

① ㉠, ㉡, ㉢
② ㉠, ㉡, ㉣, ㉤
③ ㉠, ㉡, ㉢, ㉤
④ ㉠, ㉡, ㉢, ㉣

39 최적의 질의 처리 전략을 선택하는 데 영향을 미치는 요인이 아닌 것은?

① 튜플의 논리적인 순서
② 인덱스의 존재 여부
③ 하나의 질의를 처리할 목적으로 임시 인덱스를 만드는 비용
④ 인덱스의 구성 형태

40 하나의 질의문에 대한 실행 전략에는 보통 여러 가지가 있을 수 있는데, 그 중에서 이 질의문 처리에 가장 적절한 실행 전략을 선택하는 과정을 무엇이라 하는가?

① 정규화
② 질의어 최적화
③ 파서
③ 컴파일러

41 질의어 최적화의 4단계에 포함되지 않는 것은?

① 질의문의 내부 표현　　　　　② 효율적 내부 형태로 변환
③ 질의문 계획의 평가 및 결정　　④ 질의문 분해

42 질의문 분해는 어떤 데이터 언어를 실행하는 데 사용되는 최적화 기법인가?

① SQL　　② QBE　　③ QUEL　　④ SEQUEL

43 질의문의 내부 표현에서 어떤 형식론에 의해 나타내어지는 트리는?

① 문법 트리　　② 파서 트리　　③ 질의문 트리　　④ 이진 트리

44 데이터베이스 관리 시스템(DBMS)에 대한 설명으로 적절하지 못한 것은?

① DBMS의 궁극적인 목적은 데이터의 공용이다.
② 파일 시스템에서 야기된 데이터의 종속성과 중복성의 문제를 해결하기 위해 제안된 시스템이다.
③ 응용 프로그램과 데이터의 중재자로서, 모든 응용 프로그램들이 데이터베이스를 공용할 수 있도록 관리해 주는 소프트웨어 시스템이다.
④ DBMS는 데이터베이스의 구성, 접근 방법, 관리 유지에 대한 모든 책임을 지고 있다.

45 데이터베이스 관리 시스템(DBMS)의 필수 기능에 속하지 않는 것은?

① 기본 기능　　② 정의 기능　　③ 제어 기능　　④ 조작 기능

46 데이터베이스 관리 시스템(DBMS)의 장점에 속하지 않는 것은?

① 데이터의 중복을 최소화할 수 있다.
② 데이터를 공용할 수 있다.
③ 데이터의 무결성을 유지할 수 있다.
④ 데이터의 처리 방법이 단순해질 수 있다.

47 3단계 데이터베이스 구조 중에서 범기관적 입장에서 본 데이터베이스의 정의를 기술한 구조로서 하나만 존재하는 것은?

① 내부 스키마　② 개념 스키마　③ 뷰　④ 외부 스키마

48 어느 특정 스키마와 개념 스키마 간의 대응 관계를 정의하는 인터페이스는?

① 응용 인터페이스　　② 저장 인터페이스
③ 개념 인터페이스　　④ 장치 인터페이스

49 3단계 데이터베이스 구조의 이점으로 볼 수 없는 것은?

① 응용 인터페이스를 두어 외부/개념 단계 간의 사상을 하여 논리적 데이터 독립성을 제공한다.
② 저장 인터페이스를 두어 개념/내부 단계 간의 사상을 하여 물리적 데이터 독립성을 제공한다.
③ 시스템 인터페이스를 두어 사용자/데이터 베이스 간의 사상을 하여 개념적 데이터 독립성을 제공한다.
④ 장치 인터페이스를 두어 내부 단계/장치 간의 사상을 하여 액세스 방법을 제공한다.

50 다음 중 DBMS의 정의 기능에 해당되지 않는 것은?

① 모든 응용 프로그램들이 요구하는 데이터 구조를 지원할 수 있게끔 데이터베이스의 논리적 구조와 그 특성을 기술한다.
② 데이터베이스를 물리적 저장 장치에 저장하는 데 필요한 명세를 포함한다.
③ 사용자의 요구에 따라 데이터베이스에 접근하고 조작할 수 있다.
④ 데이터의 논리적 구조와 물리적 구조 사이에 변환이 가능하도록 두 구조 사이에 사상을 명세한다.

2과목 SQL 기본과 활용

51 다음 중 DBMS의 제어 기능에 해당되지 않는 것은?

① 데이터의 무결성이 파괴되지 않도록 제어한다.
② 데이터의 내용에 대해 항상 정확성과 안전성을 유지할 수 있도록 제어한다.
③ 모든 사용자 누구나 접근할 수 있도록 데이터를 관리한다.
④ 여러 사용자가 데이터베이스에 동시에 접근하여 데이터를 처리하기 위한 병행 제어를 한다.

52 다음은 현재 사용되고 있는 DBMS이다. 이 중에서 성격이 다른 것은?

① Oracle　　② Uni-SQL　　③ Sybase　　④ Informix

53 다음 중 데이터 조작 기능을 지원하기 위한 명령어가 아닌 것은?

① select　　② insert　　③ alter　　④ delete

54 여러 사용자가 동시에 데이터베이스를 공유하도록 응용 프로그램과 데이터베이스를 중재해 주는 소프트웨어를 무엇이라고 하는가?

① 데이터베이스
② 데이터베이스 시스템
③ 데이터베이스 관리 시스템
④ 데이터베이스 기계

55 다음 중 DBMS에 속하지 않는 것은?

① 질의어 처리기
② 데이터 조작어 예비 컴파일러
③ 데이터 사전
④ 로깅 서브 시스템

정답

01	02	03	04	05	06	07	08	09	10	11	12	13	14	15
①	④	③	②	②	③	②	④	①	③	③	③	②	③	③
16	17	18	19	20	21	22	23	24	25	26	27	28	29	30
④	③	②	①	④	④	④	①	②	③	①	②	④	④	②
31	32	33	34	35	36	37	38	39	40	41	42	43	44	45
③	②	②	③	④	①	④	②	①	②	④	③	③	①	①
46	47	48	49	50	51	52	53	54	55					
④	②	①	③	③	③	②	③	③	③					

제1장 데이터베이스 운영 및 관리

제2장 고급 데이터베이스 운영 및 관리

제3장 SQL 튜닝 성능 분석 및 개선

예상 문제

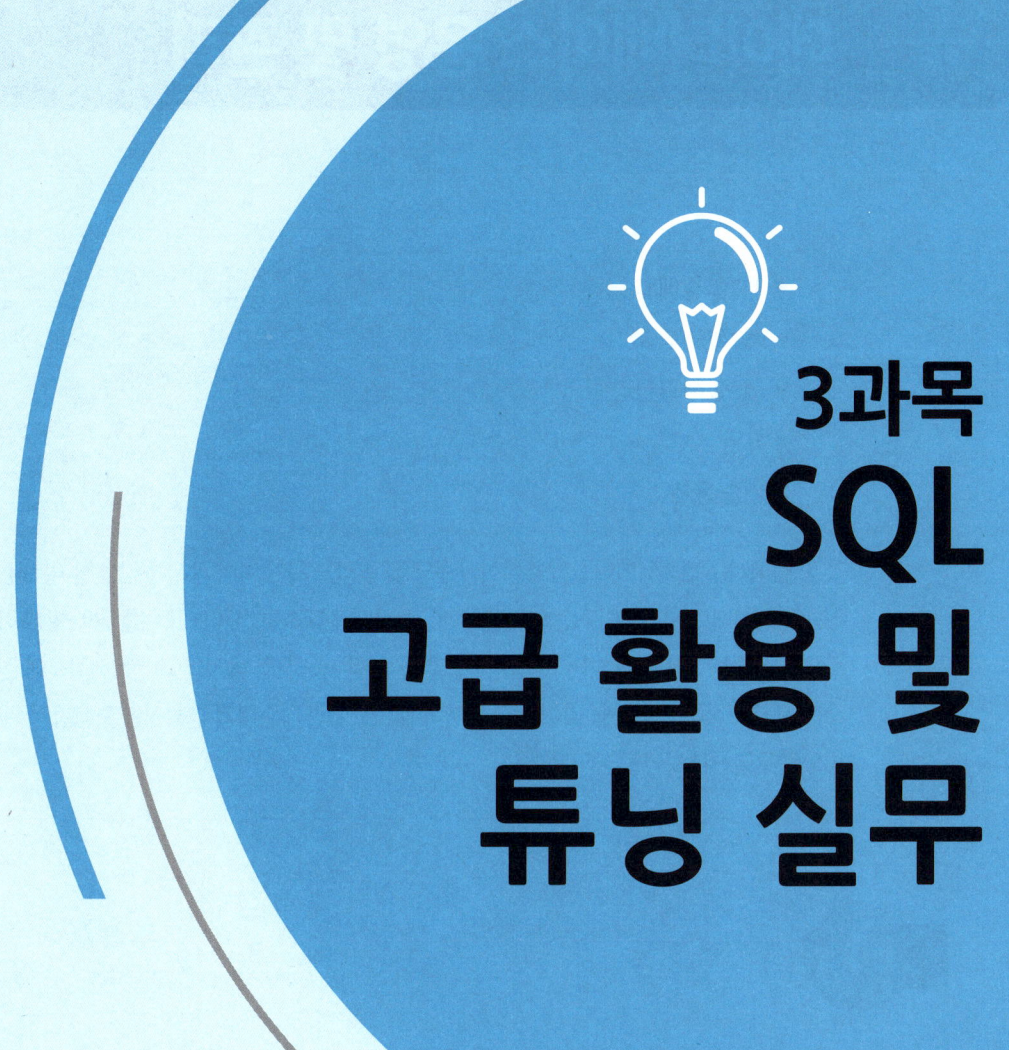

3과목
SQL 고급 활용 및 튜닝 실무

데이터베이스 성능을 결정짓는 가장 핵심적인 요소는 애플리케이션에 집중되어 있다. SQL을 한 번만 수행해도 같은 결과를 얻을 수 있는데 불필요하게 많은 SQL을 수행하거나, 파싱을 많이 일으키거나, 많은 I/O를 일으키도록 구현하는 것은 성능 문제를 발생시킨다. 본 직무는 고성능 SQL, 아키텍처 기반의 데이터베이스 튜닝 원리, Lock과 트랜잭션 동시성 제어 기법, 옵티마이저의 세부적인 작동 원리, 인덱스와 조인 튜닝 원리의 이해를 통해 SQL을 튜닝하는 작업 등을 수행한다.

제1장 데이터베이스 운영 및 관리

- 제1절 장애와 회복
- 제2절 병행 제어
- 제3절 무결성과 보안
- 요약
- 연습 문제

이 장에서는 데이터베이스의 효율적인 운영 및 관리를 위한 여러 가지 방안을 살펴본다. 먼저 정해진 명세대로 시스템이 작동되지 않을 때, 즉 장애에 대하여 살펴보고 이를 장애 발생 이전으로 복원시키는 회복에 대하여 알아본다. 그리고 여러 사용자가 동시에 데이터베이스에 접근할 수 있도록 보장하는 방법을 이해하고, 데이터베이스 내의 데이터의 정확성을 보장하기 위한 방법으로 무결성과 보안을 살펴본다.

제1절 장애와 회복

장애(Failure)는 정해진 명세대로 시스템이 작동하지 않는 상태를 말한다. 장애의 원인에는 디스크 붕괴나 전원 고장으로 인한 하드웨어 결함, 소프트웨어의 논리 오류(Logic Error)로 인한 소프트웨어 결함, 그리고 오퍼레이터(Operator)와 같은 사람의 실수 등이 있다. 이러한 장애의 원인으로 발생되는 장애의 종류는 다음과 같다.

① 시스템 장애 : 하드웨어의 잘못된 동작으로 주 기억 장치에 있는 정보의 손실이나 교착 상태(Deadlock)가 발생하여 더 이상의 실행을 진행할 수 없는 상태의 장애
② 미디어 장애 : 디스크 헤드의 붕괴나 고장으로 인한 저장 장치의 데이터베이스 일부 또는 전부가 손상되는 상태의 장애
③ 트랜잭션 장애 : 입력 데이터의 불량, 데이터의 불명, 시스템 자원의 과다 사용 등으로 정상적인 실행이 불가능한 상태의 장애

위와 같은 장애가 발생했을 때, 데이터베이스를 장애 발생 이전의 일관된 상태(Consistent State)로 복원시키는 것을 회복(Recovery)이라고 한다. 이러한 회복을 위한 일반적인 조치는 다음과 같다.

① Redo : 데이터베이스의 내용 자체가 손상된 경우에 가장 최근의 복제본을 적재시킨 뒤, 이 복제본 이후에 일어난 변경만을 로그(Log)를 이용하여 재실행함으로써 데이터베이스를 복원하는 방법
② Undo : 데이터베이스 내용 자체는 손상되지 않았지만 변경 중이거나 변경된 내용에 대한 신뢰성을 잃어버린 경우에 로그를 이용하여 모든 변경을 취소시킴으로써 원래의 데이터베이스 상태로 복원하는 방법

실제로 트랜잭션에 의한 장애가 많은 부분을 차지하므로 트랜잭션(Transaction)의 개념과 특성을 살펴보고, 이를 회복하기 위한 방법에 대하여 알아보자.

1 트랜잭션(Transaction)

트랜잭션은 한 개의 논리적인 작업 단위를 구성하는 한 개 이상의 SQL 문장으로 구성된다. 하나의 트랜잭션을 구성하는 SQL 문장들은 서로 밀접한 관계를 가지며, 상호 종속적인 동작을 수행한다. 트랜잭션에 속하는 각 문장은 어떤 작업의 일부분을 수행하지만, 그 작업을 완료하기 위해서는 그들 모두가 필요하다. 문장들을 단일 트랜잭션으로 그룹화하는 것은 전체 문장 순서로 자동적으로 수행되어야 한다는 것을 DBMS에 지시한 것이다. 그리고 모든 문장들은 데이터베이스가 일관적 상태가 되도록 완료되어야 한다.

트랜잭션 개념은 데이터베이스의 무결성(Integrity)을 보장하기 때문에 데이터베이스를 갱신하는 프로그램에 대해 매우 중요하다. 이러한 트랜잭션에 속한 문장들은 데이터베이스에서 작업의 원자 단위로서 실행되며, 모든 문장들은 성공적으로 실행(Commit)되거나 혹은 그 문장들 중 어떤 것도 전혀 실행(Rollback) 되지 않을 수 있다. 트랜잭션의 개념은 그림 3-1과 같다.

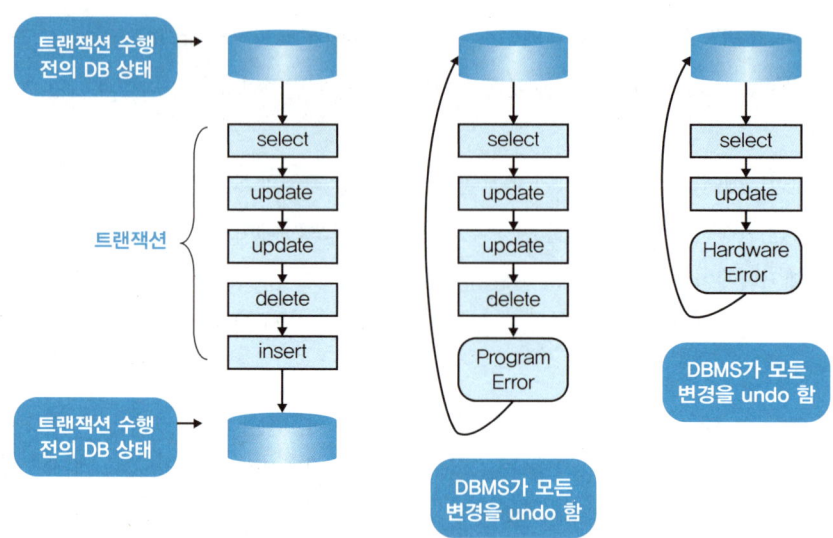

【그림 3-1】 트랜잭션의 개념

그림 3-1과 같이 응용 프로그램이 중단되거나 트랜잭션 수행 도중에 하드웨어 고장이 발생한다고 하더라도, DBMS는 Commit 또는 Rollback에 대한 책임이 있다. 각각의 경우에, DBMS는 고장 회복이 완료되면, 데이터베이스는 "부분 트랜잭션"이 결코 반영되지 않는다는 것을 보장해야 한다.

2 Commit과 Rollback

Commit은 트랜잭션의 성공적인 종료를 나타낸다. 이것은 트랜잭션이 현재 완료되었다는 것을 DBMS에게 알려 준다. 한 개의 트랜잭션을 구성하는 모든 문장들은 실행 완료되었으며, 데이터베이스는 일관된 상태가 유지된다.

Rollback은 트랜잭션의 비공식적인 종료를 나타낸다. 이것은 사용자가 트랜잭션의 완료를 원치 않는다는 것을 DBMS에게 알려 준다. 대신에 DBMS는 한 개의 트랜잭션 동안 데이터베이스에 대해 이루어진 갱신들을 철회해야 한다. 실제로, DBMS는 해당 트랜잭션이 시작하기 전의 데이터베이스 상태로 복귀한다.

Commit 문과 Rollback 문은 Select, Insert, Update 문과 같이 실행 가능한 SQL 문이다. ANSI/ISO SQL 표준안은 SQL 트랜잭션 모델과 Commit 문과 Rollback 문의 역할을 규정하고 있다. 모두는 아니지만, 대부분의 상용 SQL 제품들은 DB2를 기본으로 한, 이 트랜잭션 모델을 사용한다. 트랜잭션은 다음 네 가지 방법 중 한 가지로 종료할 때까지 연속되는 SQL 문장을 계속 수행한다.

① Commit 문은 해당 트랜잭션을 성공적으로 종료하고, 데이터베이스 변경을 영구적으로 만든다. 새로운 트랜잭션은 Commit 문 바로 다음에 시작한다.
② Rollback 문은 해당 트랜잭션을 중지(Abort)하고, 데이터베이스 변경을 철회한다. 새로운 트랜잭션은 Rollback 문 바로 다음에 시작한다.
③ 성공적인 프로그램 종료도 트랜잭션을 성공적으로 종료하고, 그것은 마치 Commit 문이 실행된 것과 같다. 프로그램이 종료되기 때문에 새로운 트랜잭션은 시작되지 않는다.
④ 비정상적인 프로그램 종료도 트랜잭션을 중지하고, 그것은 마치 Rollback 문이 실행된 것과 같다. 프로그램이 종료되기 때문에 새로운 트랜잭션은 시작되지 않는다.

그림 3-2는 위의 네 가지 조건을 보여 주는 전형적인 트랜잭션들을 나타내고 있다. 사용자나 프로그램은 항상 ANSI/ISO 트랜잭션 모델하의 트랜잭션에 속해 있다는 것을 명심한다.

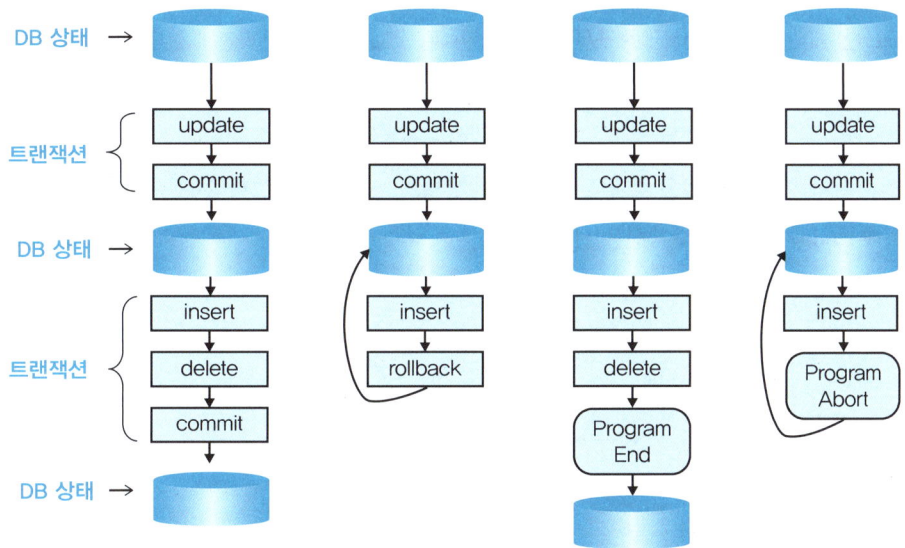

【그림 3-2】 ANSI/ISO 트랜잭션 모델

3 검사 시점(Checkpoint) 회복

시스템 장애가 일어났을 때, 로그를 사용하는 방법은 Redo와 Undo를 해야 할 트랜잭션을 결정하기 위해서 원칙적으로 로그 전체를 조사해야 한다. 그러나 이 방법은 시간이 많이 걸릴 뿐만 아니라 Redo를 할 필요가 없는 트랜잭션을 또 다시 Redo 해야 하는 문제가 생긴다. 이러한 문제점을 해결하기 위한 방법이 검사 시점 방법이다. 이 방법은 수행하는 동안 일정 시간 간격으로 검사 시점을 만들어 놓는다. 이 검사 시점 방법은 다음과 같은 방법에 의해 Redo와 Undo를 해야 할 트랜잭션을 결정한다.

> **[검사 시점 방법에 의한 Undo와 Redo 결정 방법]**
> ① 두 개의 빈 Undo-list와 Redo-list를 만든다.
> ② 검사 시점 설정 당시에 활동 중인 트랜잭션은 모두 Undo-list에 삽입한다.
> ③ 로그를 차례로 검색하면서 트랜잭션 ti가 실행 시작한 로그 레코드를 만나면, ti를 Undo-list에 첨가한다.
> ④ 로그를 차례로 검색하면서 트랜잭션 ti가 실행 완료된 로그 레코드를 만나면, ti를 Undo-list에서 삭제하고 Redo-list에 첨가한다.

이 검사 시점 방법에서 있을 수 있는 다섯 가지 유형의 트랜잭션을 그림 3-3을 통해 살펴보고, 위의 방법에 의해 Undo와 Redo 트랜잭션을 선별해 보자.

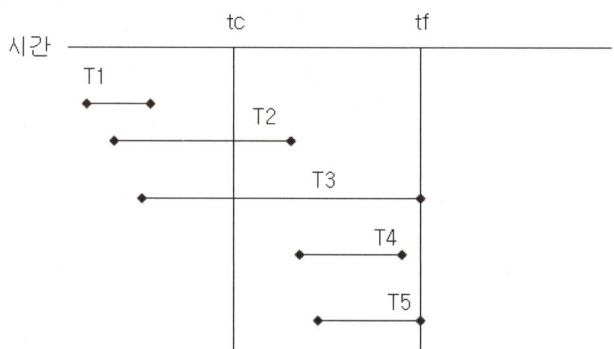

【그림 3-3】 검사 시점 방법에서의 다섯 가지 트랜잭션

그림 3-3에서 시스템 장애가 tf 시간에 발생하였고, 그 이전에는 tc 시간에 검사 시점을 가졌다. 트랜잭션 T1은 tc 시간 이전에 실행이 완료되었고, 트랜잭션 T2는 tc 시간 이전에 실행이 시작되어 tf 시간 이전에 실행이 완료되었다. 트랜잭션 T3는 tc 시간 이전에 실행이 시작되어 tf 시간에도 아직 실행이 완료되지 못

했다. 트랜잭션 T4는 tc 시간 이후에 실행이 시작되어 tf 시간 이전에 실행이 완료되었다. 그리고 트랜잭션 T5는 tc 시간 이후에 실행이 시작되어 tf 시간 이후에도 실행이 완료되지 못했다.

그림 3-3의 다섯 가지 트랜잭션에 대하여 검사 시점에 의한 Undo와 Redo 결정 방법을 적용하면, 트랜잭션 T2와 T4는 tc 시간 이후에 일어난 변경 부분에 대해서만 Redo를 해야 한다. 그리고 트랜잭션 T3와 T5는 Undo를 실행해야 한다.

4 상용 DBMS 제품의 회복 기법

일부 상용 SQL 제품들은 사용자들에게 추가적인 트랜잭션 처리 기능을 제공하기 위해 ANSI/ISO와 DB2 트랜잭션 모델을 따르지 않고 있다. 사이베이스(Sybase) DBMS는 저장 시점(Savepoint) 메커니즘을 사용하며, 다음의 네 가지 트랜잭션 처리문을 포함한다.

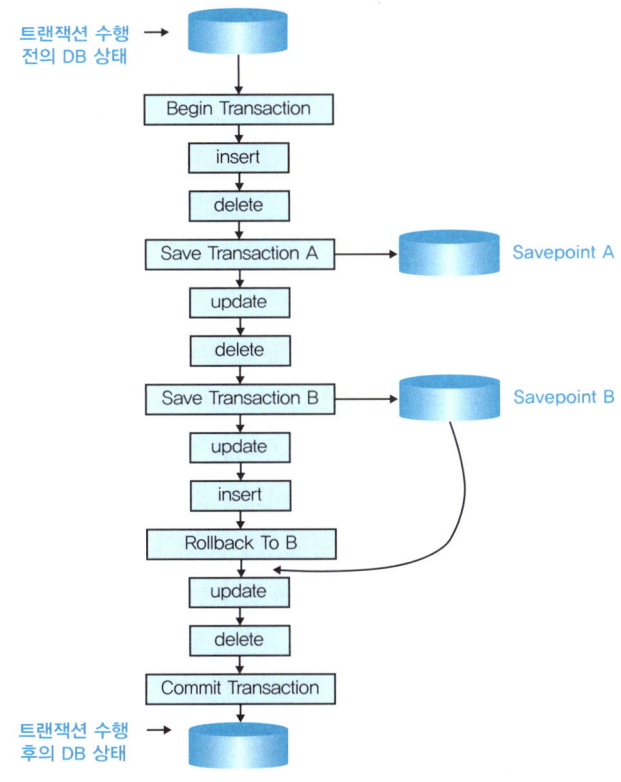

【그림 3-4】 사이베이스의 트랜잭션 모델

① Begin Transaction 문은 트랜잭션의 시작을 나타낸다. 묵시적으로 트랜잭션이 시작되는 ANSI/ISO 트랜잭션 모델과 달리, 사이베이스는 명시적인 문장을 사용하여 트랜잭션을 처리한다.

② Commit Transaction 문은 트랜잭션의 성공적인 종료를 나타낸다. ANSI/ISO 모델과 같이 트랜잭션 중에 데이터베이스에 이루어진 모든 변경은 영구적으로 유지된다. 그러나 새로운 트랜잭션이 자동적으로 시작되지는 않는다.

③ Save Transaction 문은 트랜잭션 중간에 저장 시점(Savepoint)을 설정한다. 사이베이스는 트랜잭션 내의 명시된 위치에서 데이터베이스 상태를 저장하고, 저장된 상태에 그 문장에서 기술된 저장 시점 이름이 할당된다.

④ Rollback Transaction 문은 두 가지 역할을 수행한다. 만일 저장 시점이 Rollback 문에 명시되었으면, 사이베이스는 해당 저장 시점 이후의 데이터베이스 변경을 철회하는데, 이것은 Save Transaction 문이 실행된 위치로 트랜잭션을 복귀시킨다. 만일 저장 시점이 명시되지 않았으면, Rollback 문은 Begin Transaction 문 이후에 이루어진 데이터베이스의 모든 갱신을 취소한다.

제2절 병행 제어

두 명 이상의 사용자가 동시에 데이터베이스에 접근할 때, 트랜잭션 처리는 새로운 차원에 직면하게 된다. DBMS는 시스템 고장이나 오류로부터 적절하게 회복할 뿐만 아니라 사용자의 동작들이 다른 사용자와 상호 간섭되지 않도록 보장해야만 한다. 즉, 각 사용자가 다른 사용자의 동작에 대해 신경쓰지 않고 마치 데이터베이스에 독점적으로 접근하는 것처럼 데이터베이스에 접근할 수 있어야 한다. 아무런 제약 없이 트랜잭션들이 데이터베이스에 동시에 접근하도록 허용할 경우, 발생할 수 있는 세 가지 기본적 문제가 있다. 다음의 세 가지 문제점을 살펴본 후, 이에 대한 해결책을 알아본다.

1 병행 제어가 없는 트랜잭션의 문제점

(1) 갱신 손실(Lost Update) 문제

그림 3-5는 두 명의 사용자가 고객의 전화 주문을 접수받는 단순한 응용을 보여 주고 있다. 주문 입력 프로그램은 고객의 주문을 수용하기 전에 적절한 재고량을 파악하기 위해 제품 테이블을 검사한다. Joo는 자신의 고객으로부터 요청받은 HTV-1002 제품 100개에 대한 주문을 입력하고 있

다. 각각의 주문 입력 프로그램은 제품 테이블에 대한 질의를 수행하여 재고가 139개 있다는 것을 발견한다. 이 수량은 고객의 요청을 수용하기 충분한 양이다. Joo는 그 주문을 확인하기 위해 고객에게 확인하고, 주문 입력 프로그램의 그의 복사본은 판매를 위해 남은 수량이 (139-100=39)개라는 것을 기록하기 위해 제품 테이블을 갱신하고, 100개에 대한 새로운 주문을 주문 테이블에 삽입한다. 몇 초 후, Lee는 자신의 주문을 확인하기 위해 고객에게 물어본다. 주문 입력 프로그램의 그의 복사본은 판매를 위해 남은 수량이 (139-125=14)개라는 것을 기록하기 위해 제품 테이블을 갱신하고, 125개에 대한 새로운 주문을 주문 테이블에 삽입한다.

이 두 개 주문의 이러한 처리 방법은 데이터베이스를 비일관적 상태로 만든다. 제품 테이블에 대한 두 개 갱신 중 첫 번째 갱신이 손실되었다. 두 명의 고객은 수용되었지만, 두 개 주문을 충족하기 위해서는 제품의 수량이 부족하다. 이 예는 두 개의 프로그램이 데이터베이스로부터 동일한 데이터를 읽어서 계산의 근거로 사용한 다음, 그 데이터를 갱신하려고 할 때마다 "갱신 손실" 문제가 발생할 수 있다는 것을 보여 준다.

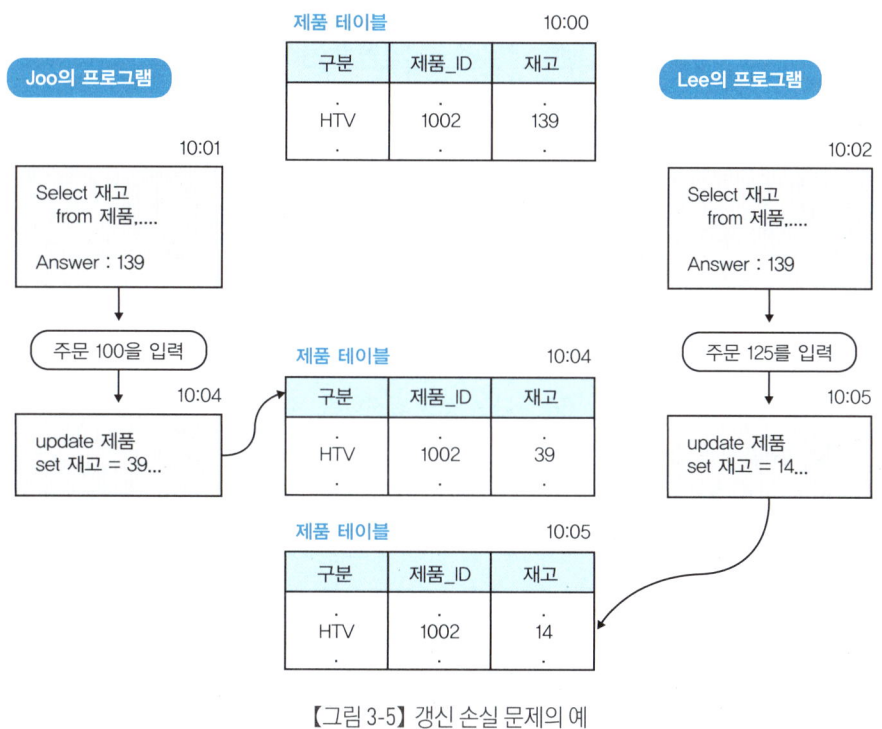

【그림 3-5】 갱신 손실 문제의 예

(2) 비완료 데이터(Rollback Data) 문제

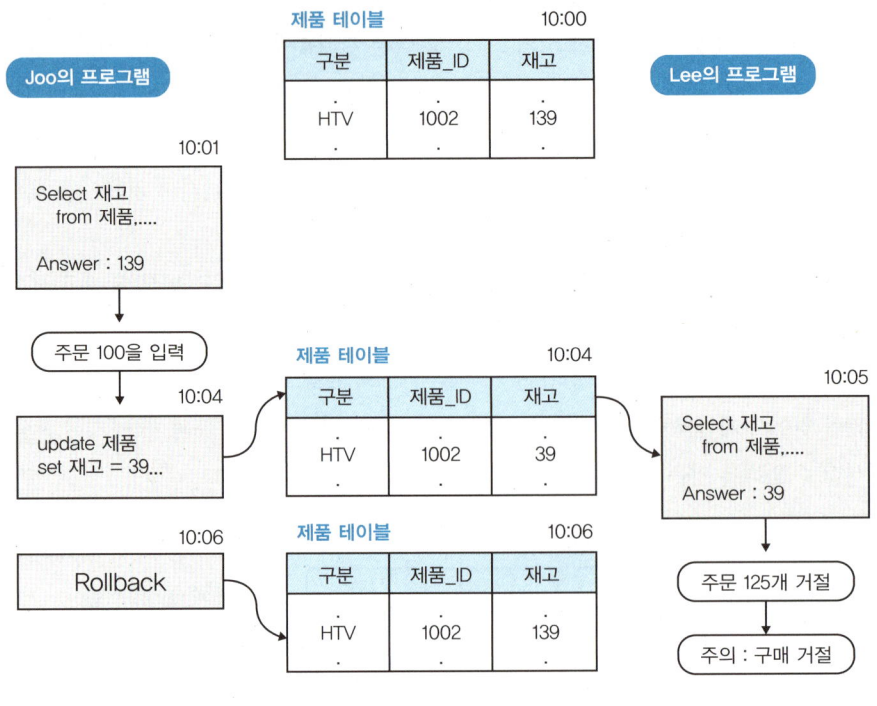

【그림 3-6】 비완료 데이터 문제의 예

그림 3-6은 그림 3-5와 동일한 주문 처리 응용이다. Joo는 자신의 고객으로부터 HTV-1002 제품 100개에 대한 주문을 요청받기 시작했다. 그 시각에 주문 처리 프로그램의 Joo의 복사본은 제품 테이블에 질의하고 139개가 판매 가능하다는 것을 발견하여, 주문을 접수한 다음 39개가 남은 것을 기록하기 위해 제품 테이블을 갱신한다.

그 다음 Joo는 HTV-1002와 HTV-1004제품의 상대적인 장점을 고객과 논의하기 시작한다. 그런 동안 Lee의 고객은 HTV-1002 제품 125개의 주문을 요청해 왔다. 주문 입력 프로그램의 Lee의 복사본은 제품 테이블에 질의하고, 단지 39개 제품만이 주문 가능하다는 사실을 발견하고 그 주문을 거절하였다. 그것은 또한 구매 관리자에게 추가적으로 HTV-1002 제품을 구매하도록 요청서를 발행한다. 이때 Joo의 고객은 HTV-1002 제품이 전혀 필요치 않다고 결정하고, Joo의 주문 입력 프로그램은 그 트랜잭션을 취소하기 위해 Rollback을 한다.

Lee의 주문 처리 프로그램은 Joo의 프로그램의 비완료 갱신에 접근하도록 허용되었기 때문에 Lee의 고객 주문은 거절되었으며, 비록 그 재고가 여전히 139개 남았지만 구매 관리자는 더 많은 제품을 주문할 것이다. 이 예에서의 문제점은 Lee의 프로그램이 Joo의 프로그램의 비완료 갱신에 접근하고, 그들에 대해 동작하도록 허용하였기 때문에 발생한 문제점이다.

(3) 비일관적 데이터(Inconsistency Data) 문제

그림 3-7은 주문 처리 응용에 대한 것이다. Joo가 그의 고객으로부터 HTV-1002 제품 100개에 대한 주문을 접수받기 시작한다. 잠시 후, Lee도 또한 동일한 제품에 대해 자신의 고객으로부터 주문을 받기 시작하고, 그의 프로그램은 주문 가능한 수량을 알기 위해 단일-행 질의를 수행한다. 이때 Lee의 고객은 대안으로 HTV-1004 제품에 대해 조회하고, Lee의 프로그램은 그 행에 대해 단일-행 질의를 수행한다.

그러는 동안, Joo의 고객은 그 제품을 주문하기로 결정하였다. 그래서 Joo의 프로그램은 데이터베이스에서 해당 행을 갱신하고, 데이터베이스에서 그 주문을 종결하기 위해 Commit을 수행한다. Lee의 고객은 Lee가 처음에 제안한 HTV-1002 제품을 주문하기로 결정한다. 그의 프로그램은 다시 HTV-1002 제품에 대한 정보를 얻기 위해 새로운 단일-행 질의를 수행한다. 그러나 재고는 이전에 알았던 139가 아니라, 재고량이 39임을 보여 준다. Lee의 프로그램 관점에서, 데이터베이스는 그의 트랜잭션이 진행되는 동안 비일관적인 상태로 유지되었다.

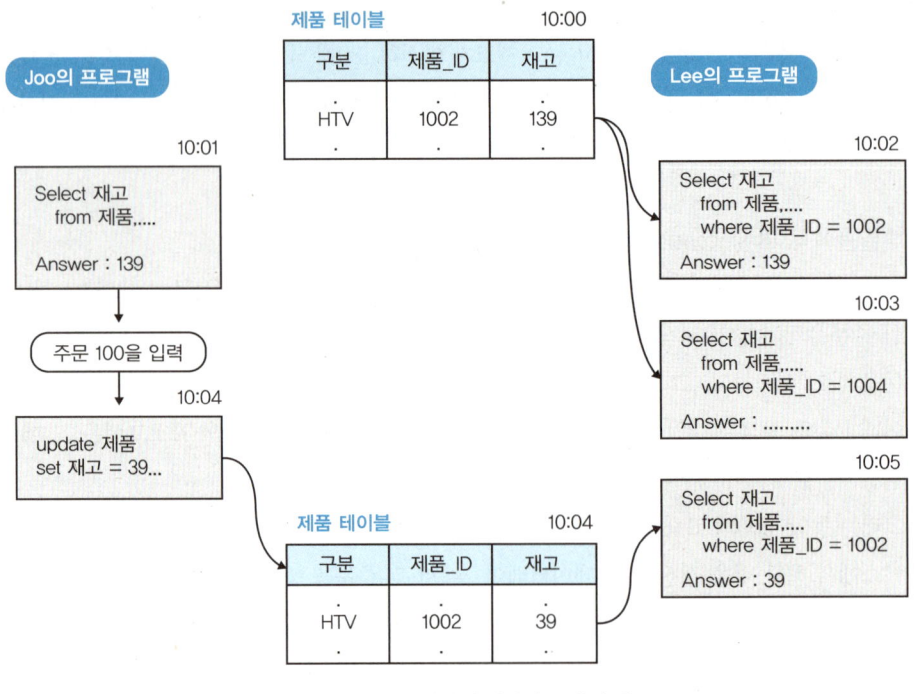

【그림 3-7】 비일관적 데이터 문제의 예

2 병행 수행 트랜잭션

세 가지의 다중 사용자 갱신 예가 보여주듯이, 사용자들이 데이터베이스에 대한 접근을 공유하면서 한 명 이상의 사용자가 데이터를 갱신할 때, 데이터베이스 훼손에 대한 잠재적 위험이 존재한다. 그러므로 DBMS는 "트랜잭션 실행 동안, 사용자는 데이터베이스에 대해 완전히 일관된 관점으로 접근한다. 사용자는 다른 사용자의 비완료 변경에 절대 접근할 수 없으며, 다른 사용자에 의해 수행된 완료 변경까지도 트랜잭션 도중에 그 사용자가 접근하는 데이터에 영향을 주지 않는다"라는 트랜잭션 기법을 사용하여 병행 수행을 제어한다.

만일 두 개의 트랜잭션 A와 B가 동시에 수행하고 있다면, DBMS는 그 결과가 ① 트랜잭션 A가 먼저 수행되고, 그 다음에 트랜잭션 B가 수행되는지, 또는 ② 트랜잭션 B가 먼저 수행되고, 그 다음에 트랜잭션 A가 수행된 결과와 동일한 것이라는 점을 보장하는 개념을 트랜잭션의 직렬성(Serializability)이라고 한다. 사실, 이는 각 사용자가 마치 데이터베이스에 동시에 접근하는 다른 사용자가 전혀 없는 것과 같이 데이터베이스에 접근할 수 있다는 것을 의미한다.

SQL 트랜잭션의 요구 사항인 병행 수행을 구현할 수 있는 여러 가지 구조가 있지만, 모든 상용 SQL 제품들은 로킹(Locking)을 기본으로 하는 기술을 사용한다. 로킹은 DBMS에 의해 자동적으로 처리되며, SQL 사용자에게 보여지지 않는다. SQL 트랜잭션을 사용하기 위해 그 방법을 이해할 필요는 없다. 그러나 로킹이 DBMS 내부에서 작동하는 방법을 이해하는 것은 트랜잭션을 더욱 효율적으로 사용하는 데 도움이 될 것이다.

제3절 무결성과 보안

1 데이터 무결성(Data Integrity)

　　데이터 무결성(Data Integrity)이란 데이터베이스에 저장된 데이터의 정확성과 완전성을 의미한다. 저장 데이터의 일관성과 정확성을 유지하기 위해, 관계 DBMS는 일반적으로 한 가지 이상의 데이터 무결성 제약 조건을 지원한다. 이들 제약 조건은 데이터베이스 갱신에 의해 생성되거나, 삽입될 수 있는 데이터의 값을 제한한다. 다음과 같은 서로 다른 형태의 무결성 제약 조건이 관계 데이터베이스에서 공통적으로 지원된다.

(1) 요구 데이터

　　데이터베이스의 일부 열은 모든 행에서 올바른 데이터의 값을 포함해야 한다. 그들은 생략되거나 Null 값을 포함할 수 없다.

(2) 정당성 검사

　　데이터베이스의 모든 열은 자신에게 적합한 값의 집단인 도메인을 갖는다. DBMS는 이들 열에 다른 값을 허용하지 않도록 요청받을 수 있다.

(3) 개체 무결성

　　테이블의 기본 키는 각 행에 다른 행과 구별되는 유일한 값을 포함해야 한다. 그리고 이 기본 키에 속해 있는 애트리뷰트들은 Null 값을 포함할 수 없다는 것이다.

(4) 참조 무결성

관계 데이터베이스의 외래 키는 그 외래 키를 포함하는 자식 테이블의 각 행을 대응되는 기본 키 값을 포함하는 부모 테이블의 행에 연결한다.

(5) 업무 규칙

데이터베이스에 대한 갱신은 갱신에 의해 표현되는 실세계 트랜잭션을 제어하는 업무 규칙에 의해 제약받을 수 있다. DBMS는 어떠한 테이블에 매번 새로운 행이 삽입될 때마다 특정 열의 값이 업무 규칙에 위배되는지 검사하도록 요청받을 수 있다. 1986년 Sybase DBMS는 업무 규칙을 관계 데이터베이스에 포함시키려는 시도로 트리거(Trigger) 개념을 소개하였다. 이 개념은 매우 보편화되었으며, 1990년대 초반에는 많은 SQL DBMS 제품들이 트리거를 지원하기 시작하였다.

2 보안(Security)

사용자가 데이터를 DBMS에 저장할 때, 저장된 데이터의 보안은 매우 중요한 관심사이다. 보안은 특히 SQL-지원 DBMS에서 중요한데, 그 이유는 대화식 SQL이 데이터베이스에 매우 쉽게 접근할 수 있기 때문이다. 전형적인 실제 데이터베이스에 대한 보안 요구는 다음과 같이 매우 다양하다.

① 특정 테이블의 데이터는 일부 사용자에게만 접근 가능해야 하며, 다른 사용자들은 접근이 허용되지 않는다.
② 일부 사용자는 특정 테이블에 대해 데이터 변경 권한이 허용되고, 다른 사용자들은 검색 권한만 허용되어야 한다.
③ 일부 테이블에 대한 접근은 열 단위로 제한되어야 한다.
④ 일부 사용자들에게는 어떤 테이블에 대해 대화식 SQL 접근은 금지되지만, 그 테이블을 변경하는 응용 프로그램들의 사용은 허용되어야 한다.

보안 구조를 구현하고, 보안 제약 조건들을 집행하는 것은 DBMS 소프트웨어의 책임이다. SQL 언어는 데이터베이스 보안을 위한 전체 구조를 정의하고, SQL 문들은 보안 제약 조건들을 기술하기 위해 사용된다. SQL 보안 구조는 다음의 세 가지 개념을 중심으로 한다.

① 사용자들은 데이터베이스에서 주체이다. DBMS가 데이터를 검색, 삽입, 삭제, 변경할 때마다 사용자를 대신하여 작동한다. DBMS는 사용자 요청에 따라 연산을 허가하거나 금지시킨다.
② 데이터베이스 객체들은 SQL 보안 기능이 적용되는 단위 항목들이다. 보안은 일반적으로 테이블과 뷰에 적용되지만 폼, 응용 프로그램, 전체 데이터베이스와 같은 다른 객체들도 보호될 수 있다. 대부

분의 사용자들은 어떤 데이터베이스 객체들에 대한 접근 권한은 있지만, 다른 객체들의 접근은 금지될 것이다.

③ 권한은 사용자가 주어진 데이터베이스 객체에 대해 수행할 수 있도록 허용된 행동들이다. 예를 들어, 사용자는 어떤 테이블에 대해서 행의 검색과 삽입 권한을 가질 수 있지만, 삭제와 변경 권한은 없을 수도 있다. 각 사용자들마다 수행 권한 집합이 다르게 적용될 수 있다.

요약

장애(Failure)는 정해진 명세대로 시스템이 작동하지 않는 상태를 말한다. 장애의 원인에는 디스크 붕괴나 전원 고장으로 인한 하드웨어 결함, 소프트웨어의 논리 오류(Logic Error)로 인한 소프트웨어 결함, 그리고 오퍼레이터(Operator)와 같은 사람의 실수 등이 있다. 장애가 발생했을 때, 데이터베이스를 장애 발생 이전의 일관된 상태(Consistent State)로 복원시키는 것을 회복(Recovery)이라고 한다.

트랜잭션은 한 개의 논리적인 작업 단위를 구성하는 한 개 이상의 SQL 문장으로 구성된다. 하나의 트랜잭션을 구성하는 SQL 문들은 서로 밀접한 관계를 가지며, 상호 종속적인 동작을 수행한다. 트랜잭션에 속하는 각 문장은 어떤 작업의 일부분을 수행하지만, 그 작업을 완료하기 위해서는 그들 모두가 필요하다. 문장들을 단일 트랜잭션으로 그룹화하는 것은 전체 문장 순서로 자동적으로 수행되어야 한다는 것을 DBMS에 지시한 것이다. 그리고 모든 문장들은 데이터베이스가 일관적 상태가 되도록 완료되어야 한다.

Commit은 트랜잭션의 성공적인 종료를 나타낸다. 이것은 트랜잭션이 현재 완료되었다는 것을 DBMS에게 알려준다. 한 개의 트랜잭션을 구성하는 모든 문장들은 실행 완료되었으며, 데이터베이스는 일관된 상태가 유지된다. Rollback은 트랜잭션의 비성공적인 종료를 나타낸다. 이것은 사용자가 트랜잭션의 완료를 원치 않는다는 것을 DBMS에게 알려준다. 대신에 DBMS는 한 개의 트랜잭션 동안 데이터베이스에 대해 이루어진 갱신들을 철회해야 한다. 실제로, DBMS는 해당 트랜잭션이 시작하기 전에 데이터베이스 상태로 복귀한다.

시스템 장애가 일어났을 때, 로그를 사용하는 방법은 Redo와 Undo를 해야 할 트랜잭션을 결정하기 위해서 원칙적으로 로그 전체를 조사해야 한다. 그러나 이 방법은 시간이 많이 걸릴 뿐만 아니라 Redo를 할 필요가 없는 트랜잭션을 또다시 Redo 해야 하는 문제가 생긴다. 이러한 문제점을 해결하기 위한 방법이 검사 시점 방법이다.

아무런 제약 없이 트랜잭션들이 데이터베이스에 동시에 접근하도록 허용할 경우 발생할 수 있는 세 가지 기본적 문제(갱신 손실 문제, 비완료 데이터 문제, 비일관성 데이터 문제)가 있다.

데이터 무결성(Data Integrity)이란 데이터베이스에 저장된 데이터의 정확성과 완전성을 의미한다. 저장 데이터의 일관성과 정확성을 유지하기 위해, 관계 DBMS는 일반적으로 한 가지 이상의 데이터 무결성 제약 조건을 지원한다. 이들 제약 조건은 데이터베이스 갱신에 의해 생성되거나 삽입될 수 있는 데이터의 값을 제한한다. 서로 다른 형태의 무결성 제약 조건이 관계 데이터베이스에서 공통적으로 지원된다.

제1장 연습 문제

01 검사 시점 기법을 설명하고, 검사 시점 주기를 얼마로 해야 하는지를 조사하시오.

02 트랜잭션을 정의하고, 트랜잭션을 제어하지 않고 병행 제어를 허용할 때 일어나는 문제점을 설명하시오.

03 데이터베이스의 무결성을 정의하고, 일관성과 비교하시오.

04 트리거를 설명하고, 상용화되어 있는 DBMS를 예를 들어 설명하시오.

05 참조 무결성을 설명하고, 구현하는 방법을 구체적으로 설명하시오.

06 암호화에 대하여 설명하고, 종류별로 구현 알고리즘을 설명하시오.

제2장 고급 데이터베이스 운영 및 관리

- 제1절 질의어 처리 방법
- 제2절 분산 데이터베이스의 관리 및 지원
- 제3절 DBA의 역할 및 업무 범위
- 요약
- 연습 문제

이 장에서는 하나의 질의문을 실행하기 위한 여러 계획 중에서 가장 적절한 계획을 선택하는 질의어 처리 방법에 대하여 살펴보고, 분산 데이터베이스의 관리 및 전략에 대해 이해한다. 마지막으로 이와 같은 일을 수행하는 DBA의 역할 및 업무 범위에 대하여 알아본다.

제1절 질의어 처리 방법

질의가 시스템에 제기되었을 때에는 존재하는 데이터베이스 구조를 사용하여 해법(결과)을 구하는 최적의 방법을 찾는 것이 필요하다. 그 이유는 최적의 방법을 찾음으로써 처리 시간을 단축시켜 사용자에게 처리 결과를 빠르게 돌려줄 수 있기 때문이다.

질의를 처리하는 데에는, 특히 복잡한 질의를 처리하는 데에는 매우 많은 전략이 존재한다. 그럼에도 불구하고 시스템이 좋은 전략을 선택하기 위해 상당한 시간을 소비하는 것은 그럴 만한 가치가 있다. 대개 전략을 선택하는 과정은 디스크에 액세스하지 않고 주 기억 장치 내에 있는 정보만을 사용하여 이루어진다. 이 질의를 실제로 실행할 때에는 디스크에 여러 번 액세스해야 한다. 디스크로부터 데이터를 이동하는 것은 주 기억 장치와 프로세서 사이의 이동에 비해 매우 느리기 때문에, 질의 처리 전략을 선택하기 위하여 많은 시간을 소비하지만 디스크 액세스를 절약하게 되므로 결과적으로 전체 시간을 단축시킨다.

어떤 질의가 주어졌을 때 이 질의에 대한 답을 구하는 데에는 대개 여러 가지 방법이 존재한다. 질의를 표현한 각 방법은 해법을 구하는 전략을 암시한다. 그러나 우리는 가장 효율적인 전략을 암시하는 방식으로 사용자가 질의를 작성하기를 기대하지는 않는다. 따라서 사용자가 제기한 질의를 효율적으로 실행할 수 있는 동등한 질의로 바꾸는 것이 시스템의 의무이다. 이러한 "최적화", 좀 더 정확하게 말하면 질의를 실행하는 전략을 개선시키는 것을 질의 최적화라고 부른다. 번역기의 코드 최적화와 데이터베이스 시스템의 질의 최적화 사이에는 유사점이 많다. 효율적인 질의 처리에 포함되는 쟁점들은 고급 언어의 단계와 데이터에 대한 물리적 액세스의 두 레벨에서 연구한다.

하나의 관계 질의는 주 언어를 사용하지 않고 관계 질의어 내에서 표현될 수 있으므로 질의를 자동적으로 최적화하는 것이 가능하다. 대부분의 유용한 최적화 기법은 관계형 모델에 적용되기 때문에 보장에서는 관계형 모델에 대해서만 살펴본다.

질의 처리를 시작하기 전에 시스템은 질의를 사용 가능한 형태로 변환하여야 한다. SQL 같은 질의어는 사람이 사용하기에는 적합하지만 질의의 내부 표현으로 시스템이 사용하기에는 부적합하다. 질의의 좀 더 유용한 내부 표현은 관계 대수에 근거를 두고 있다.

따라서 어떤 질의에 대해 시스템이 해야 할 첫째 작업은 그 질의를 내부 형태로 변환하는 것이다. 이 변환 과정은 번역기의 파서(Parser)가 하는 역할과 비슷하다. 질의의 내부 형태를 생성하는 과정에서 파서는 사용자가 제기한 질의의 구문을 검증하고, 질의에 나타난 릴레이션 이름들이 실제 데이터베이스에 존재하는가를 검증한다. 질의가 뷰를 사용하고 있으면 파서는 모든 뷰 이름을 이 뷰를 생성하는 관계형 대수식으로 대치한다. 이렇게 하여 질의를 내부의 관계 대수 형태로 변환한 후 최적화 과정을 시작한다.

최적화의 첫째 단계는 관계 대수 레벨에서 행해진다. 주어진 수식과 동등하나 좀 더 효율적으로 실행할 수 있는 수식을 찾는다. 다음 단계는 질의를 처리하는 세부적인 전략의 선택에 관한 것이다. 질의를 실행하는 전략을 정확하게 결정해야 한다. 어떤 색인을 사용할지도 결정해야 한다. 또한 튜플이 처리되는 순서도 결정해야 한다. 전략의 마지막 선택은 주로 요구되는 디스크 액세스의 횟수에 근거하여 행해진다.

1 사용 예제

최적화가 필요하다는 것을 설명하기 위해 간단한 예제를 제시한다. "부품 P2를 공급하는 공급자의 이름을 구하라"라는 질의를 가능한 SQL 형식을 이용하여 생각해 보자.

```
표현식  ▶  SELECT  DISTINCT S.SNAME
           FROM    S, SP
           WHERE   S.S#  = SP.S# AND
                   SP.P# = 'P2' ;
```

이 데이터베이스는 100명의 공급자와 10,000개의 공급이 있으며, 그 중 부품 P2에 대한 공급은 50개만 있다고 가정하자. 만약, 이 시스템이 SQL에서 주어진 가설적 질의 평가 알고리즘에 따라 질의를 수행한다면 처리 순서는 다음과 같다.

① 릴레이션 S와 SP의 카티션 프로덕트를 계산하라. 이 단계는 10,000 튜플을 읽고 100*10,000=1,000,000개의 튜플들을 갖는 릴레이션을 구성한다(따라서, 디스크에는 1,000,000 튜플들을 다시 기록한다).
② 단계 1의 결과를 WHERE 절에 의해 명시된 대로 제한시켜라. 이 단계는 1,000,000 튜플들을 읽지만 단지 50 튜플들로 구성되는 릴레이션을 만든다(이는 주 기억 장치에 보존된다고 가정한다).
③ 요구된 마지막 결과를 만들기 위해 단계 2의 결과를 SNAME으로 프로젝션하라. 따라서 결과는 많아야 50 튜플이 될 것이다.

다음 절차는 지금 설명한 것과 동일한 것이지만 좀 더 효과적이다.

① 릴레이션 SP를 부품 P2로만 구성된 튜플로 제한시켜라. 이 단계는 10,000 튜플을 읽지만, 단지 50 튜플로 구성되는 릴레이션을 만들어 낸다. 이때 이 튜플들은 주 기억 장치에 있는 것으로 가정한다.
② 단계 1의 결과를 S#에 대해 릴레이션 S와 조인하라. 이 단계는 단지 100 튜플들을 검색한다. 결과는 여전히 주 기억 장치에 50개의 튜플을 갖고 있다.
③ 마지막 결과(많아야 50 튜플)를 얻기 위해 SNAME에 대해 단계 2의 결과를 프로젝션하면 된다.

만약 성능 평가 기준으로 "입/출력 튜플의 개수"를 생각한다면, 이 두 개의 프로시저 중 두 번째가 첫 번째보다 200배나 더 좋다는 것은 분명하다. 만약 릴레이션 SP가 P#에 의해 색인되거나 해싱된다면, 단계 1에서 읽어지는 튜플의 수는 10,000개에서 단지 50개로 줄어든다(이 새로운 절차는 처음보다 4,000배가 좋아진다). 마찬가지로, S.S#에의 색인이나 해싱은 단계 2에서도 도움을 준다(100개의 튜플은 많아도 50개로 줄어든다). 물론 여러 가지 추가적인 개선책도 가능하다.

앞에서의 예제는 비록 간단하지만, 왜 최적화가 필요한가에 대한 생각을 제공하기에는 충분하다. 또 실제로 가능한 여러 가지 개선책에 대한 기초적인 힌트를 준다.

다음에서는 최적화 문제에 대한 체계적인 접근책을 제시한다.

2 최적화 과정

전반적인 최적화 과정을 크게 4단계로 다음과 같이 식별할 수 있다.

(1) 질의를 어떤 내부 표현으로 만들어라.

질의 처리 과정에서 첫 번째 단계는 질의를 어떤 내부 표현으로 바꾸는 것이다. 그래서 순수하게 외부 단계의 고려 사항(예를 들면, 고려하고 있는 질의어 구문의 변화 같은 것)을 배제하여 최적화 과정의 다음 연속적인 단계가 수월하다. "내부 표현은 무슨 형식화에 근거하는가?"라는 질문이 발생된다. 어떤 형식화가 선택되든 그것은 반드시 시스템의 질의어에서 생길 수 있는 모든 질의들을 나타낼 만큼 충분해야 한다.

또한 다음의 연속적인 최적화 선택에 대해 편견이 작용하지 않도록 가능한 한 공평해야 한다. 전형적으로 사용되는 내부 표현은 추상적 구문 트리 또는 질의 트리 종류이다. 예를 들어, 그림 3-8은 사용 예제를 가능한 질의 트리 표현식으로 나타낼 것이다.

그러나 목적에 비추어 볼 때, 이미 잘 아는 형식화의 하나로, 즉 관계형 대수나 관계형 해석으로 내부 표현을 하게 되면 더욱 편리하다. 그림 3-8과 같은 질의 트리는 두 형식들 중 하나의 표현식이 암호화된 버전으로 간주된다. 생각을 고정시키기 위해, 여기서 그 형식은 특별히 대수라고 가정한다. 그림 3-8의 질의에 대해 대수 표현식은 다음과 같다.

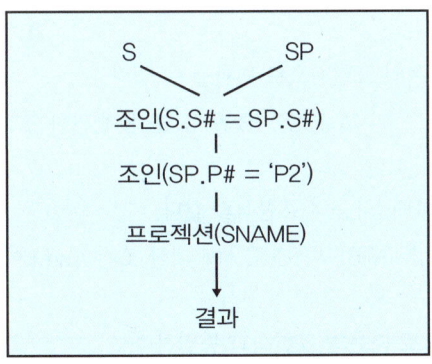

【그림 3-8】 예제의 질의 트리

(2) 표현(Canonical) 형태로 바꿔라.

대부분 언어들은 간단한 질의가 표면적으로 서로 다른 다양한 방법들로 표현되는 것을 허용한다.

예를 들어, 위에서 논의한 "부품 P2를 공급하는 공급자의 이름을 구하라"라는 간단한 질의도 SQL에서 최소한 7가지의 서로 다른 방법으로 표현될 수 있다. 그러므로 질의 처리의 다음 단계는 어떤 동일한 표준 형태로 내부 표현을 바꾸어야 한다. 이때 표준 형태는 특정한 의미에서 원래의 것보다 좀 더 효과적인 표현을 찾고, 또한 그런 표면적인 차이점을 없애고자 사용된다.

그러므로 단계 1의 결과는 동일하지만 좀 더 효과적인 어떤 다른 형태로, 어떤 잘 정의된 변환 규칙을 이용하여 변화시킨다. 그런 변환 규칙의 중요한 예는 어떤 제한 조건을 논리곱 정규형(Conjunctive Normal Form)의 동일한 조건절로 바꾸는 것이다. 즉, 조건은 AND로 연결된 제한 조건의 집합으로 구성되는데, 각 제한 조건은 OR에 의해서만 연결된 단순한 비교의 집합으로 구성된다. 예를 들어, WHERE 절

WHERE p OR (Q AND r)

은 다음의 형태로 바뀔 수 있다.

WHERE (p OR q) AND (p OR r)

논리곱 정규형은 여러 이유로 필요하다. 왜냐하면 Ingres에서 사용되는 질의 분해 알고리즘은 입력 질의 조건이 논리곱 정규형임을 요구하기 때문이다.

변환 규칙의 또 다른 예를 보자. 다음의 대수 표현은

(A JOIN B) WHERE B에 관한 조건

다음 형태로 좀 더 효율적인 표현식으로 변환될 수 있다.

(A JOIN) (B WHERE B에 관한 조건)

좀 더 일반적으로 표현하면, 다음의 표현식과 같다.

(A JOIN B) WHERE A에 대한 조건 And B에 관한 조건

위의 표현식은 결과적으로 다음의 표현식과 동일하다.

(A WHERE A에 관한 조건) JOIN (B WHERE B에 관한 조건)

이것은 앞에서 소개한 사용 예제에서 보인 규칙으로, 그 예는 분명히 왜 이러한 변환이 좋은지를 보여 준다. 이러한 규칙에 관한 다른 3가지 예가 아래에 있다.

① 연속된 조건들은 단 하나의 조건으로 합쳐질 수 있다. 즉, 다음의 표현식은
$$(A\ WHERE\ 조건)\ WHERE\ 조건$$
아래와 동일하다.
$$A\ WHERE\ 조건\ AND\ 조건$$

② 연속된 프로젝션에서 마지막을 제외한 모든 것은 무시될 수 있다. 즉, 다음의 표현식은
$$(A\ [속성])\ [속성]$$
아래 표현식과 동일하다.
$$A\ [속성]$$

③ 프로젝션의 조건은 WHERE 절의 조건의 프로젝션과 동일하다. 즉, 다음의 표현식은
$$(A\ [속성])\ WHERE\ 조건$$
아래 표현식과 동일하다.
$$(A\ WHERE\ 조건)\ [속성]$$

이런 변환의 완전한 열거는 생략한다. 변환의 다른 종류들도 질의 처리의 단계에서 가능하다. 예를 들어, 다음의 조건은
$$A.F1 > B.F2\ AND\ B.F2 = 3$$
좀 더 간단하게 다음으로 변환될 수 있다.
$$A.F1 > 3$$

간단한 조건으로 조인과 WHERE 절의 조건이 대치된다. 마찬가지로, 다음의 조건은
$$NOT(P1\ AND\ P2)$$

다음의 동일 형태로 바뀔 수 있다.
$$(NOT\ P1)\ Or\ (NOT\ P2)$$

마지막 버전에서는 만약 조건 P1이 "거짓"이면, 조건 P2를 전혀 평가할 필요가 없다는 것은 명백하다. 마지막 예로서, 만약 시스템이 기본 키 P.P#에 대응되는 외래 키가 SP.P#라는 것을 안다면, 다음의 식은

$$(SP\ JOIN\ P)\ [S\#]$$

최소한 하나의 부품을 공급하는 공급자 이름을 나타내며 다음과 같이 간단히 표현할 수 있다.

$$SP\ [S\#]$$

이 예는 후에 의미상 변환이라 불리는 것을 나타낸 것이다. 반대로, 전에 논의한 변환들은 특성상 좀 더 구문적임을 알 수 있다.

(3) 하위 단계의 후보 프로시저들을 선택하라.

질의 내부 표현을 좀 더 바람직한 형태로 바꿈에 따라서, 최적화기는 그 변환된 형태에 의해 표현되는 질의를 어떻게 평가하는가를 결정해야 한다. 이 단계에서는 주로 색인들의 존재나 다른 액세스 경로들, 저장된 데이터값들의 분포, 레코드들의 물리적 결합 등이 고려 대상이 된다.

기본적인 전략은 연산들 간의 어떤 관계를 가지고, 일련의 조인이나 제한 등과 같은 하위 단계의 연산들을 기술함으로써 질의 표현식을 표현하는 것이다. 각각 그런 하위 단계 연산에 대해 최적기는 미리 정의된 하위 단계의 수행 프로시저들의 집합을 갖게 될 것이다.

예를 들어, 조건 연산을 수행하기 위한 프로시저들의 모임이 있을 것이다. 즉, 이들은 그 조건 연산이 유일한 필드에의 동일한 조건인 경우와 제한 필드가 색인되어 있는 경우, 색인되지 않았으나 데이터가 제한 필드에 물리적으로 집중되어 있는 경우 등에 대한 프로시저이다. 이러한 각 프로시저는 결합된 비용 측정을 하게 한다. 데이터베이스의 색인 존재, 릴레이션의 수 등에 관한 시스템 카탈로그의 정보와 위에서 언급된 상호 의존된 정보를 사용하여, 최적화기는 질의 표현에서 각 하위 단계 연산들을 수행하기 위한 하나 이상의 후보 프로시저들을 선택하게 될 것이다. 이러한 과정은 종종 액세스 경로 선택으로서 언급된다.

(4) 질의 계획을 세우고 가장 비용이 적은 것을 선택하라.

최적화 과정에서의 마지막 단계는 후보 "질의 계획"들의 집합을 만들고 계획 중에서 최적의 비용을 선택한다. 각 질의 계획은 후보 수행 프로시저들의 모임을 함께 합쳐서 이루어질 수 있다. 각각의 프로시저는 그 질의에서 하위 단계의 연산을 위한 것이다. 이때 주의할 것은 어떤 주어진 질의에 대해 이치에 맞는 계획들이 정상적으로 상당히 많이 있게 될 것이다. 사실상 모든 가능한 질의 계획들을 만드는 것은 좋은 생각이 아니다. 왜냐하면 거기에는 상당히 많은 계획이 있고, 가장 값싼 것

을 선택하는 작업은 그 자체로서 매우 비싸기 때문이다. 그래서 적당한 한계 내에 만들어진 계획들을 유지하는 데는 경험적 방법이 바람직하다.

"한계 내의 집합을 유지"하는 것은 탐색 공간을 축소하는 것이다. 왜냐하면 그것은 최적화기에 의해 관리 가능한 정도로 검사될 가능성들의 범위가 줄어들 수 있게 하는 것으로 간주할 수 있다.

가장 비용이 적게 드는 계획을 선택하는 것은 당연히 주어진 계획에 비용을 부여하는 방법을 요구한다. 대부분 시스템들은 CPU 사용을 비용 계정으로 고려한다 하더라도, 근본적으로는 관계된 디스크의 입/출력 개수의 예측에 기초한 비용 공식을 사용한다.

제2절 분산 데이터베이스의 관리 및 전략

1989년 IBM은 자사의 SQL 제품에서 분산 데이터 접근을 위한 단계적 구현 계획을 발표했다. 이는 원격 요청, 원격 트랜잭션, 분산 트랜잭션, 그리고 분산 요청이다.

1 원격 요청(Remote Request)

이 단계에서 PC 사용자는 단일 원격 데이터베이스에 있는 데이터의 질의 또는 갱신을 수행하는 SQL 문을 실행시킬 수 있다. 각각의 SQL 문은 대다수의 대화식 SQL 프로그램에서 제공되는 "자동 완료(Auto-Commit)" 모드와 유사하게 트랜잭션처럼 연산을 수행한다. 사용자는 여러 데이터베이스에 대해 일련된 SQL 문을 발생시킬 수 있지만, DBMS는 다중문(Multi-Statement) 트랜잭션을 지원하지 못한다.

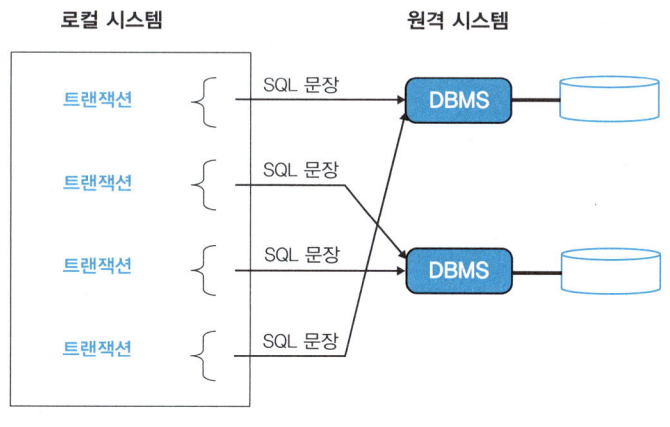

【그림 3-9】 원격 요청

2 원격 트랜잭션

원격 트랜잭션은 다중문 트랜잭션을 지원하기 위해 원격 요청 단계를 확정한다. PC 사용자는 원격 데이터베이스에 있는 데이터를 질의나 갱신하기 위한 일련의 SQL 문을 실행시킬 수 있다. 그리고 단일 트랜잭션으로서 일련의 SQL 문장 전체를 완료 또는 취소할 수 있다. DBMS는 그 전체 트랜잭션을 한 개 단위로써 지역 데이터베이스에서 수행되는 트랜잭션처럼 성공하거나 실패하도록 보장한다. 그러나 트랜잭션을 구성하는 모든 SQL 문은 단일 원격 데이터베이스를 참조해야만 한다.

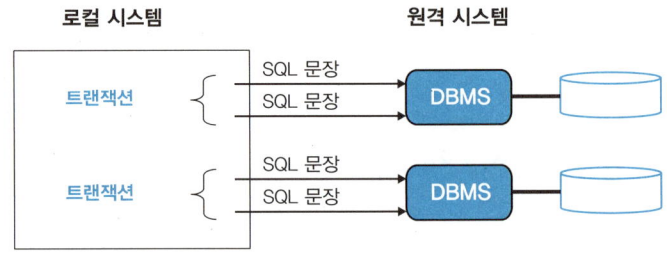

【그림 3-10】 원격 트랜잭션

3 분산 트랜잭션

이 단계에서 각각의 SQL 문은 여전히 한 개의 원격 컴퓨터 시스템에 있는 단일 데이터베이스를 질의 또는 갱신한다. 그러나 한 개의 트랜잭션 내의 일련의 SQL 문은 다른 시스템에 위치한 두 개 이상의 데이터베이스에 접근할 수 있다. 그 트랜잭션이 완료 또는 복귀될 때, DBMS는 그 트랜잭션과 연관된 모든 시스템에서 트랜잭션의 모든 부분이 완료 또는 복귀되도록 보장한다. 특히 DBMS는 어떤 시스템에서는 트랜잭션이 완료되고, 다른 시스템에서는 복귀되는 "부분 트랜잭션"이 되지 않도록 보장한다.

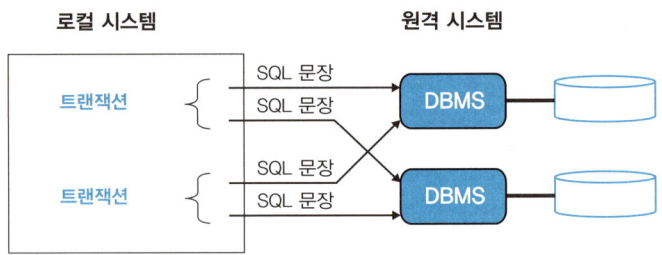

【그림 3-11】 분산 트랜잭션

4 분산 요청

이 단계에서, 단일 SQL 문은 서로 다른 컴퓨터 시스템에 위치한 두 개 이상의 데이터베이스로부터 테이블들을 참조할 수 있다. DBMS는 네트워크상에서 SQL 문을 자동적으로 수행할 책임이 있다. 일련의 요청문은 단일 트랜잭션으로 함께 그룹화될 수 있다. 바로 전의 분산 트랜잭션 단계에서, DBMS는 관련된 모든 시스템에서의 분산 트랜잭션 무결성을 보장해야 한다.

궁극적으로 분산 요청 단계의 목적은 사용자에게 분산 데이터베이스가 거대한 데이터베이스처럼 보여지도록 하는 것이다. 이상적으로는 사용자가 분산 데이터베이스의 어떤 테이블에도 완벽하게 접근할 수 있고, 데이터의 물리적인 위치를 모르더라도 SQL 트랜잭션을 사용할 수 있어야 한다.

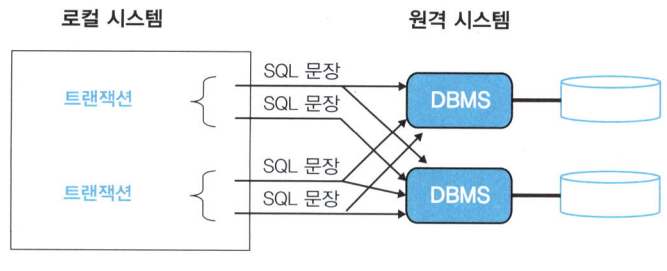

【그림 3-12】 분산 요청

5 분산 테이블

IBM에서 정의한 분산 데이터 접근 단계는 하나의 데이터베이스 테이블을 분리할 수 없는 단위로 취급한다. 그들은 하나의 테이블을 단일 DBMS 복사본의 제어하에 있는 단일 데이터베이스에 위치되는 것으로 가정한다. 분산 데이터베이스에 대한 일부 연구는 이런 제약 조건을 완화하여, 각 테이블이 두 개 이상의 시스템으로 분산되도록 허용한다.

(1) 테이블 수평 분할

네트워크상에서 테이블을 분산시키기 위한 한 가지 방법은 테이블을 수평으로 분할하여 테이블의 서로 다른 행들을 각기 다른 시스템이 저장하는 것이다. 그림 3-13은 테이블 수평 분할이 유용한 간단한 예를 보여 준다. 이 예에서, 어떤 회사가 3개의 유통 센터를 운영하는데, 각각은 재고 데이터베이스를 관리하기 위해 자신의 컴퓨터 시스템과 DBMS를 가지고 있다.

각 유통 센터에서 대부분의 활동은 지역적으로 저장 데이터를 포함하지만, 그 회사는 만일 지역 센터에서 특정 제품의 재고가 부족하면, 유통 센터에서 고객의 주문을 처리하는 정책을 갖고 있다. 이 정책을 구현하기 위해 제품 테이블은 수평적으로 세분 분할되고, 재고의 위치를 나타내는 지역

열을 포함하도록 확장된다. 각 유통 센터에 있는 재고를 기술하는 테이블 행들은 지역적으로 저장되고, 센터의 DBMS에 의해 관리된다. 그러나 주문 처리 목적을 위해 제품 테이블은 한 개 단위로서 검색 또는 갱신되는 단일 대형 테이블이다.

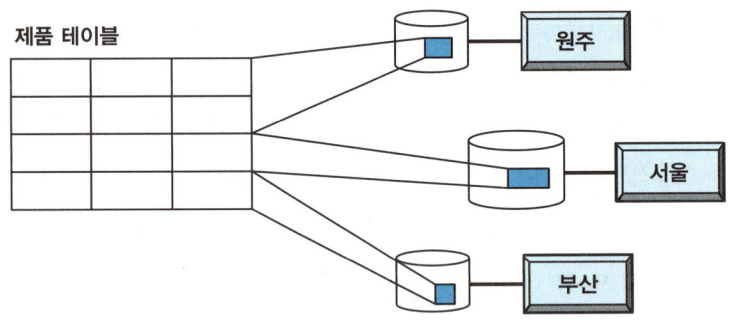

【그림 3-13】 분산 테이블의 수평 분할

(2) 테이블 수직 분할

네트워크상에서 테이블을 분할하는 또 다른 방법은 테이블을 수직적으로 분할하여, 테이블의 서로 다른 열들을 다른 시스템에 저장하는 것이다. 그림 3-14는 테이블 수직 분할의 단순한 예를 보여준다. 세일즈 테이블은 개인 정보(전화 번호, 주소, 결혼 유무 등)에 대한 새로운 행을 포함하도록 확장되었고, 이것은 주문 처리 부서와 인사 부서에서 모두 사용된다. 이들 각 부서는 자신들의 컴퓨터 시스템과 DBMS를 갖고 있다. 각 부서에서 대부분의 활동은 테이블의 하나 또는 두 개 열에 집중되어 있지만, 신상 관련 열이나 주문 관련 열을 모두 사용하는 질의와 보고서들도 많이 있다.

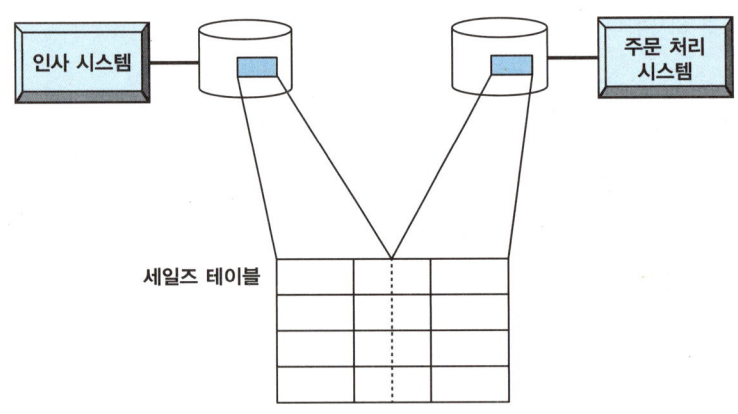

【그림 3-14】 분산 테이블의 수직 분할

제3절 DBA의 역할 및 업무 범위

기업의 방대한 자료의 양을 최소한으로 줄이고, 그 자료들을 검색하는 것이 신속하며, 필요에 따라서는 변경이 쉬워 언제든지 그 이용이 가능하도록 자료를 관리해야 한다. 이러한 목적을 달성하기 위해 하드웨어적으로는 DBM(DataBase Machine), 소프트웨어적으로는 DBMS(DataBase Management System), 그리고 데이터베이스 설계/구축/관리/운영을 주관하는 DBA(DataBase Administrator)가 필요하다.

DBM과 DBMS가 있는 상황에서, 기업이 요구하고 관리자/협업/사용자가 만족하는 응용 업무를 극대화할 수 있는 것은 DBA가 서로의 조화 속에서 상호 만족하는 데이터베이스를 생산·관리·교육하는 역할에 있다.

따라서 기업의 데이터베이스 확산과 각 프로젝트를 지원하는 데이터베이스 시스템의 전체적인 관리·운영에 대한 모든 책임을 지는 DBA 그룹이 필요하다. 이에 대한 근거 및 정착을 위해 DBA의 기능, DBA의 구성, 그리고 DBA의 역할 및 업무 범위를 기술한다.

1 DBA의 기능

기업 또는 단체에서 데이터베이스를 계획·설계·구현하고 관리 및 운영하여 데이터베이스의 질적인 성능 향상을 꾀하는 사람 또는 그룹을 DBA라 한다. 이 DBA는 데이터베이스의 확산과 유용한 정보 제공을 위해 교육과 상담을 통해 관리자, 사용자, 그리고 전산 업무 담당자와 상호 긴밀한 협조 관계를 유지해야 한다.

DBA의 일반적인 기능은 다음과 같다.

(1) 계획

전체 조직이 사업 계획을 지원하는 데이터베이스 개발을 위한 전체적인 계획을 세운다.

(2) 요구 사항 수렴 및 분석

조직에 의해서 사용되는 데이터 항목을 식별하고, 데이터 항목을 정의하고 관계를 정의한다. 또한 설계에 편의를 제공하기 위한 문서화를 수행한다.

(3) 설계

현재 그리고 향후 필요로 하는 조직의 요구 사항을 개념 설계, 논리적 설계, 물리적 설계를 거쳐 데이터베이스화한다.

(4) 구현

물리적으로 데이터베이스를 생성하고, 업무에 필요한 응용 프로그램을 개발한다.

(5) 운영 및 유지보수

데이터베이스의 보관 및 복구, 보안, 그리고 무결성 제공을 위해 주기적인 백업과 데이터 손상 시의 복구 등의 성능 향상을 지원한다.

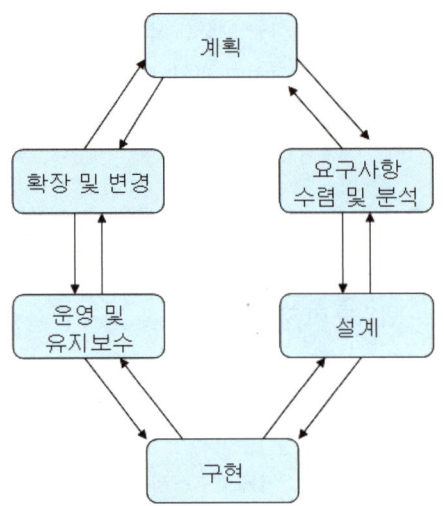

【그림 3-15】 DBA를 위한 데이터베이스 개발 주기

2 DBA의 구성

(1) DBA 기능을 지원하기 위한 위상(Topology) 유형

1) 자문을 위한 DBA

1명 또는 4명의 소규모 집단으로 MIS 관리자에게 직접 보고하는 권한을 가진다. 이 유형의 DBA는 데이터베이스 계획, 연구, 정책 결정 정도로 기능이 제약적이다. 또한, 데이터베이스 개발 단계 중 초기의 계획 전략 동안만 DBA가 투입되는 유형이다.

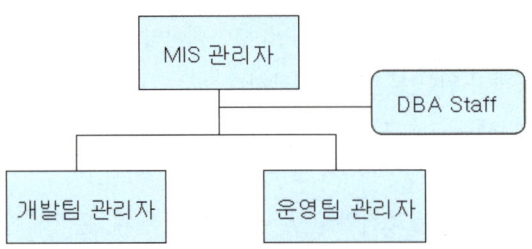

【그림 3-16】 자문의 역할을 하는 DBA의 위상

2) 기능 지원을 위한 DBA

모든 프로젝트 그룹이 필요에 따라 지원을 요청할 수 있으며, 지원팀의 관리자에게 보고하는 권한을 가진다. 이 유형의 기법은 일반적으로 비효율적이다. 왜냐하면 DBA는 응용 업무의 우선순위에 따라 실제적으로 투입할 수 없으며 데이터베이스에 대한 통제가 불가능하기 때문이다.

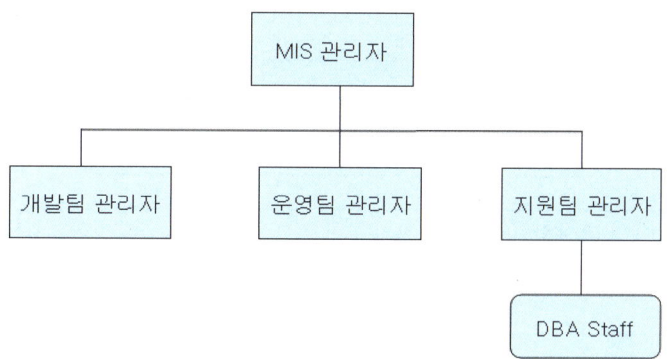

【그림 3-17】 기능 지원의 역할을 하는 DBA의 위상

3) 프로젝트 지원을 위한 DBA

이 조직의 DBA는 데이터베이스 설계 수행, 데이터베이스 운영 및 제어를 수행함으로써 프로젝트팀을 지원하며 보고는 프로젝트 개발 관리자에게 한다. 이 조직상의 기법은 비효율적이다. 왜냐하면 DBA는 단일 응용 업무 영역이 아닌 조직 전체 관점으로 데이터에 접근하므로 정확성과 정밀성 측면에서 부족하기 때문이다.

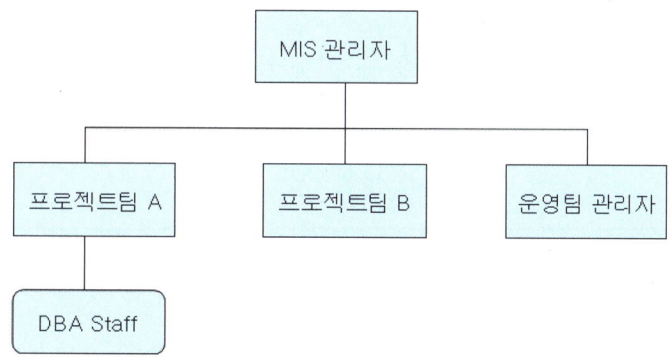

【그림 3-18】 프로젝트 지원의 기능을 하는 DBA의 위상

4) 관리적 기능을 수행하는 DBA

보고는 MIS 관리자에게 직접 보고하며, 프로젝트 관리자보다 조직상에서 높은 위치에 있다. 이 조직의 DBA는 시스템 개발과 데이터 제어를 위한 표준을 만들고 선포할 수 있다. 이 조직은 데이터베이스를 안전하고 효율적으로 관리하기 위해 회사에서 DBA 조직이 강력한 위치에 있으므로 다른 DBA 유형보다 이상적이다.

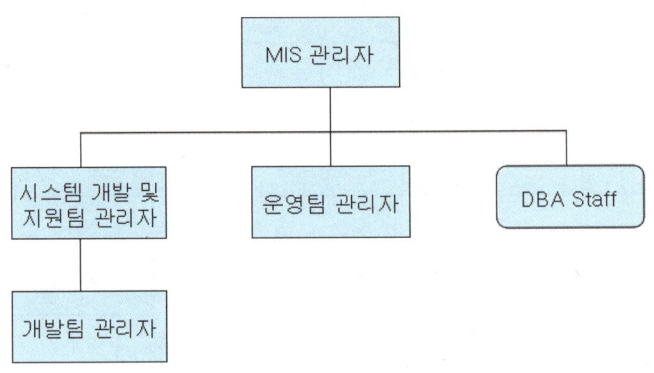

【그림 3-19】 관리적인 역할을 하는 DBA의 위상

(2) DBA 조직의 유형

1) 수평적인 DBA 조직

초기 DBA 조직의 유형으로서, DBA 관리자에게 직접 보고하는 몇 명의 개별 기능 소유자로 구성된다.

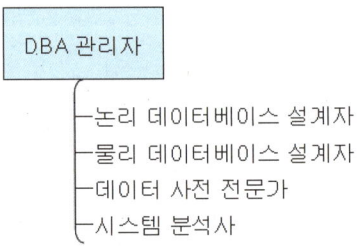

【그림 3-20】 수평적인 DBA 조직의 구성도

2) 기능별 DBA 조직

DBA 조직이 확대됨에 따라, 기능적 분담에 따라 구성된 유형이다. 일반적으로 데이터베이스 설계, 데이터베이스 사전, 데이터베이스 운영 및 제어를 수행하는 세 부류의 기능적 조직으로 구성된다. 각 기능적 분담 조직의 선임은 DBA 관리자에게 직접 보고한다. 그림 3-21의 점선 부분은 DBA 조직이 확장되는 경우에 포함되어야 할 기능이다.

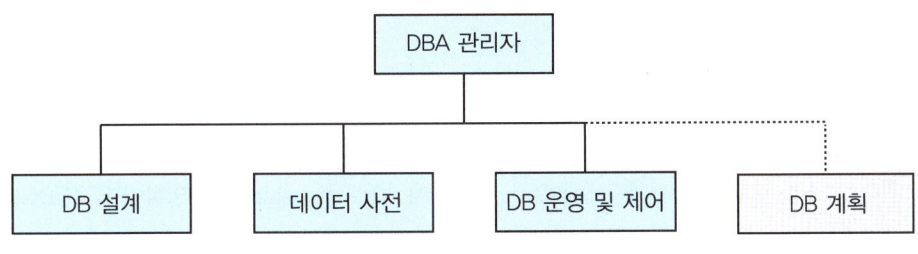

【그림 3-21】 기능별 DBA 조직의 구성도

3) 프로젝트 지향적 DBA 조직

이 조직은 데이터베이스 설계자들이 개별 응용 업무 또는 프로젝트 영역에 할당되며, 다른 지원 그룹(DBMS와 데이터 사전)은 DBA 관리자에게 계속해서 직접 보고한다. 이 유형은 데이터베이스 설계자에게 주어진 업무 영역의 요구 사항에는 매우 친숙하고 잘 알 수 있게 하지만, 여러 기능을 통합하는 데 방해하는 경향이 있으므로 역기능적이라 할 수 있다.

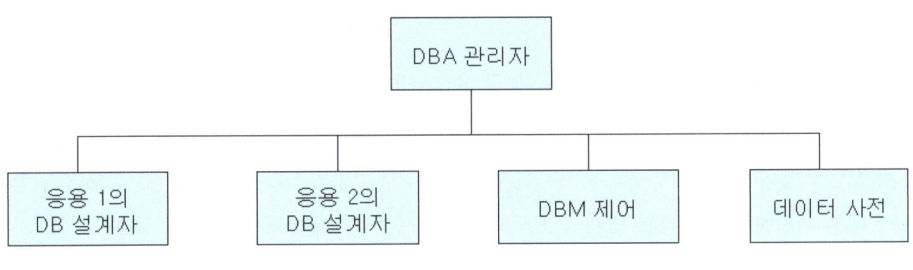

【그림 3-22】 프로젝트 지향적 DBA 조직의 구성도

4) 매트릭스형 DBA 조직

이 조직은 특정 DBA 업무를 수행하는 요원들이 DBA 조직 외의 그룹에 할당된다. 이러한 조직은 시스템 개발을 위한 프로젝트 그룹, 최종 사용자 그룹, 또는 어떠한 컴퓨터 운영자 그룹에 포함된다. 이렇게 할당된 조직은 DBA 관리자에게 보고하는 간접적인 관계를 유지한다.

이 조직의 장점은 융통성에 있다. 즉, 필요로 하는 조직에 즉시 쉽게 적응할 수 있다는 것이다. 그러나 두 가지 단점을 가지고 있다. 첫째로, 이중 보고 관계는 혼란과 충돌의 원인이 될 수 있다. 둘째로, DBA 관리자의 권한이 약해진다는 것이다.

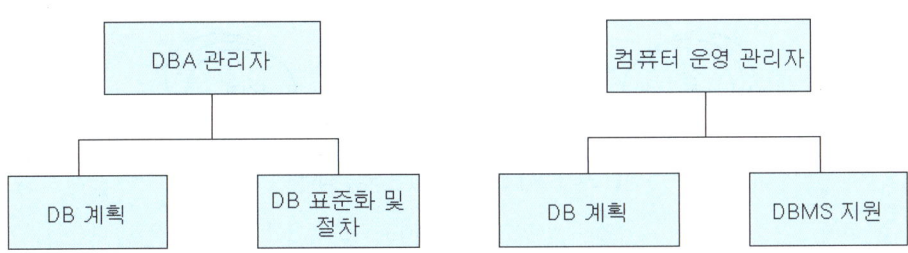

【그림 3-23】 매트릭스형 DBA 조직의 구성도

3 DBA의 역할 및 업무 범위

(1) 데이터베이스 계획

이 업무는 기업 환경을 예측하고 조직의 목적, 관점, 전략, 자원 요건, 정책, 그리고 제약 조건을 계획하는 사업 체제 계획 단계, 개체(Entity)와 관계성(Relationship)을 식별하여 E-R Diagram을 생성하는 정보 모델화 단계, 그리고 데이터베이스 유형을 업무와 기업 실정에 맞게 선정하는 데이터베이스 선정 단계를 거친다.

(2) 요구 사항 수렴 및 분석

데이터베이스는 복잡하고 대형화되고 있으며, 데이터베이스 설계자들은 체계화된 데이터베이스 설계 절차에 많은 관심을 가지고 있다. 따라서, 데이터베이스 설계 과정의 신뢰성을 높이기 위해 충분한 요구 분석이 요구된다. DBA는 조직체들 간에 많은 차이점이 존재한다는 것을 인식하고, 인터뷰를 주관할 필요성이 있으며 이해와 대화의 영역을 만들어 줄 의무가 있다. DBA의 주요 인터뷰 영역은 다음과 같다.

DBA는 요구 사항 수렴 및 분석을 위해 각 요소와의 인터뷰를 통해 데이터베이스의 현재 및 향후 범위를 정의하고, 데이터 사용에 관한 정보 수집 작업을 시작한다. 조직체의 운영 기능과 데이터 사용에 모아진 정보는 데이터베이스 설계 과정의 기본 입력으로 제공된다. 이 정보를 수집하기 위해 매우 조직화된 인터뷰를 실시하고 문서화한다. 인터뷰 과정 동안에 모인 정보를 사용 가능한 형태로 번역하기 위해 데이터 항목 식별, 운영 Task 식별, 제어와 계획 Task 식별, 그리고 현재와 향후 운영 전략을 식별한다.

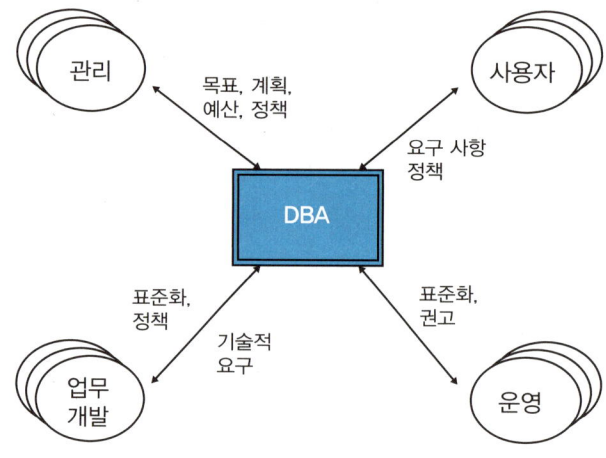

【그림 3-24】 DBA의 주요 인터뷰 영역

(3) 데이터베이스 설계

데이터베이스의 설계는 기업에서 요구하는 형태의 데이터를 정확하고 일관성 있게 제공하기 위해 조직체 관점의 데이터 구조로 표현한다. 우선 조직체 관점의 데이터로 표현하기 위해 E-R Diagram으로 표현하며, 이를 컴퓨터 세계에서 사용자가 이해할 수 있는 DBMS-적용 가능 형태로 표현한다. DBMS-적용 가능 형태는 계층형, 망형, 관계형 등의 데이터 구조로 표현한다.

(4) 데이터베이스 구축

DBA가 데이터베이스를 구축하기 위해서는 다음과 같은 사항을 수행하여야 한다.

① DBA는 카탈로그, 테이블, 인덱스, 뷰, 그리고 무결성 제약 조건 등을 생성한다.
② 응용 프로그램의 표준안과 SQL 코딩 표준안을 정하여 효율적으로 유지 보수에 편의를 제공한다.
③ 데이터베이스는 많은 사용자에 의해 공유되므로 비밀 번호, 접근 테이블, 암호화 기능과 같은 적절한 보안 기능을 개발한다.
④ 일단 테이블을 생성하면, 생성된 테이블로 데이터를 입력해야 한다. 이러한 작업은 SQL DML 문의 "INSERT"나 DBMS에서 제공하는 "LOAD" 명령어를 사용한다.
⑤ 새로운 응용 프로그램이 데이터베이스와 연동되어 수행되기 전에 테스트 계획서를 세워 신중히 검토한다. 이때, 단위 테스트를 거쳐 통합 테스트를 완료하면 테스트 결과서를 작성한다.
⑥ 데이터베이스 보관과 복구를 위한 절차를 설정한다.
⑦ 관리자, 일반 사용자, 시스템 관리자들과 같은 여러 사용자 그룹이 데이터베이스를 사용할 수 있도록 교육을 실시한다.

(5) 데이터베이스 운영 및 유지 보수

1) 데이터베이스 성능 통제

DBA는 데이터베이스 성능에 영향을 주는 요소를 결정하여 표준을 제시하고 이에 준하도록 유도한다. 성능에 영향을 미치는 요소는 다음과 같다.

① 데이터 정규화
② 키의 사용
③ 제약 조건의 정의
④ 데이터의 논리적 뷰 생성
⑤ 인덱스 생성
⑥ 파일의 블록 크기

2) 데이터베이스 조율(Tune)과 재조직(Reorganization)

DBA는 성능을 위해 필요하다면 데이터베이스를 조율 및 재조직해야 한다.

3) 표준화 노력

DBA는 질적으로 안정되고 효율적인 DBA의 기능을 수행하기 위해 표준을 검토하고, 표준화 절차를 강화한다.

4) 사용자 지원

사용자가 불편함과 어려움을 겪지 않도록 DBA는 데이터베이스를 사용하는 사용자를 지원한다.

(6) 데이터베이스의 변경

데이터베이스의 변경 유형은 크기의 변경, 내용 또는 구조의 변경, 사용 패턴의 변경이 있다. 이에 대한 대응책은 표 3-1과 같다.

【표 3-1】 데이터베이스 변경에 대한 대응

변경의 유형	검출 방법	가능한 대응책
크기	공간 이용의 분석	공간 재할당
내용 및 구조	새로운 응용의 요구 사항 분석	논리적/물리적 구조 변경
사용 패턴	성능 모니터링	재조직 : 접근 방법 변경 등

요약

질의를 내부의 관계 대수 형태로 변환한 후 최적화 과정을 시작한다. 최적화의 첫째 단계는 관계 대수 레벨에서 행해진다. 주어진 수식과 동등하나 좀 더 효율적으로 실행할 수 있는 수식을 찾는다. 다음 단계는 질의를 처리하는 세부적인 전략의 선택에 관한 것이다.

질의를 실행하는 전략을 정확하게 결정해야 한다. 어떤 색인을 사용할지도 결정해야 한다. 또한 튜플이 처리되는 순서도 결정해야 한다. 전략의 마지막 선택은 주로 요구되는 디스크 액세스의 횟수에 근거하여 행해진다.

1989년 IBM은 자사의 SQL 제품에서 분산 데이터의 접근을 위한 단계적 계획을 발표했다. 이는 원격 요청, 원격 트랜잭션, 분산 트랜잭션, 그리고 분산 요청이다.

제2장 연습 문제

01 질의 처리의 어느 시점에서 최적화 과정을 수행하는지 설명하시오.

02 세미조인(SemiJOIN)을 설명하고, 분산 데이터베이스 시스템에서 세미조인의 필요성을 설명하시오.

03 DBA의 기능을 설명하고, DBA의 기능을 지원하기 위한 위상 유형을 종류별로 설명하시오.

04 DBA 조직의 유형을 설명하고, DBA의 업무 및 역할을 설명하시오.

제3장 SQL 튜닝 성능 분석 및 개선

- 제1절 성능 분석 자료 수집 및 개선 방안 도출
- 제2절 데이터베이스 설계 문제점 분석 및 개선
- 제3절 SQL 문 개선 항목 도출 및 개선
- 제4절 데이터베이스 시스템 성능 문제점 분석 및 개선
- 제5절 데이터베이스 성능 개선 계획 수립
- 제6절 성능 개선 결과 평가
- 요약
- 연습 문제

이 장에서는 데이터베이스 객체 현황을 분석하고 성능상의 문제점 분석을 위한 모니터링 수행을 통해 자료를 수집하고, 데이터베이스 객체 구조 및 개념 모델링, 논리적·물리적 데이터베이스 설계상의 문제점을 분석한 후, 데이터베이스 성능 모니터링을 통해 비효율적으로 수행되는 SQL 문장의 개선 항목을 도출할 수 있다. 또한 데이터베이스 시스템 모니터링을 통해 데이터베이스 성능에 영향을 미치는 문제점을 파악하여, 데이터베이스 성능 목표를 수립하고 목표에 대한 구체화 및 성능 개선 일정을 수립할 수 있다.

제1절 성능 분석 자료 수집 및 개선 방안 도출

1. 데이터베이스 성능 개선

데이터베이스 성능 개선 방법론은 성능 개선을 위해 필요한 다양한 수행 방법과 각 수행 방법을 효율적으로 처리하기 위한 처리 단계, 단계별 수행 목록, 산출물, 도구 등을 표준화한 것이다. 데이터베이스 성능 개선은 분석, 이행, 평가의 3단계로 진행된다.

(1) 분석 단계

분석 단계에서는 데이터베이스 성능 요구 사항에 대한 목표 설정을 주요 내용으로 진행한다.

① 자료 수집 : 데이터베이스 모니터링과 데이터베이스 객체 현황 파악 및 논리 데이터베이스 설계, 물리 데이터베이스 설계 요소에 대해 성능과 관련된 자료들을 분석하기 위한 기초 자료를 수집하는 단계이다.

② 목표 설정 : 수집된 자료를 기초로 데이터 모델 분석, 액세스 패스 분석, 시스템 자원 현황 분석, SQL 성능 분석, SQL 효율 분석 등을 종합하여 성능상의 병목이나 지연 등과 같은 문제 요소 등을 구체적으로 파악하고 성능 튜닝의 대상이 되는 목표를 구체화하는 단계이다.

(2) 이행 단계

데이터베이스 성능 개선 이행 단계에서는 성능상의 문제 요소로 파악된 대상에 대한 목표 대비 최적화 방안을 수립하고 적용하는 단계이다.

- 데이터베이스 파라미터(Parameter) 조정
- 전략적인 저장 기법 적용을 위한 물리 설계 및 디자인 검토
- 비효율적으로 수행되는 SQL 문에 대한 최적화
- 네트워크 부하 등을 고려한 데이터베이스 분산 구조에 대한 최적화
- 적절한 인덱스 구성 및 사용을 위한 인덱스 설계 등의 최적화 작업

(3) 평가 단계

데이터베이스 성능 개선 평가 단계에서는 분석 단계에서 수집된 자료와 목표 설정 대비 이행 단계에서 구체적인 성능 개선 작업의 수행 이후 성과를 비교 측정하는 단계이다.

데이터베이스 성능 개선 목표와 성과의 차이가 있다면 추가적으로 성능 개선이 필요하다.

2 성능 개선 방안 도출

데이터베이스 성능은 시스템이 기능을 수행할 때 얼마나 빨리, 얼마나 잘 처리할 수 있는지를 정의하는 것으로, 성능 요구 사항은 특정 조건에서 기능을 수행할 때 필요한 시간이나 처리량 또는 자원의 최대 사용치를 기술한 것이다.

(1) 성능 요구 사항 구성

데이터베이스 성능 요구 사항 이름은 해당 성능을 나타낼 수 있는 이름을 부여하고, 요구 사항 내용은 시간 효율성, 처리 효율성, 자원 효율성 측면에서의 개선 목표를 정의한다.

① 시간 효율성 : 처리 시간

시스템이 정상이나 부하 상태에서 기능을 수행할 때 처리에 필요한 평균 시간을 기술한다.
- 평균 응답 시간
- 평균 처리 시간
- 평균 전송 시간

② 처리 효율성 : 처리량

시스템이 정상이나 부하 상태에서 기능을 수행할 때 동시 또는 최대로 처리할 수 있는 양을 기술한다.
- 동시 처리 능력 : 동시 접속자 수, 동시 데이터 처리 수
- 최대 처리 능력 : 최대 사용자 수, 최대 데이터 처리 수

③ 자원 효율성 : 자원 사용량

시스템이 정상이나 부하 상태에서 기능을 수행할 때 필요한 자원의 최대 사용치를 기술한다.
- 메인 메모리 사용률(점유율)
- CPU 사용률(부하율)
- 입출력 자원 사용률

(2) 데이터베이스 성능 요구 사항 분석 절차

데이터베이스 성능 요구 사항 분석은 자료 수집 단계와 목표 수립 단계로 구성된다.

【표 3-2】 성능 요구 사항 분석

구분	수행 방법
자료 수집	데이터베이스 모니터링 데이터베이스 객체 현황 분석 데이터베이스 개념 모델링, 논리적·물리적 설계 현황 분석 비효율적 SQL 문장 분석 데이터베이스 시스템 구성 분석

목표 수립	데이터 모델 개선 목표 수립 SQL 문장 개선 목표 수립 데이터베이스 시스템 구성 개선 목표 수립

자료 : 데이터베이스 진흥원

① 자료 수집

자료 수집은 데이터베이스 시스템의 성능상의 병목 또는 지연 현상을 분석하여 개선 항목을 도출하기 위해 데이터베이스의 모니터링 수행을 통해 성능 개선에 필요한 자료를 수집하는 단계이다. 데이터베이스 성능 평가 기준치(Baseline) 설정을 위해 시스템이 정상적인 서비스를 제공하고 있는 시점에서 표준 업무 시간대 또는 업무 시간대 기준 사용량 최고치 시간대를 기준으로 확보하였다가 성능상의 저하 현상, 또는 장애가 발생한 경우 비교·분석하여 그 원인을 효율적으로 파악할 수 있어야 한다.

② 목표 수립

데이터베이스 성능 목표 수립은 수집된 자료를 기초로 1) 데이터 모델 개선, 2) SQL 문장, 3) 데이터베이스 시스템 구성 측면에서 성능 개선 목표를 수립하는 단계이다. 데이터베이스 성능 목표는 다음 사항을 고려하여 수립한다.

- 성능 목표는 검증이 가능하도록 목푯값을 가능한 한 정량적으로 기술한다.
- 업무 형태(예를 들어, 온라인 트랜잭션 또는 일괄 처리 업무)에 따라 성능 요구값이 다를 수 있는 것을 고려하여 목표를 정의한다.
- 자원 효율성 관련 목표는 시스템 확장성을 고려하여 정의한다.
- 비용 대비 효율성을 고려하여 목푯값을 기술한다.

(3) 데이터베이스 성능 저하 요인 분석

데이터베이스 성능 문제는 하드웨어(CPU, 메모리, 네트워크 등) 자원 부족, DBMS 설계, SQL 비효율 등의 문제로 발생되는 경우가 대부분이며, 많은 비용을 들여 고성능의 하드웨어 교체 및 증설을 통해 성능상의 문제를 해결하기 이전에 데이터베이스 성능상의 문제점을 파악한 후 문제점의 개선을 통한 데이터베이스 최적화를 우선적으로 고려해야 한다.

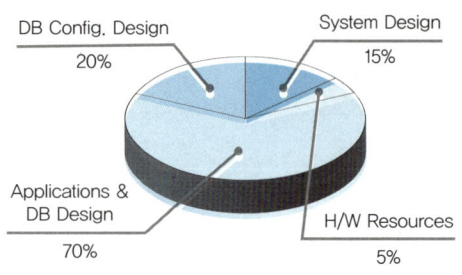
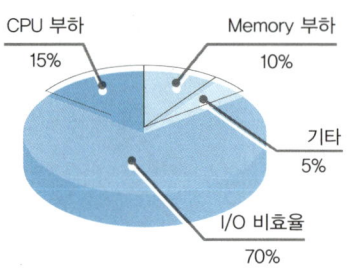

시스템 성능 저하의 요인   DB 설계의 문제와 응용 프로그램
문제로 인한 성능 저하 요인

자료 : 한국 데이터베이스 진흥원

【그림 3-25】 데이터베이스 성능 저하 요인

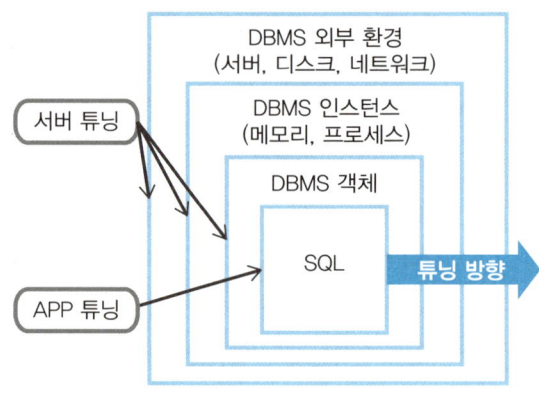

자료 : 한국 데이터베이스 진흥원

【그림 3-26】 데이터베이스 성능 개선 접근 방법

3 시스템 구축 시 성능 개선 순서

시스템 구축 시 성능 개선을 일반적으로 다음과 같은 순서로 진행해야 데이터베이스가 가장 좋은 성능을 낼 수 있다. 구축 시 데이터베이스를 설계할 때부터 성능을 고려해서 모델링한다면 나중에 성능 문제점을 개선하는 시간과 비용을 줄일 수 있다.

(1) 데이터베이스 설계 개선

데이터베이스 모델링 단계부터 성능을 고려한 데이터 모델링을 수행해야 한다. 데이터베이스 설계가 잘못되었을 경우에는 테이블 구조를 변경시키거나 더 많은 테이블을 생성해야 하는 경우가 발생한다. 또한 SQL 문장만으로 해결할 수 있는 작업을 애플리케이션 프로그램으로 처리해야 하는 문제점을 발생시킬 수 있다.

(2) 애플리케이션 개선

애플리케이션의 화면 설계에서부터 관련된 SQL 문장을 튜닝해야 한다. 애플리케이션에서 사용하는 SQL 문장을 얼마나 정확하게 작성하느냐에 따라 데이터베이스의 성능에 커다란 영향을 미친다. 가령, 애플리케이션에서 사용하는 SQL 문장을 작성할 때 인덱스를 스캔하여 처리할 수 있는 경우임에도 전체 테이블을 스캔하도록 작성한다면 성능 저하가 발생한다.

(3) 메모리 크기 조정

DBMS 공유 메모리 영역을 적절하게 구성해야 한다. 데이터베이스의 모든 사용자의 트랜잭션이 메모리에서 원하는 값을 읽을 수 있다면 최적의 성능을 낼 수 있을 것이다.

데이터베이스 관리자는 DBMS 메모리 영역의 사용 현황을 모니터링하고 해당 파라미터 값을 적절하게 조정함으로써 공유 메모리 크기를 최적으로 설정해야 한다.

(4) I/O 개선

데이터를 읽고 쓰기 위해서는 디스크에 있는 데이터를 DBMS 메모리로 가져오거나 메모리에 있는 데이터를 디스크로 내려 써야 한다. 이때 서로 다른 I/O 채널을 갖는 여러 개의 디스크에 대해 병목 현상이 발생하지 않도록 읽기·쓰기 작업을 적절하게 분산해야 한다.

(5) 데이터베이스 경합 개선

경합이란 하나의 자원을 둘 이상의 프로세스가 점유하려고 할 때 발생하는 현상을 말한다. 경합이 발생한다는 것은 자원을 점유하지 못한 프로세스들이 대기 상태가 된다는 것을 의미하며, 이러한 현상은 데이터베이스 성능에 커다란 영향을 미친다. 이를 방지하기 위해 DBMS에서 제공하는 자원 경합 관리 방법을 활용해서 되도록 경합이 발생하지 않도록 해야 한다.

(6) OS 자원 개선

운영 체계 자원의 활용도를 높이기 위해 CPU, 메모리 추가, 디스크 분산 구성 등 운영 체제 측면에서 개선 방안을 수립하는 것으로 (1)~(5)번 방법을 적절하게 수행했음에도 성능 문제를 해결할 수 없는 경우 마지막에 수행한다.

제2절 데이터베이스 설계 문제점 분석 및 개선

1 데이터베이스 모델 분석

슈퍼·서브 타입 데이터 모델은 업무를 구성하는 데이터의 특징을 공통점과 차이점을 고려하여 효과적으로 표현한 확장 ER 모델의 구성 요소이다. 공통점을 슈퍼 타입으로 모델링하고 차이점은 서브 타입에 표현한 후 공통 속성이 필요한 경우 슈퍼 타입으로부터 상속받아 사용할 수 있게 구성하여, 업무의 모습을 정확하게 표현하면서도 물리 데이터 모델로 변환할 때 선택의 폭을 넓힐 수 있다는 장점이 있다. 슈퍼·서브 타입을 물리 데이터 모델로 변환할 때는 데이터양과 해당 테이블에 발생하는 트랜잭션의 유형에 따라 변환 기준을 결정한다.

(1) 소량 데이터를 갖는 슈퍼·서브 타입 변환

데이터가 소량일 경우 성능에 영향을 미치지 않기 때문에 데이터 처리의 유연성을 고려하여 가급적 슈퍼·서브 타입 간 1:1 관계를 유지하는 것이 좋다. 데이터양이 아주 적고 시스템을 운영하는 중에도 증가하지 않는다면 전체를 하나의 테이블로 묶는 것도 좋은 방법이다.

(2) 대량 데이터를 갖는 슈퍼·서브 타입 변환

데이터양이 많고 지속적으로 증가하는 양도 많다면 슈퍼·서브 타입의 물리 모델로 변환할 때 자주 발생하는 트랜잭션의 유형에 따라 변환 방법을 신중하게 선택해야 한다.

① 개별 테이블 구성

업무적으로 발생하는 트랜잭션이 슈퍼 타입과 서브 타입 각각에 대해 발생하는 경우는 각각을 개별 테이블로 구성한다. 즉, 슈퍼 타입과 서브 타입 각각을 꼭 필요한 속성만으로 구성한 개별 테이블로 변환하여 1:1 관계를 갖도록 구성한다.

② 슈퍼 타입 + 서브 타입 테이블 구성

슈퍼 타입과 서브 타입을 묶어서 접근하는 트랜잭션이 발생할 때에는 슈퍼·서브 타입을 하나로 묶어 테이블을 구성하는 것이 효율적이다.

③ 하나의 테이블 구성

슈퍼 타입과 서브 타입에 모두 접근하는 트랜잭션이 발생할 경우에는 전체를 하나의 테이블로 변환한다. 슈퍼 타입과 서브 타입을 개별로 분리할 경우 조인을 유발하거나 UNION ALL과 같은 연산을 수행하는 경우가 발생해 성능이 저하될 수 있다.

2 데이터베이스 트랜잭션 분석

데이터베이스 트랜잭션 분석은 테이블에 발생하는 트랜잭션 양에 따라 데이터베이스 용량을 산정하여 데이터베이스 구조를 최적화하는 데 목적이 있다. 데이터베이스에 어떤 트랜잭션이 어느 정도 발생하는지를 분석하고 그에 따라 데이터베이스 용량 및 구조 설계를 적절하게 수행한다.

(1) CRUD 매트릭스를 이용한 트랜잭션 분석

애플리케이션 프로세스 모델링에서 도출한 단위 프로세스와 테이블과의 데이터베이스 연산 관계를 표현한 CRUD 매트릭스를 기반으로 트랜잭션 분석서를 생성한다.

【표 3-3】 트랜잭션 분석서 구성 항목

구성 항목	설명
단위 프로세스	업무를 발생시키는 가장 작은 단위의 프로세스. 업무 기능을 분해하는 과정에서 더 이상 분해할 수 없는 프로세스 정의
CRUD 연산	단위 프로세스가 테이블에 영향을 주는 Create, Read, Update, Delete 연산
테이블·컬럼 명	단위 프로세스가 액세스하는 테이블·컬럼 명
테이블 참조 횟수	단위 프로세스당 테이블 참조 횟수
트랜잭션 수	단위 프로세스에 대해 주기별로(일, 월, 분기, 년) 트랜잭션이 발생하는 횟수
발생 주기	일, 월, 분기, 년 등 발생 주기를 특정 단위로 표준화 관리

(2) 트랜잭션 분석서 이용

트랜잭션 분석서는 데이터베이스 용량 산정 및 디스크 구성 전략 수립 시 근거 자료로 이행한다.

① 데이터베이스 용량 산정 근거 자료

모든 테이블에 대해 데이터양을 초기에 알 수는 없지만 알 수 있는 테이블의 모든 생성 트랜잭션 수를 파악한 다음 그 테이블에서 연관된 테이블들의 생성 트랜잭션을 분석해 나가면 각 테이블에 저장되는 데이터양을 유추할 수 있다.

② 디스크 구성 근거 자료

테이블에 발생하는 트랜잭션 수가 많을 경우, 디스크 I/O의 집중화 현상을 방지하기 위해 데이터베이스 파일을 여러 개의 디스크에 나누어 설계하고, 테이블 공간도 여러 디스크에 나누어 설계할 수 있다.

③ 데이터베이스 연계 채널 분산

트랜잭션 관리 미들웨어는 데이터베이스와 통신하기 위해 데이터베이스와 미리 세션을 맺고 연결된 세션을 통해 업무 프로세스가 데이터베이스와 통신할 수 있도록 트랜잭션을 제어한다. 이때 각 채널별로 집중화된 트랜잭션을 분산시켜 연결 대기 현상이나 타임아웃 오류가 발생하는 것을 방지할 수 있다.

3 채번 방식 분석

어떤 채번 방법을 적용하는지에 따라 성능 저하가 발생하는 경우도 있으므로 데이터양과 트랜잭션 수를 고려하여 적절한 채번 방식을 선택해야 한다.

(1) 채번 테이블 사용

별도의 채번 테이블을 이용하여 일련 번호를 증가시키는 방법으로, 중복된 값이 입력되는 오류가 없고 순차적인 데이터 입력이 가능하지만, 채번 테이블에 대한 잠금 현상이 유발되어 성능이 저하되고 채번 테이블을 관리하는 비용이 발생한다.

데이터 트랜잭션이 적을 때, 업무 특성상 성능이 문제되지 않을 때 적용 가능하다. 트랜잭션이 대량으로 발생해서 중복 오류가 발생할 가능성이 있고 데이터도 순차적으로 입력이 되어야 할 경우 채번 테이블을 이용한다.

(2) 테이블에 최댓값 적용

해당 테이블의 일련 번호에 최댓값 + 1을 가져와서 입력하는 방법으로 순차적 데이터 입력이 가능하고 빠른 성능과 별도의 관리 비용이 발생하지 않는다는 장점이 있지만, 트랜잭션이 동시에 많이 발생할 경우 중복 오류가 발생할 수 있다.

트랜잭션이 아주 많지 않고 데이터 중복 에러에 대해 보완 처리가 가능하다면 최댓값 기반 채번 방식을 사용한다.

(3) 시퀀스 오브젝트 이용

DBMS에서 제공하는 일련 번호 증가 객체를 이용하여 처리하는 방법으로 성능이 빠르고 중복 에러가 없으나 순차적인 일련 번호 입력은 불가능하다.

대량의 트랜잭션이 발생하고 순차적 데이터 입력이 요구되지 않는다면 시퀀스 오브젝트를 이용한다.

4 데이터베이스 설계 개선

데이터베이스 설계 개선을 위해 논리적, 물리적 데이터베이스 설계상의 문제점에 대한 개선 방안을 수립하고, 설계 변경을 수행하며, 설계 변경 항목에 대한 영향도 검토를 수행해야 한다.

반정규화는 논리 데이터 모델링 작업 과정에서 정규화된 테이블, 속성, 관계를 시스템의 성능 향상, 개발과 운영을 단순화하기 위해 데이터 모델을 통합하는 프로세스를 말한다. 반정규화할 때 중요하게 검토해야 할 기준은 테이블의 속성과 관계에 대해 데이터 정합성과 무결성을 우선으로 할지 데이터베이스 단순화와 성능을 우선으로 할지이다.

(1) 정규화와 반정규화

정규화된 논리 데이터 모델은 테이블, 속성, 관계들이 중복되지 않아 데이터의 입력, 수정, 삭제가 발생하여도 데이터 값이 변질되거나 이질화될 가능성이 없다. 대신 테이블이 여러 개 생성되어야 하므로 개발 시 SQL 문장 작성이 용이하지 않고 여러 개의 테이블을 조인해야 하므로 조회 성능이 저하될 가능성이 있다.

정규화된 테이블을 통합하거나 컬럼을 분할하거나 하는 반정규화를 수행하면 여러 개의 테이블을 읽지 않아도 되므로 SQL 문이 단순해지고 성능이 향상될 가능성이 많지만, 데이터가 여러 테이블에 걸쳐 존재하므로 똑같은 성격의 데이터 값이 다르게 되는 경우가 발생할 수 있다.

(2) 반정규화 절차

① 반정규화 대상 조사
  ㉠ 자주 사용되는 테이블에 접근하는 프로세스의 수가 많고, 항상 일정한 범위만을 조회하는 경우 반정규화를 검토한다.
  ㉡ 테이블에 대량의 데이터가 있고 대량의 데이터 범위를 자주 처리하는 경우 처리 범위를 일정하게 줄이지 않아 성능을 보장할 수 없을 때 반정규화를 검토한다.
  ㉢ 통계 정보가 필요할 때 별도의 통계 테이블을 생성한다.
  ㉣ 테이블에 지나치게 많은 조인이 걸려 데이터를 조회하는 작업이 어려울 경우 반정규화를 검토한다.
② 반정규화 대상에 대한 다른 방법 검토
  ㉠ 지나치게 많은 조인이 걸려 데이터를 조회하는 작업이 어려울 경우 뷰를 사용하면 해결될 수도 있다.

㉡ 대량의 데이터 처리로 인해 성능이 저하되는 경우 클러스터링을 적용하거나 인덱스를 조정함으로써 성능을 향상시킬 수 있다.
㉢ 대량의 데이터는 PK의 성격에 따라 파티셔닝 기법을 적용해서 성능 저하를 방지할 수 있다.
③ 반정규화 적용
㉠ 테이블 통합, 분할, 테이블 추가 등 테이블 반정규화를 통해 성능을 향상시킬 수 있다.
㉡ 중복 컬럼 추가, 유도 컬럼 추가, 이력 테이블 기능 컬럼 추가 등 컬럼 반정규화를 통해 성능을 향상시킬 수 있다.
㉢ 데이터 조회 경로를 단축하기 위해 관계의 중복 추가(PK 컬럼 중복 추가)를 통해 성능을 향상시킬 수 있다.

(3) 식별, 비식별 관계 개선

데이터 모델 관계 도출 시 식별 관계와 비식별 관계의 의미를 정확하게 이해하고 업무적 특징, 조인 관계, PK 구성을 고려하여 식별과 비식별 관계를 결정해야 한다.

① 식별 관계

부모 테이블과 자식 테이블 간의 식별 관계는 부모 테이블의 키가 자식 테이블의 PK에 포함되는 강한 연결 관계를 말한다. 자식 테이블은 부모 테이블에 종속적이며 상속받은 PK 속성은 다른 테이블과 관계를 맺을 때 또 다시 이전될 수 있다.

② 비식별 관계

부모 테이블의 PK가 자식 테이블과 독립적으로 구성하며, 부모 테이블이 자식 테이블과 선택적으로 참여한다. 상속받은 일반 속성에 포함되는 약한 연결 관계를 말한다. 자식 테이블은 부모 테이블에 독립적이며 상속받은 PK 속성은 다른 테이블에 재상속되지 않는다.

③ 식별과 비식별 관계 영향
㉠ 식별 관계만을 이용하여 데이터 모델링을 수행할 경우, PK 속성의 숫자가 증가할수록 관련된 SQL 구문이 복잡해져 개발 오류를 유발하게 된다.
㉡ 비식별 관계만을 이용하여 데이터 모델링을 수행할 경우, 테이블 간의 과다한 조인을 유발하여 조인에 의한 성능 저하가 발생할 수 있다.

(4) 이력 데이터 개선

이력 데이터는 시간에 따라 반복적으로 발생하기 때문에 다른 테이블에 비해 대량의 데이터가 테이블에 적재될 가능성이 크다. 이로 인해 성능에 영향을 주는 경우가 많다.

① 이력 테이블 유형
　㉠ 내부 스냅숏 이력
　　별도의 테이블 없이 시간에 따라 자기 자신의 테이블에 이력 데이터가 발생되는 구조로 이력 테이블이 마스터이므로 관계를 통해 PK가 상속되며 일부 속성값이 변경되어도 전체 속성값이 생성되는 단점이 있다.
　㉡ 1:M 스냅숏 전체 이력
　　별도의 테이블의 마스터 테이블의 현재 정보를 포함해 변경된 모든 정보를 보관한다. 일부 속성값이 변경되어도 전체 속성값이 생성된다.
　㉢ 1:M 스냅숏 과거 이력
　　마스터 테이블에는 현재 정보만 존재하고 이력 테이블에는 과거 변경 정보만 보관한다. 일부 속성값이 변경되어도 전체 속성값이 생성된다.
　㉣ 1:M 스냅숏 군집 이력
　　마스터 테이블의 일부 컬럼들을 묶어 별도의 이력 테이블들을 생성하고 마스터 테이블의 현재 정보를 포함한 모든 변경된 정보를 보관한다. 트랜잭션 형식이 비슷하게 발생하는 컬럼을 묶어서 이력 테이블을 구성한다.
　㉤ 1:M 스냅숏 군집 과거 이력
　　1:M 스냅숏 군집 이력 형식에서 현재 정보를 제외한 과거 정보만 저장한다.

② 로우 생성에 따른 이력 유형
　㉠ 로우 단위 이력 : 이력 테이블에는 마스터 테이블의 변경된 내용이 하나의 로우에 전체적으로 기록된다.
　㉡ 컬럼 단위 이력 : 이력 테이블에는 마스터 테이블의 변경된 내용이 하나의 로우에 하나의 컬럼 변경된 내용이 기록된다.

③ 발생 방법에 따른 이력
　㉠ 변경 이력 : 마스터 테이블의 컬럼이 변경되면 이력을 관리한다.
　㉡ 발생 이력 : 마스터 테이블의 PK를 포함하여 전체에 대해 인스턴스를 생성한다.
　㉢ 진행 이력 : 업무 진행 상태에 따라 업무의 상태 정보를 관리하는 형태로 상태 정보가 계속 영향을 미친다.

④ 기능성 컬럼을 이용한 이력 관리
　㉠ 발생 이력, 변경 이력은 최신 값에 대한 기능성 컬럼(최신 여부 컬럼)을 추가해서 성능 저하를 예방한다.
　㉡ 진행 이력은 시작과 종료에 대한 기능성 컬럼(유효 시작일·종료일 컬럼)을 추가해서 성능 저하를 예방한다.

제3절 SQL 문 개선 항목 도출 및 개선

1 질의 처리 수행 과정

질의 처리(Query Processing)는 DBMS에서 SQL 문 처리를 담당하는 모듈을 말한다. 질의 처리기는 사용자가 수행을 요구한 SQL 문에 대해 정당성을 검사한 후 데이터베이스에 접근하는 최적의 접근 순서와 방법을 결정하고, 이에 따라 조건에 맞는 레코드를 검색한 후, 필요한 연산을 수행하여 마지막으로 클라이언트에게 처리한 값을 돌려준다. 질의 처리 수행 과정은 다음과 같다.

(1) 구문 분석(Parsing)

SQL 문의 문법을 검사(syntax 검사)하고 구문 분석 정보를 저장하는 파스 트리(Parse Tree)를 생성한다.

(2) 정당성(Validation) 검사

SQL 문의 의미상 정당성을 검사(semantic 검사)하고 메타 테이블을 검색하여 파스 트리를 확장한다.

(3) 최적화(Optimization)

주어진 파스 트리에 기반을 두어 다양한 통계 정보와 접근 비용을 계산하여 최적화된 실행 계획을 생성한다.

(4) 바인딩(Binding)

호스트 변수값(host variable value)을 생성된 실행 계획에 연결한다.

(5) 실행(Execution)

실행 계획 트리에 따라 SQL 문을 실행한다.

2 질의 옵티마이저(Query Optimizer)

질의 옵티마이저와 실행 계획을 수립하기 위해 다음의 내용을 이해해야 한다.

(1) 질의 옵티마이저

질의 옵티마이저(Query Optimizer)는 SQL을 분석하여 가능한 실행 계획을 작성하고, 이에 대한 비용을 평가하여 가장 효율적인 실행 계획을 선택한다. 질의 성능의 대부분이 이 과정에서 결정되며, 복잡한 질의일수록 질의 최적화 과정의 정확성에 의해서 성능이 좌우된다.

질의문은 최적화 이전 단계에서 구문 분석(parsing)과 의미 분석(validation) 과정을 거친다. 이 과정에서 파싱 트리가 생성되는데, 옵티마이저는 이 파싱 트리로부터 각종 비용을 평가하여 효율적인 실행 계획 트리(plan tree)를 생성한다.

(2) 옵티마이저 구성 요소

옵티마이저는 크게 Query Rewriter, Logical Plan Generator, Physical Plan Generator로 구성된다. 각 구성 요소의 역할은 다음과 같다.

① Query Rewriter

주어진 파스 트리를 이용하여 동일한 결과를 가지면서 최적화에 더 유리하도록 질의를 변환한다.

② Logical Plan Generator

변형된 질의와 통계 정보를 이용하여 실행 비용을 계산함으로써 최적화된 논리적 질의 플랜을 생성한다.

③ Physical Plan Generator

최적화된 질의 플랜을 이용하여 물리적 실행 계획 트리를 생성한다.

(3) 실행 계획 트리

실행 계획은 트리 구조로 구축되기 때문에 실행 계획 트리 또는 Plan tree라고 불리기도 한다. 질의 옵티마이저가 가장 효율적이라는 판단에 의해 결정된 실행 계획은 실제로 SQL 문의 실행 시간에 큰 영향을 끼친다.

① 실행 계획 트리 활용

SQL 문을 직접 실행하지 않고도 실행 계획 트리를 볼 수 있어 SQL 문의 실행 방법을 볼 수 있다. 뿐만 아니라, 다른 실행 계획 트리와 비교할 수도 있어 SQL 문의 성능 향상에 도움이 될 수 있다. 실행 계획 트리에서 다음과 같은 정보를 얻을 수 있다.

- 옵티마이저에 의해 생성된 실행 계획, Objects(테이블, 인덱스 등)의 속성, 사용된 index, 사용된 조인 방법, 최적화된 조인 순서

② 실행 계획 트리의 해석

각 실행 노드들이 트리 형태로 연결된 전체 실행 계획 트리를 따라가면서 실행 순서가 결정된다. 실행 계획 트리에서 하나의 노드는 한 행에 표시된다. 왼쪽으로 들여쓰기가 많이 되어 있는 노드일수록 하위 노드이며 가장 먼저 수행된다.

[질의문]

```
SELECT *
FROM TAB1, TAB2, TAB3
WHERE TAB1.C1 = TAB2.C1 AND TAB2.C1 = TAB3.C1;
```

[질의문 실행 계획]

```
PROJECT(COLUMN_COUNT : 100, TUPLE_SIZE : 40, COST 4.02)        ← 최상위 노드
   JOIN(METHOD : INDEX_NL, COST 0.2)
      JOIN(METHOD : INDEX_NL, COST 0.1)
         SCAN(TABLE : TAB1, FULL_SCAN, ACCESS : 80, COST 0.1)            ← 최하위 노드
         SCAN(TABLE : TAB2, INDEX:IDX02, RANGE_SCAN, ACCESS : 5, COST 0.01)  ← 최하위 노드
      SCAN(TABLE : TAB3, INDEX:IDX03, RANGE_SCAN, ACCESS : 15, COST 0.01)
```

【그림 3-27】 실행 계획 트리 예제

위의 예제에서 가장 먼저 데이터베이스에 접근하는 노드는 T1 SCAN 노드이고, 그 다음 T2 SCAN 노드, T3 SCAN 노드의 순서로 수행된다. 노드 옆에 명시한 숫자가 노드 수행 순서이다.

3 SQL 성능 개선

SQL 성능 개선을 위한 액세스 방법과 조인 방법은 다음과 같다.

(1) 액세스 방법

액세스 방법은 데이터베이스에서 데이터를 가져오는 방법을 말한다. 일반적으로 테이블에서 작은 수의 레코드를 가져오는 경우에는 인덱스를 사용하는 것이 더 효율적이고, 많은 수의 레코드에 접근하는 경우에는 전체 테이블 스캔이 더 효율적이다.

① 전체 테이블 스캔

테이블의 모든 로우를 읽어서 선택 기준을 만족하지 않는 로우를 걸러내는 방법으로 인덱스가 없을 때와 테이블에서 많은 양의 데이터에 접근할 때 사용된다.

② 인덱스 스캔

㉠ 인덱스 범위 스캔(Index Range Scan)

인덱스 범위 스캔은 인덱스 트리의 루트에서 리프까지 수직적으로 탐색한 후에 리프들에서 필요한 범위만 스캔하는 방식이다. 즉, 조건을 만족하는 최솟값의 위치와 최댓값의 위치만을 결정하고 해당 조건에 대한 별도의 비교 없이 그 범위 내의 모든 데이터를 스캔함으로써 매우 우수한 성능을 보장한다.

㉡ 인덱스 전체 스캔(Index Full Scan)

특정 범위만 탐색하는 인덱스 범위 스캔과 달리 리프 노드를 처음부터 끝까지 탐색하는 방식이다. 인덱스를 이용하여 범위 검색은 할 수 없으나, 인덱스의 리프 노드를 차례로 스캔하면서 저장되어 있는 키값으로 비교 연산을 수행하는 방법으로 인덱스를 저장하고 있는 페이지만을 접근하여 비교함으로써 데이터 페이지에 대한 접근 횟수를 줄여 성능이 향상될 수 있다.

(2) 조인 방법

① 내포된 루프(Nested Loop) 조인 계열

㉠ 완전 내포된 루프 조인(Full nested loop join) : 한 테이블의 모든 레코드를 다른 테이블의 모든 레코드와 조인하는 방법이다. 이 방법은 일반적으로 아래 질의와 같이 조인 관계가 존재하지 않는 두 테이블 간의 조인 시 사용될 가능성이 높다.

㉡ 완전 저장 내포된 루프 조인(Full store nested loop join) : 반복 테이블(Inner table)의 결과를 저장한 후 Full nested loop join을 적용하는 방법이다. 이 방법은 조인 조건 외의 조건 처리에 의하여 결과 집합이 매우 줄어드는 경우 적용될 가능성이 높으며, 일반적으로 조인 그룹 간의 Cartesian product(교차 조인)에 의하여 사용될 가능성이 높다.

㉢ 인덱스 내포된 루프 조인(Index nested loop join) : 인덱스를 이용하여 조인 조건을 처리하는 방법이다. 기준 테이블(Outer table)의 레코드 수가 적고 반복 테이블에 인덱스가 존재하는 경우에 사용될 가능성이 높다.

㉣ 반 외부 내포된 루프 조인(Anti outer nested loop join) : 완전 외부 조인(FULL OUTER JOIN)의 처리를 위해서만 사용된다. 기준 테이블과 반복 테이블 모두 조인 조건에 해당하는 컬럼에 인덱스가 정의되어 있을 때 다른 조인 방법에 비해 이 방법이 선택될 가능성이 높다.

㉤ 역인덱스 내포된 루프 조인(Inverse index nested loop join) : 세미 조인(SEMI JOIN)의 처

리를 위해서만 사용된다. 기준 테이블에 인덱스가 있고 반복 테이블에는 인덱스가 없는 경우에 사용될 가능성이 높다. 특히 기준 테이블의 레코드 수가 반복 테이블보다 상대적으로 많을 때 더욱 유리하다. 하지만 반복 테이블에 인덱스가 존재한다면 인덱스 내포된 루프 조인(Index nested loop join)이 선택될 가능성이 높다.

② 정렬 기반(Sort-based) 조인 계열

정렬 기반 조인 방법은 반복 테이블을 정렬된 순서로 저장하고 조인 조건을 이용하여 범위 검색을 하는 방법이다. 일반적으로 이 방법은 아래와 같이 질의에 부등호 조인 조건이 사용되고 인덱스가 없을 때 선택될 가능성이 높다.

㉠ 단일 경로 정렬 기반 조인(One-pass sort-based join) : 반복 테이블의 데이터양이 적어 임시 공간 내에서 관리가 가능할 때 사용된다.

㉡ 이중 경로 정렬 기반 조인(Two-pass sort-based join) : 반복 테이블의 데이터양이 방대하여 임시 공간의 범위 내에서 관리할 수 없을 때 사용된다. 이 방법은 기준 테이블과 반복 테이블을 모두 정렬하여 임시 공간에 저장한다. 그런 다음 기준 테이블의 데이터 정렬 순서로 조인 조건을 검사함으로써 반복 테이블의 동일한 디스크 페이지 접근 확률을 높인다. 결국 디스크 I/O 비용이 줄어든다.

㉢ 역정렬 기반 조인(Inverse sort-based join) : 세미 조인(SEMI JOIN) 또는 역조인(ANTI JOIN)의 처리를 위해서만 사용된다. 역정렬 기반 조인(Inverse sort-based join)은 조인 결과를 정렬해서 반환하기 때문에 추가 정렬을 하지 않아도 된다는 장점이 있다.

③ 해시 기반(Hash-based) 조인 계열

해시 기반(Hash-based) 조인 방법은 반복 테이블을 해시 구조로 저장하고, 조인 조건을 이용하여 범위 검색을 하는 방법이다. 이 방법은 아래와 같이 질의의 조인 조건에 등호 연산자가 사용되고 인덱스가 없을 때 선택될 가능성이 높다.

㉠ 단일 경로 해시 기반 조인(One-pass hash-based join) : 반복 테이블의 데이터양이 적어 임시 공간 내에서 관리가 가능할 때 사용된다. 메모리 테이블이 반복 테이블로 사용될 경우에는 항상 이 방법이 사용된다.

㉡ 이중 경로 해시 기반 조인(Two-pass hash-based join) : 반복 테이블의 데이터양이 방대하여 임시 공간의 범위 내에서 관리할 수 없을 때 사용된다. 기준 테이블과 반복 테이블은 모두 동일한 hash 함수를 사용하여 분할되어 임시 공간의 여러 테이블에 저장된다. 그런 다음, 각 임시 테이블끼리 조인 조건을 검사함으로써 반복 테이블의 동일한 디스크 페이지 접근 확률을 높인다.

㉢ 역해시 기반 조인(Inverse hash-based join) : 세미 조인(SEMI JOIN), 역조인(ANTI JOIN)

또는 왼쪽 외부 조인(LEFT OUTER JOIN)의 처리를 위해서만 사용되며, 기준 테이블보다 반복 테이블이 상대적으로 클 경우 선택될 확률이 높다.

④ 합병(Merge) 조인 계열

합병 조인 방법은 두 테이블의 데이터가 정렬될 경우 매우 효율적인 방법이다. 이 방법에는 기준 테이블과 반복 테이블의 개념이 없으며 양쪽 테이블을 순차적으로 진행하면서 조인 조건을 검사한다. 합병 조인이 사용되기 위해서는 양쪽 테이블이 모두 조인 키를 기준으로 정렬되어야 한다.

4 SQL 문장 진단 및 테스트

비효율적으로 수행되는 SQL 문장을 진단하고 성능 목표에 부합되는 SQL 문장을 개선하고 최적화하며 SQL 문장 테스트를 진행해야 한다. 이를 위해 옵티마이저 실행 계획 최적화 방법을 수행한다.

(1) 인덱스 선택 방법

옵티마이저는 주어진 조건과 해당 테이블의 인덱스를 이용하여 가장 효율적인 액세스 방법을 결정한다. 이 과정에서 옵티마이저는 다양한 통계 정보를 이용하여 각 인덱스의 사용에 따른 비용을 평가하며, 이 중 가장 효율적인 액세스 방법을 선택한 후 각 조건들에 대하여 처리 방법(key range 처리, filter 처리 등)을 결정한다.

옵티마이저는 각 인덱스에 대한 비용 계산 시 인덱스를 이용하여 처리할 수 있는 조건을 선택하고 이를 기반으로 비용을 계산한다. 이때 비용에 가장 큰 영향을 미치는 것이 인덱스에 관련된 조건의 효율성이다. 이를 조건의 선택도(selectivity)라고 한다. 조건의 선택도는 전체 레코드 중 조건에 의해 선택되는 레코드들의 비율을 의미한다. 즉, 조건의 선택도가 낮을수록 결과 레코드의 수가 줄어들어 성능을 향상시킬 수 있다.

① 인덱스와 비교 연산자

인덱스가 존재하고 해당 컬럼에 대한 조건이 존재한다고 해서 반드시 인덱스를 사용할 수 있는 것이 아니라 조건절의 기술 형태와 비교 연산자의 종류에 따라 인덱스의 사용 가능 여부가 결정된다.

【표 3-4】 인덱스를 사용할 수 있는 조건절의 형태

조건절의 형태	가능한 예	불가능한 예
인덱스 사용이 가능한 비교 연산자여야 한다.	TAB1.C1 = 1	TAB1.C1 NOT LIKE a
컬럼이 있어야 한다.	TAB1.C1 = 1	1=3
컬럼에 대한 연산이 없어야 한다.	TAB1.C1 = 1 + 1	TAB1.C1 + 1 = 3
컬럼의 타입(값)이 변경되지 않아야 한다.	TAB1.C1 = 1	TAB1.C1 = 1.0

② 인덱스와 데이터 타입

WHERE 절에서 참조하는 컬럼에 인덱스가 생성되어 있다고 해서 항상 인덱스 스캔이 가능한 것은 아니다. 데이터 타입과 데이터 변환에 따라 인덱스 스캔이 가능한 경우도 있고, 그렇지 않은 경우도 있다. 실행 계획이 인덱스 스캔이 가능한 것으로 표시되는 경우에도 실제 응용 프로그램에서 바인딩하는 값과 컬럼의 데이터 타입을 확인해야 한다. 그렇지 않으면 응용 프로그램에서는 전체 테이블을 스캔(full table scan)하여 현격한 속도 차이가 날 수도 있다.

데이터 타입은 크게 문자형 계열과 숫자형 계열로 구분할 수 있으며, 각 계열에 속하는 데이터 타입들 간의 비교는 모두 인덱스를 사용할 수 있다.

(2) 조인 처리 방법

① 조인 그룹의 분류

조인 관계가 없는 테이블까지 모두 고려하여 조인 순서를 결정하는 것은 일반적으로 부하만 증가시킬 뿐 올바른 조인 순서를 결정하는 데 큰 도움이 되지 않는다. 조인 관계가 있는 테이블끼리 하나의 그룹으로 묶어 처리하고 이후 각 그룹에 대한 조인 순서를 결정한다.

② 조인 관계의 구성

조인 순서 결정 시 직접적인 조인 관계가 없는 테이블 간의 비교 비용을 줄여 보다 효율적인 조인 순서를 결정하기 위해 각 조인 그룹에 대해 조인 관계를 구성한다.

③ 조인 관계의 순서 결정

옵티마이저는 조인 관계를 이용하여 각 조인 관계들 중 가장 효율적인 조인 관계 순서를 결정하기 위해 조인 선택도(selectivity)가 가장 효율적인 조인 관계를 우선 선택한다. 그리고 다시 선택된 관계로부터 관련된 조인 관계들 중에 효율적인 조인 관계를 선택하는 방식으로 결정된다.

④ 조인 방법

조인 관계의 순서가 결정되면, 옵티마이저는 두 테이블의 각 조인 관계에 대하여 조인 방법을 결정한다. 이때 각 조인 방법의 비용 비교를 통해 조인의 순서, 방향, 및 조인 방법을 결정한다.

【표 3-5】 조인 계열별 조인 방법과 조인 종류

조인 계열	조인 방법	조인 방향	
		Left → Right	Right → Left
Nested Loop	Full nested loop	C, I, S, A, L	C, I, R
	Full store nested loop	C, I, S, A, L, F	C, I, R, F
	Index nested loop	I, S, A, L	I, R
	Anti outer nested loop	F	F
	Inverse index nested loop		S
Sort-based	One pass sort join	I, S, A, L, F	I, R, F
	Two pass sort join	I, S, A, L, F	I, R, F
	Inverse sort join		S, A
Hash-based	One pass hash join	I, S, A, L, F	I, R, F
	Two pass hash join	I, S, A, L, F	I, R, F
	Inverse hash join	R	S, A, L
Merge-based	Index merge join	I, S, A	I
	Sort merge join	I, S, A	I

자료 : 알티베이스 DBMS 성능 관리 가이드

- C(Cartesian Product) : 조인 관계를 갖지 않는 두 테이블의 조합
- I(Inner Join) : 조인 관계를 갖는 두 테이블의 일반적인 조인
- S(Semi Join) : Semi 조인 관계를 갖는 두 테이블의 조인
- A(Anti Join) : Anti 조인 관계를 갖는 두 테이블의 조인
- L(Left outer join) : Left outer 조인 관계를 갖는 두 테이블의 조인
- R(Right outer join) : Right outer 조인 관계를 갖는 두 테이블의 조인
- F(Full outer join) : Full outer 조인 관계를 갖는 두 테이블의 조인

제4절 데이터베이스 시스템 성능 문제점 분석 및 개선

1 DBMS 메모리 사용 용도

DBMS 메모리는 사용 용도에 따라 애플리케이션 코드 영역, 시스템 메모리 영역, 프로그램 영역으로 나눌 수 있다. 애플리케이션 코드 영역은 수행되고 있거나 수행될 수 있는 애플리케이션의 코드를 저장하기 위한 메모리 영역이다. 시스템 메모리 영역은 모든 프로세스가 공유하는 영역으로 데이터베이스 버퍼와 로그 버퍼로 구성되어 있다. 프로그램 영역은 프로세스가 시작될 때 DBMS에 의해서 할당되는 비공유 메모리 영역으로 프로세스에서 필요로 하는 데이터나 제어 정보 등을 저장한다.

(1) 데이터베이스 버퍼

데이터베이스 버퍼는 데이터 파일로부터 읽어들인 데이터 블록의 복사본을 가지고 있는 메모리로 수정되었지만 아직 디스크에 기록하지 않은 데이터를 저장하고 있는 더티(Dirty) 목록과 비어 있는 버퍼와 현재 접근 중인 버퍼 등을 가리키는 LRU 목록을 가지고 있다.

(2) 로그 버퍼

데이터베이스의 변경 사항 정보를 유지하는 것으로 INSERT, DELETE, UPDATE 또는 DROP 작업으로 변경된 데이터를 재구성하거나 복구하는 데 필요한 정보를 포함한다. 로그 버퍼의 내용은 서버 프로세스에 의해 로그 파일에 기록된다.

(3) SQL 캐시/딕셔너리 캐시

① 공유 풀(SHARED POOL)

라이브러리 캐시는 SQL 영역, 저장 SQL 프로시저 영역, 제어 구조 등을 공유하고 딕셔너리 캐시는 데이터 딕셔너리 정보를 공유한다. 여러 세션이 사용하는 공유 풀 항목은 원래 항목을 생성한 프로세스가 종료되어도 해당 항목이 유효한 경우 계속 메모리에 남아 있다. 이를 통해 SQL을 실행하기 위한 파싱 오버헤드와 처리가 최소한으로 유지된다.

② ALTIBASE SHARED CACHE

모든 프로세스가 공유하는 캐시 영역은 SQL Plan Cache, Stored Procedure Cache, Meta Cache로 구성된다. 새로운 SQL 실행 계획이 생성될 때마다 실행 계획은 SQL Plan Cache 영역에 저장되며 모든 세션이 이를 공유하게 된다. 저장 프로시저의 실행 계획이 새로 생성될 때

Stored Procedure Cache 영역에 저장되어 공유된다. 데이터베이스 객체에 대한 모든 정보를 수록하고 있는 메타 데이터는 빠른 접근을 위해서 Meta Cache에 저장된다.

(4) 정렬 영역

인덱스를 생성하거나 SQL 문에 GROUP BY 연산, ORDER BY가 있을 경우 정렬 작업을 수행한다. 이때 사용되는 메모리 영역이 정렬 영역이다. 정렬되어야 하는 데이터양이 메모리 영역을 초과할 때에는 데이터를 작은 부분으로 나눈 후 각 부분을 개별적으로 정렬하고 병합하여 최종 결과를 생성한다. 일정한 성능을 유지하려면 적당한 정렬 영역의 크기를 설정하고 불필요한 정렬 작업을 최소화해야 한다.

2 DBMS 저장 구조

DBMS 데이터베이스 저장 구조는 데이터 블록, 데이터 확장 영역(EXTENT), 세그먼트, 테이블 공간으로 나뉜다.

(1) 데이터 블록

DBMS가 데이터를 저장하는 가장 작은 단위를 데이터 블록(페이지)이라고 하며 디스크상의 물리적 데이터베이스 영역의 특정 바이트 수에 해당된다. 데이터 블록은 물리적인 디스크의 입출력량을 결정하므로 성능에 직접적인 영향이 있다.

(2) 데이터 확장 영역(EXTENT)

특정 유형의 정보를 저장하기 위해 할당된 몇 개의 연속적인 데이터 블록이다. 테이블을 생성할 때 DBMS가 지정된 몇 개의 초기 확장 영역을 할당한다. 할당된 데이터 블록이 모두 차면 새로운 확장 영역을 자동으로 할당하게 되는데, 확장 영역의 크기와 한계를 적절하게 결정함으로써 불필요한 저장 공간 낭비를 줄이고 무한정 확장되는 것을 방지할 수 있다.

(3) 세그먼트

테이블스페이스 내에 논리적인 구조를 정의하기 위해 할당된 확장 영역의 집합으로 테이블, 인덱스, 임시용 세그먼트가 사용된다. 각 테이블은 하나 이상의 확장 영역을 할당하여 해당 테이블의 데이터 세그먼트를 형성하고, 각 인덱스는 하나 이상의 확장 영역을 할당하여 테이블이 인덱스 세그먼트를 형성한다.

(4) 테이블 공간

테이블의 데이터를 저장하는 논리적인 파일 공간, 물리적으로는 해당 테이블스페이스와 연관된 데이터 파일에 저장한다.

종합적인 성능 분석을 통해 CPU와 메모리 사용, 스와핑 비율, 디스크 I/O 비율 및 대기 시간 등을 포함한 시스템의 데이터 영역을 다각도로 측정하고 이를 종합적으로 분석하여 현재의 하드웨어 구성으로 서버 성능을 향상할 수 있는 방안을 모색하고 시스템 지원을 추가해야 하는 부분을 파악한다.

서버 성능 문제는 주로 프로세스 상태, CPU 사용량, 메모리 사용량, 디스크 사용량 등에 따라 결정되며 이들 자원에 대한 성능 저하 원인을 분석하고 성능 개선 방안을 수립해야 한다.

제5절 데이터베이스 성능 개선 계획 수립

1 데이터베이스 성능 개선 목표 설정

데이터베이스 성능 개선을 위한 개선 목표를 설정하는 것으로, 데이터베이스 특성을 고려하여 네 가지 영역에서 목표를 설정한다.

(1) 처리 능력(Throughput)

처리 능력은 해당 작업을 수행하기 위해서 소요되는 시간으로 정의된다.
- 작업을 수행하기 위해 소요되는 시간(단위 시간당 처리되는 트랜잭션 수)
- 처리 능력 = 트랜잭션 수/시간
- 전체 시스템 시각에서 측정 및 평가

(2) 처리 시간(Throughput Time)

처리 시간은 작업이 완료되는 데 소요되는 시간으로 정의된다.
- 작업이 완료되는 데 소요되는 시간
- 주로 배치 프로그램의 성능 목표로 설정
- 대량 배치 작업의 수행 시간 단축이 주요 목적

(3) 응답 시간(Response Time)

응답 시간은 입력을 위해 사용자가 키를 누른 때부터 시스템이 응답할 때까지의 시간으로, 최종 사용자가 느끼는 시스템의 성능 척도로 정의된다.
- 사용자가 키를 누른 때부터 시스템이 응답할 때까지의 시간
- OLTP 시스템의 성능 지표
- 응답 시간 최소화가 주요 목적

(4) 로드 시간(Load Time)

로드 시간은 다음날의 비즈니스 수행을 위해 매일 밤 데이터를 로드하거나 시스템을 재구축하고, 목표 시간 내에 데이터 마이그레이션을 완료해야 하는데, 이와 같이 정기적 또는 비정기적으로 데이터베이스에 데이터를 로드하는 작업 수행 시간으로 정의된다.
- 데이터베이스에 데이터를 적재하는 작업 수행 시간
- 정해진 시간 이내에 데이터 적재를 완료하는 것이 주요 목적

2 데이터베이스 성능 개선 고려 사항

성능 개선 목표 수립 시, 다음 고려 사항을 고려하여 성능 측정 항목과 목표 수준을 정의한다.

(1) 가능한 한 적은 블록에 접근할 수 있도록 SQL 문을 작성한다.

SQL 문 수행 시 블록을 불필요하게 많이 읽는다는 것은 과도한 I/O를 발생시켜 성능 저하를 가져온다. 가령, 하나의 테이블에서 얻을 수 있는 정보를 두 개의 테이블에서 읽는 경우 불필요한 조인으로 인해 처리 속도가 감소한다.

(2) 블록을 되도록 메모리에서 읽을 수 있어야 한다.

데이터베이스 시스템의 캐시 적중률을 높여야 한다. SQL 문장의 실행 계획이나 읽어올 데이터 값을 메모리(캐시 영역)에서 찾지 못한다면 SQL 문장을 다시 파싱하거나 데이터를 디스크에서 읽어오는 디스크 I/O를 증가시키므로 결과적으로 성능이 저하된다.

(3) 애플리케이션이나 사용자들이 동일한 SQL/PL SQL을 사용하도록 한다.

동일한 SQL/PL SQL을 사용하게 되면 문장을 다시 파싱하지 않기 때문에 성능이 증가된다. 자주 사용하는 문장은 스크립트로 저장하여 사용하거나 Bind 변수를 사용하여 문장이 수행된 경우 파싱된 결과를 공유할 수 있도록 한다. 또한 Stored 프로시저나 함수, 패키지 사용 빈도를 높여야 한다.

(4) 가능한 한 빨리 읽기/쓰기 작업을 수행해야 한다.

사용자는 트랜잭션이 시작된 후에는 가능하다면 빨리 트랜잭션을 종료해야 한다. 계속적으로 트랜잭션이 활성화되어 있으면 다른 사용자가 동일한 데이터에 대한 작업을 진행할 경우 로킹이 발생한다. 사용자 프로세스가 로킹이 해제될 때까지 대기하는 상황이 자주 발생할 경우는 성능 저하로 이어질 가능성이 높다.

(5) 사용자가 자원을 기다리지 않도록 해야 한다.

다수의 사용자가 작업을 진행하다 보면 동일한 자원에 대한 경합이 발생하게 되고 그에 따라 자원을 차지하지 못하는 사용자 프로세스는 대기 상태가 되어 성능이 저하된다. 자원을 효율적으로 분배하여 최대한 경합과 대기가 발생하지 않도록 해야 한다.

제6절 성능 개선 결과 평가

성능 관리 성과를 평가하기 위해서 성능 관리를 성공적으로 수행하기 위한 핵심 성공 요소를 확인하고 성능 관리 과정과 결과를 평가할 수 있는 주요 성과 지표를 도출하여 평가할 수 있다. 주요 성과 지표는 측정 가능하고 현실적이며 사용자에 대한 고품질의 서비스를 지원할 수 있도록 선정해야 한다. 선정된 측정 지표에 대한 명확한 목적과 산출 방법을 정의하여 평가의 객관성이 유지되어야 한다.

【표 3-6】 성능 관리 성공 요소 및 주요 성과 지표 예시

핵심 성공 요소	성과 지표
정확한 성능 요구 사항 분석	시기 적절한 자원 요구 사항 예측
	자원 사용 추세의 정확한 예측
	적절한 비즈니스 계획과 용량 계획의 조합
	비즈니스 계획과 용량 계획의 불일치 건수 감소
현재와 미래의 IT 기술 인식	모든 서비스와 컴포넌트들에 대한 성능과 처리량 모니터링 능력 향상
	비즈니스 요구에 맞는 신기술 구현
	SLA 위반 건수 감소

비용 효율성	성능 유지를 위한 비용 최소화
	초과 용량 산정 억제
	투자 비용의 정확한 예측
성능 관리 수행 능력	성능 저하로 인해 발생된 사고 건수 감소
	부족한 용량 또는 성능으로 인한 SLA 위반 건수 감소
	성능 개선 방안 적용 성공률

성능 관리를 위해 설정한 기준점을 이용하여 성능 개선 전후의 성능을 비교할 수 있는 성능 개선 측정 지표는 크게 처리 효율, 리소스, 대기 이벤트 측면으로 나눌 수 있다.

【표 3-7】 성능 개선 측정 지표 예시

구분	성능 측정 항목	설명
Throughput	SQL 수행 횟수	라이브러리 캐시에 저장된 실행 계획에 따라 SQL 문을 실행한 횟수
	트랜잭션 개수	트랜잭션(한 개 이상의 SQL로 구성) 수행 횟수
리소스 사용	CPU 사용률	CPU 사용량
	메모리 블록 I/O	버퍼 캐시에 있는 블록을 요청한 횟수
	디스크 블록 I/O	버퍼 캐시에 필요한 블록이 존재하지 않아 디스크로 데이터 블록을 요청하여 적재하거나 갱신된 블록을 디스크로 반영한 횟수
대기 이벤트	대기 시간	공유된 자원을 즉시 점유하지 못하고 대기하는 시간
	대기 이벤트 발생 건	작업에 필요한 리소스를 획득하지 못하고 대기하는 이벤트 발생 건수

요약

성능 저하가 발생하는 원인은 여러 가지이다. 그 중에서도 잘못된 설계나 애플리케이션에 의한 성능 저하는 상당히 큰 부분을 차지한다. 성능 저하를 극복하기 위한 튜닝은 각각의 단계에 따라 애플리케이션 튜닝, 데이터베이스 서버 튜닝, 시스템 튜닝으로 나누어 살펴볼 수 있다. 튜닝이란 한정된 시스템에서 동일한 작업을 수행하면서 최소의 자원과 시간을 투자하여 작업을 수행할 수 있도록 취하는 일련의 개선 작업을 뜻한다. 데이터베이스 성능 관리 대상은 스키마, SQL 문장/저장 프로시저, 공유 메모리 영역, 데이터베이스 파일 관리, 정렬 영역, 롤백 로그 관리, Locking 관리, 세션 관리 영역으로 분류할 수 있으며, 각 대상별로 세부적인 측정 항목을 선정한다. 사용자의 SLA 및 성능 만족도를 충족시키기 위한 응답 시간(Response Time), 처리량(Throughput), 자원 사용량(Utilization), 효율성(Efficiency)을 판단하여 성능 관리 측정 대상 항목을 결정한다.

제3장 연습 문제

01 데이터베이스 성능 개선 절차를 설명하시오.

02 데이터베이스 성능 요구 사항 구성 내용을 설명하시오.

03 SQL 질의 처리 수행 과정을 설명하시오.

04 다음의 내용을 설명하시오.

(1) 질의 옵티마이저(Query Optimizer) 정의와 구성 요소

(2) SQL 실행 계획 트리

(3) SQL 액세스 방법과 조인 방법

예상 문제

01 데이터베이스 시스템에 대한 설명으로 적절하지 못한 것은?

① 데이터를 데이터베이스로 저장하고 관리해서 필요한 정보를 생성하는 컴퓨터 중심의 시스템이다.
② 사용자와 데이터베이스 사이의 중재자로서 데이터베이스를 관리하고 사용자의 요구대로 데이터베이스에 대한 연산을 수행해서 정보를 생성하는 소프트웨어이다.
③ 데이터베이스, 데이터베이스 관리 시스템, 데이터 언어, 사용자, 데이터베이스 관리자, 그리고 데이터베이스 기계를 구성 요소로 한다.
④ 데이터베이스, 데이터베이스 관리 시스템, 그리고 데이터베이스 시스템은 서로 구분되는 개념이다.

02 스키마의 유형에 속하지 않는 것은?

① 외부 스키마
② 개념 스키마
③ 논리 스키마
④ 내부 스키마

03 데이터베이스 관리 시스템의 궁극적인 목적인 독립성을 구현하기 위한 구체적인 방법으로 타당한 것은?

① 데이터베이스 기계를 설치한다.
② 데이터베이스를 3단계 데이터베이스 스키마로 분리하여 각 단계별 사상(mapping)을 갖게 한다.
③ 데이터 언어로 효율적 언어인 질의어를 사용한다.
④ 사용자와 데이터베이스 사이에 데이터베이스 관리 시스템을 둔다.

04 개념 스키마(Conceptual Schema)에 대한 설명으로 잘못된 것은?

① 사용자나 응용 프로그래머가 개별적으로 직접 필요로 하는 데이터베이스의 구조이며, Subschema 또는 View라고도 한다.
② 기관이나 조직체의 입장에서 본 데이터베이스 전체 구조를 말한다.
③ 각 응용 시스템이 필요로 하는 데이터를 종합한 조직 전체의 데이터베이스 구조로서 하나만 존재한다.
④ 일반적으로 Schema라고도 한다.

05 데이터 디렉토리(Data Directory)에 대한 설명으로 옳은 것은?

① 시스템 데이터베이스로서 시스템만이 접근하여 데이터 사전에 수록된 데이터를 실제로 접근하는 데 필요한 정보를 관리·유지한다.
② 시스템 카탈로그(System Catalog)라고도 한다.
③ 데이터베이스가 취급하는 모든 데이터 객체들에 대한 정의나 명세에 관한 정보를 관리·유지한다.
④ 여러 가지 스키마와 이들 간의 사상에 관한 정보를 유지한다.

06 데이터베이스 관리자(DBA)의 기능 및 책임이 아닌 것은?

① 데이터베이스 설계와 조작에 대한 책임
② 행정적 책임
③ 시스템 운영에 대한 책임
④ 시스템 감시 및 분석에 대한 책임

07 다음 중 데이터베이스를 액세스(access)하는 프로그램 언어 특성상 성격이 다른 것은?

① COBOL   ② PL/1   ③ SQL   ④ C

08 호스트 프로그래밍 언어에 삽입된(embedded) 데이터 조작어에 대한 설명으로 잘못된 것은?

① 절차적 데이터 조작어(Procedural DML)이다.
② 사용자가 무슨 데이터를 원하며 어떻게 그것에 접근하는지 명세해야 한다.
③ 데이터베이스로부터 한 번에 레코드 하나씩 검색해서 호스트 언어와 함께 처리하는 특성을 가진다.
④ 터미널을 통해 일반 사용자가 대화식으로 사용한다.

09 데이터베이스를 이용하기 위해 접근하는 사용자에 대한 설명으로 잘못된 것은?

① 사용자가 사용하는 언어에 따라 일반 사용자, 응용 프로그래머, 그리고 시스템 프로그래머로 나눌 수 있다.
② 일반 사용자는 보통 터미널에서 질의어를 이용해서 데이터베이스에 접근한다.
③ 응용 프로그래머는 일반 호스트 프로그래밍 언어에 데이터 조작어를 삽입시켜 데이터베이스에 접근한다.
④ 일반 사용자의 접근 목적은 데이터의 단순한 검색뿐만 아니라 데이터의 삽입, 삭제, 갱신 작업을 모두 포함한다.

10 데이터베이스 기계의 구성 요소가 아닌 것은?

① 후위 처리기
② 지능형 저장 장치
③ 내용식 메모리
④ 연산 장치

11 다음 설명 중 바르지 못한 것은?

① 데이터베이스는 계속적으로 변화하는 현실 세계를 표현한다.
② 데이터 모델은 현실 세계를 데이터베이스에 표현하는 과정이다.
③ 데이터 모델은 데이터베이스 설계 과정에서 데이터의 구조를 이해하기 위해 사용하는 지능적 도구이다.
④ 데이터는 기본적으로 현실 세계, 개념 세계, 그리고 추상 세계 속에서 생각해 볼 수 있다.

12 다음 중 응용 프로그램에 SQL 문장을 포함시켜 사용하는 프로그램을 번역하는 과정이 올바르게 나열된 것은?

① 원시 프로그램 – 예비 컴파일 – 바인딩 – 컴파일 – 실행
② 원시 프로그램 – 바인딩 – 컴파일 – 예비 컴파일 – 실행
③ 원시 프로그램 – 컴파일 – 바인딩 – 예비 컴파일 – 실행
④ 원시 프로그램 – 예비 컴파일 – 컴파일 – 바인딩 – 실행

13 개념 스키마와 내부 스키마 간의 대응 관계를 정의하는 인터페이스는?

① 응용 인터페이스
② 저장 인터페이스
③ 개념 인터페이스
④ 장치 인터페이스

14 데이터베이스 언어의 종류에 해당하지 않는 것은?

① 데이터 정의어
② 데이터 조작어
③ 데이터 질의어
④ 데이터 제어어

15 관계형 DBMS를 이용하여 클라이언트/서버 시스템을 구축하기 위한 패키지로 적합하지 못한 것은?

① Delphi
② PowerBuilder
③ COBOL
④ SQL Windows

16 디스크에 저장되어 있는 데이터에 접근할 때의 디스크 접근 시간 구성 요소에 포함되지 않는 것은?

① 탐구 시간
② 입·출력 시간
③ 데이터 전송 시간
④ 회전 지연 시간

17 고정 헤드 디스크 접근(Fixed head disk access) 시 데이터 전송 시간에 필요하지 않은 것은?

① 헤드 활동 시간 ② 회전 지연 시간
③ 탐구 시간 ④ 데이터 전송 시간

18 유동 헤드 디스크에서 한 블록에 접근하는 데 가장 많은 시간이 소요되는 요소는?

① 헤드 활동 시간 ② 전송 시간
③ 탐구 시간 ④ 회전 지연 시간

19 자기 디스크 팩에서 중심(트랙 번호)이 같은 트랙을 무엇이라고 하는가?

① 볼륨 ② 실린더 ③ 섹터 ④ 레이블

20 R-tree의 특징으로 가장 올바른 것은?

① 공간 데이터베이스는 공간 객체를 표현한 튜플로 구성되며, 각 튜플은 검색 시 유일한 식별자를 갖는다.
② 인덱스는 정적인 성격을 갖기 때문에 재구성이 필요하다.
③ 인덱스가 디스크상에 존재한다면 각 노드는 저장된 주소를 나타낸다.
④ R-tree가 표현한 사각형들 사이에는 중첩 관계는 허용되나 포함 관계는 허용되지 않는다.

21 B-tree에서 키값에 의한 순차 탐색은 어떻게 수행되는가?

① 전위 순회 ② 후위 순회 ③ 중위 순회 ④ 복합 순회

22 R-tree를 많이 이용하는 시스템은?

① MIS ② CAD ③ IMS ④ CICS

23 차수가 m인 B*-tree의 특징으로 올바른 것은?

① 순차 집합과 인덱스 집합으로 구성된다.
② 단말 노드에 있는 키값을 직접 신속하게 접근하도록 경로를 제공한다.
③ 루트와 단말 노드를 제외한 모든 노드는 m개의 서브 트리를 갖는다.
④ 각 노드가 최소한 키값이 2/3로 채워져야 한다.

24 다음 중 B-tree의 순차적 접근 시간을 향상시키기 위해 단말 노드들을 키순으로 연결 리스트를 구성하는 트리는?

① B+-tree　　② B*-tree　　③ trie tree　　④ m-원 탐색 트리

25 차수가 16인 B-tree에서 한 노드가 가져야 할 최소의 키값과 포인터 수는?

① 7, 8　　② 8, 9　　③ 15, 16　　④ 16, 15

26 B-tree에서 새로운 노드를 삽입할 때, B-tree의 특성을 유지하면서 삽입할 노드를 여유 공간이 있는 형제 노드로 이동시켜 노드 분할 횟수를 최대한 줄이기 위해 제안된 트리는?

① B+-tree　　② B*-tree　　③ trie tree　　④ m-원 탐색 트리

27 데이터가 파일화되기 위한 조건이 아닌 것은?

① 동질적 자료의 반복 발생　　② 동일한 자료 구조
③ 자료 구성의 체계화　　　　④ 다른 자료 표현의 규격화

28 ISAM 파일에서 기본적인 오버플로우 처리 방법 두 가지는?

① 실린더 오버플로우와 독립 오버플로우　　② 인덱스 오버플로우와 트랙 오버플로우
③ 실린더 오버플로우와 트랙 오버플로우　　④ 인덱스 오버플로우와 실린더 오버플로우

29 VSAM이 ISAM보다 성능 면에서 우수한 점이 아닌 것은?

① VSAM은 기본 데이터 구역과 오버플로우 구역을 구분하지 않는다.
② VSAM은 레코드를 삭제하면 그 공간을 제어 구역 내에 있는 자유 공간에 자동으로 통합시킨다.
③ 제어 구간 내에 가변 길이 레코드를 쉽게 수용할 수 있다.
④ 외부의 파일 관리자가 주기적으로 재구성하므로 자유 공간 효율이 증가된다.

30 VSAM의 특성으로 올바르지 못한 것은?

① 엔트리 순차 파일과 상대 파일도 지원한다.
② B+-트리 구조를 이용하여 분열이 가능하다.
③ 레코드를 제어 구간에 저장할 때 시스템에 의해 부여된 절대 레코드 번호에 따라 저장된다.
④ 삭제된 레코드를 즉시 재사용할 수 있다.

31 상용 관계형 DBMS인 DB2의 하부 구조는 어느 파일을 이용한 것인가?

① ISAM 파일
② VSAM 파일
③ multikey 파일
④ multi-ring 파일

32 버킷 해싱에서 발생하는 충돌로 인한 오버플로우를 해결하기 위한 것은?

① 동거자(synonyms)
② 해싱 함수(hashing function)
③ 확장성 해싱(extendable hashing)
④ 직접 파일(direct file)

33 저장 데이터베이스의 일반적인 접근 과정으로 올바른 것은?

① 사용자 – DBMS – 파일 관리자 – 디스크 관리자 – 저장 DB
② 사용자 – 디스크 관리자 – 파일 관리자 – DBMS – 저장 DB
③ 사용자 – 파일 관리자 – DBMS – 디스크 관리자 – 저장 DB
④ 사용자 – DBMS – 디스크 관리자 – 파일 관리자 – 저장 DB

34 DBMS는 사용자가 요구하는 레코드가 어떤 저장 레코드인지를 결정해서 무엇에게 레코드 검색을 요청하는가?

① 디스크 관리자 ② 버퍼 관리자
③ 파일 관리자 ④ 운영 체제

35 순차 파일을 다차원 공간 파일로 변환하는 파일 연산은?

① 수정 ② 갱신 ③ 재구성 ④ 재조직

36 DB2 시스템의 구성 요소가 아닌 것은?

① 시스템 서비스 서브 시스템 ② 백업 서비스 서브 시스템
③ 데이터베이스 서비스 서브 시스템 ④ 분산 데이터 시설 서브 시스템

37 DB2에서 삽입 SQL(Embedded SQL)의 컴파일 과정으로 올바른 것은?

① 예비 컴파일 – 바인드 – 실행
② 예비 컴파일 – 호스트 언어 컴파일 – 바인드 – 실행
③ 예비 컴파일 – 바인드 – 호스트 언어 컴파일 – 실행
④ 컴파일 – 바인드 – 실행

38 DB2의 시스템 카탈로그에 대한 설명으로 부적합한 것은?

① 시스템 자체가 관심을 가지고 있는 여러 가지 개체에 관한 정보를 포함하고 있는 시스템 데이터베이스이다.
② 개체들로는 기본 테이블, 뷰, 인덱스, 사용자, 응용 계획, 접근 권한 등이 있다.
③ 기본적으로 모든 데이터베이스 시스템에서 요구하는 정보는 같기 때문에 동일한 구조를 가지고 필요한 정보를 제공한다.
④ 카탈로그 자체도 일반 사용자 테이블과 같이 릴레이션으로 구성되어 있어서 일반 질의어를 이용해 그 내용을 검색해 볼 수 있다.

39 DB2의 데이터베이스 서비스 서브 시스템의 기능으로 올바른 것은?

① 시스템의 시동이나 가동 중지, 그리고 시스템 로그를 관리한다.
② 여러 사용자가 동시에 데이터베이스에 접근할 때 일어나는 병행성을 제어한다.
③ 데이터베이스의 정의, 검색, 변경을 지원한다.
④ 분산 데이터베이스 시스템 기능을 제공할 수 있도록 지원한다.

40 DB2에서 재컴파일이 일어나는 원인으로 타당한 것은?

① 컴파일할 때 바인드가 내린 결정이 실행 시에 무효로 되는 경우에 발생한다.
② 컴파일 시 오류가 발생하면 자동적으로 재컴파일된다.
③ 예비 컴파일 시 SQL 문장에서 오류가 발생하면 자동적으로 재컴파일된다.
④ 바인드 시 SQL 문장에서 오류가 발생하면 자동적으로 재컴파일된다.

41 DB2의 시스템 카탈로그 테이블의 구조로 적합하지 못한 것은?

① SYSTABLES　　　　　　　② SYSVIEWS
③ SYSINDEXES　　　　　　④ SYSDIRS

42 데이터베이스 설계 시 고려할 사항으로 부적합한 것은?

① 무결성　　② 일관성　　③ 회복/보안　　④ 응용 프로그램

43 다음 최적화 과정에서 접근 계획에 대한 비용을 줄이기 위한 고려 사항을 고르면?

┌───┐
│ ㉠ 디스크 접근 비용　　㉡ 저장 비용　　㉢ I/O 전송 비용 │
│ ㉣ 계산 비용　　　　　　㉤ 통신 비용   │
└───┘

① ㉠, ㉡, ㉢
② ㉠, ㉡, ㉣, ㉤
③ ㉠, ㉡, ㉢, ㉤
④ ㉠, ㉡, ㉢, ㉣

44 최적의 질의 처리 전략을 선택하는 데 영향을 미치는 요인이 아닌 것은?

① 튜플의 논리적인 순서
② 인덱스의 존재 여부
③ 하나의 질의를 처리할 목적으로 임시 인덱스를 만드는 비용
④ 인덱스의 구성 형태

45 하나의 질의문에 대한 실행 전략에는 보통 여러 가지가 있을 수 있는데, 그 중에서 이 질의문 처리에 가장 적절한 실행 전략을 선택하는 과정을 무엇이라 하는가?

① 정규화　　　　　　　　　② 질의어 최적화
③ 파서　　　　　　　　　　③ 컴파일러

46 질의어 최적화의 4단계에 포함되지 않는 것은?

① 질의문의 내부 표현　　　② 효율적 내부 형태로 변환
③ 질의문 계획의 평가 및 결정　④ 질의문 분해

47 질의문 분해는 어떤 데이터 언어를 실행하는 데 사용되는 최적화 기법인가?

① SQL　　　② QBE　　　③ QUEL　　　④ SEQUEL

48 질의문의 내부 표현에서 어떤 형식론에 의해 나타내어지는 트리는?

① 문법 트리　　② 파서 트리　　③ 질의문 트리　　④ 이진 트리

49 다음 중 트랜잭션이 가져야 할 속성인 것은?

① 독립성　　② 일관성　　③ 종속성　　④ 무결성

3과목 SQL 고급 활용 및 튜닝 실무

50 데이터베이스 시스템에서 장애(failure)의 유형이 아닌 것은?

① 트랜잭션 장애　　　　　　② 시스템 장애
③ 미디어 장애　　　　　　　④ 중복 데이터 장애

51 장애 발생 시 UNDO를 수행해야 할 트랜잭션을 다음 그림에서 고르면?

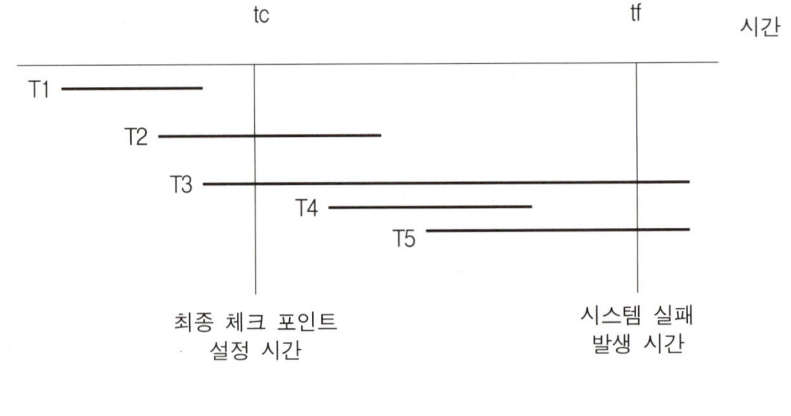

① T3, T5　　　② T2, T4　　　③ T2, T3　　　④ T4, T5

52 장애가 일어났을 때 데이터베이스를 장애 발생 이전의 상태로 복원시키는 것은?

① Recovery　　② Security　　③ Transaction　　④ Concurrency

53 데이터베이스 내용 자체는 손상되지 않았지만 변경 중이거나 변경된 내용에 대한 신뢰성을 잃어버린 경우에 로그를 이용하여 모든 변경들을 취소시킴으로써 원래의 데이터베이스 상태로 복원시키는 것은?

① Redo　　　② Undo　　　③ Journal　　　④ Dump

54 다음은 트랜잭션의 상태를 나타내는 그림이다. (ㄱ), (ㄴ)에 들어갈 적당한 것은?

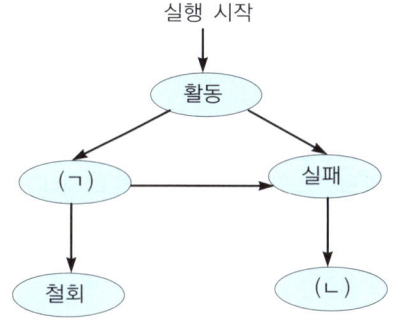

① 완료, 부분 완료
② 부분 완료, 완료
③ 부분 완료, 철회
④ 완료, 철회

55 트랜잭션의 실행이 성공적으로 완료되었음을 선언하는 연산은?

① Commit   ② Rollback   ③ EXEC SQL   ④ Active

56 다음 중 그림자 페이징 기법에 대한 설명으로 부적절한 것은?

① 로그를 이용하는 회복 기법이다.
② 트랜잭션의 Undo 연산이 아주 간단하고 Redo 연산이 필요 없기 때문에 장애로부터의 회복 작업이 신속하다.
③ 데이터 단편의 문제가 발생할 수 있다.
④ 쓰레기 수집 문제가 발생할 수 있다.

57 다음 중 트랜잭션이 가져야 할 특성이 아닌 것은?

① 원자성   ② 일관성   ③ 영속성   ④ 종속성

58 아무런 제약 없이 트랜잭션들이 동일한 데이터베이스에 동시에 접근하도록 하였을 때 발생하는 현상은?

① 데이터 종속성 발생
② 연쇄 복귀 시 부분 복귀 발생
③ 데이터 중복성 발생
④ 분실된 데이터 회복 정보 발생

59 아무런 제약 없이 트랜잭션들이 동일한 데이터베이스에 동시에 접근하도록 하였을 때 발생하는 문제점이 아닌 것은?

① 교착 상태　　② 갱신 분실　　③ 모순성　　④ 연쇄 복귀

60 모든 트랜잭션들이 실행을 전혀 진전시키지 못하고 무한정 기다리고 있는 상태를 나타내는 말은?

① Lock　　② Deadlock　　③ Shared Lock　　④ Exclusive Lock

61 교착 상태가 발생하는 필요 충분 조건에 해당되지 않는 것은?

① 상호 배제(mutual exclusion)　　② 대기(wait-for)
③ 선취(preemption)　　④ 순환 대기(circular wait)

62 wound-wait 기법에 대한 설명은?

① 트랜잭션의 타임 스탬프가 작으면 기다리는 경향이 있다.
② 선취(preemption) 기법을 기반으로 한다.
③ 무한정 기다림 현상을 방지할 수는 없다.
④ 복귀되는 수가 많다.

63 로킹(locking) 단위가 클 경우에 대한 설명으로 부적합한 것은?

① 병행성 수준이 높아진다.　　② 병행성 수준이 낮아진다.
③ 병행 제어 기법이 간단하다.　　④ 로크(lock)의 수가 적어진다.

64 교착 상태에 대한 해결책으로 부적합한 것은?

① 회피(avoidance)　　② 예방(prevention)
③ 상호 배제(mutual exclusion)　　④ 탐지(detection)

65 교착 상태에 관한 연구 중 엄격한 조건을 요구함으로써 자원을 좀 더 효율적으로 이용하는 것을 목적으로 하는 연구 분야는?

① 탐지(detection)　　② 예방(prevention)
③ 회피(avoidance)　　④ 복구(recovery)

66 프린터에서 반드시 따르는 교착 상태 조건은?

① 상호 배제(mutual exclusion)　　② 대기(wait-for)
③ 선취 금지(non-preemption)　　④ 순환 대기(circular wait)

67 낙관적 병행 제어 기법에서 트랜잭션을 처리하는 단계가 아닌 것은?

① 판독 단계　　② 확인 단계　　③ 기록 단계　　④ 로킹 단계

68 데이터베이스의 무결성을 유지하기 위한 무결성 규정의 구성 요소가 아닌 것은?

① 규정 이름　　② 제약 조건
③ 트리거 조건　　④ 프레디킷(predicate)

69 권한 부여 명세 기법이 아닌 것은?

① 뷰 기법　　② GRANT/REVOKE 기법
③ DEFINE PERMIT 기법　　④ ACCESS/CANCEL 기법

70 DBMS의 한 구성 요소로서 데이터베이스의 무결성을 유지하기 위한 것은?

① 보안 시스템　　② 무결성 서브 시스템
③ 팬텀(phantom)　　④ 복구 시스템

71 무결성 규정(Integrity Rule)의 구성 요소가 아닌 것은?

① 규정 이름　② 검사 시기　③ 제약 조건　④ 오류 내용

72 주어진 애트리뷰트의 값이 그 애트리뷰트가 정의된 도메인에 속한 값이어야 한다는 규정은?

① 릴레이션 무결성 규정　② 도메인 무결성 규정
③ 애트리뷰트 무결성 규정　④ 의미상 무결성 규정

73 선언적 형태의 무결성 규정의 위반 시 취소 이외의 조치를 명세하여 어떤 프로시저를 가동시키기 위한 기법으로 많이 쓰이는 것은?

① Trigger　② Update　③ Rule　④ Commit

74 데이터베이스 보안에 대한 통제의 적용 범위가 아닌 것은?

① 법적, 윤리적 통제　② 행정, 관리적 통제
③ 논리적 통제　④ 기술적 통제

75 데이터베이스 관리자(DBA)의 역할이 아닌 것은?

① 데이터베이스의 구성 요소 결정　② 저장 구조와 접근 방법 선정
③ 보안 및 권한 부여 정책 수립　④ 데이터 사전 구성

76 공중 키 암호화 기법에 대한 설명이 아닌 것은?

① 암호화 키와 해독 키를 별도로 만들어 사용한다.
② 변환된 암호문을 해독하는 절차는 암호화 키만 알면 간단히 알 수 있다.
③ RSA 기법은 공중 키 암호화 기법의 한 종류이다.
④ 구현하기가 어렵다.

77 암호화 시스템의 구성 요소가 아닌 것은?

① 암호화 알고리즘　　② 해독 알고리즘
③ 암호화 키　　　　　④ 암호문

78 분산 데이터베이스 시스템의 구성 요소가 아닌 것은?

① 분산 처리기　　　　② 분산 질의어
③ 분산 데이터베이스　④ 통신 네트워크

79 다음 중 분산 데이터베이스의 장점이 아닌 것은?

① 지역 자치성　　　　　② 점증적 시스템 용량 확장
③ 소프트웨어 개발 비용 감소　④ 효용성과 융통성

80 클라이언트와 서버 사이의 상호 작용에 대한 설명으로 부적절한 것은?

① 클라이언트는 질의문을 해석해서 여러 개의 독립적인 사이트 질의문으로 분해한다.
② 사이트 질의문은 적절한 서버 사이트로 전송된다.
③ 사이트 질의문은 적절한 클라이언트 사이트로 전송된다.
④ 클라이언트 사이트에서는 서버에서 보내온 결과들을 조합해서 원래의 질의문 결과를 생성한다.

81 분산 데이터베이스 관리 시스템의 소프트웨어 모듈에 속하지 않는 것은?

① 서버 소프트웨어　　② 클라이언트 소프트웨어
③ 통신 소프트웨어　　④ 응용 소프트웨어

82 분산 데이터베이스 시스템에서의 카탈로그 배치 방법으로 볼 수 없는 것은?

① 중앙 집중 카탈로그　② 지역 카탈로그
③ 완전 중복 카탈로그　④ 부분 중복 카탈로그

83 개체 타입 중에서 자기 자신의 키 애트리뷰트를 가질 수 없는 것은?

① 강한 개체 타입　　　　　　② 약한 개체 타입
③ 식별 개체 타입　　　　　　④ 관련 개체 타입

84 확장 개체-관계 모델은 개체와 관계라는 추상화 개념 외에 어떤 추상화 방법이 추가되었는가?

① 일반화, 세분화, 구종화　　　② 일반화, 집단화, 세분화
③ 일반화, 집단화, 구종화　　　④ 세분화, 구조화, 집단화

85 일반화를 통한 데이터 모델링 방법을 무엇이라 하는가?

① 하향식 개념 설계　　　　　② 상향식 개념 설계
③ 복합식 개념 설계　　　　　④ 계단식 개념 설계

86 요소 객체들을 가지고 상위 레벨의 복합 객체를 구축하는 추상화 개념은?

① 일반화　　② 세분화　　③ 집단화　　④ 연관화

정답

01	02	03	04	05	06	07	08	09	10	11	12	13	14	15
②	③	②	①	①	③	③	④	①	④	④	④	②	③	③
16	17	18	19	20	21	22	23	24	25	26	27	28	29	30
②	③	③	②	①	③	②	④	①	①	②	④	①	④	③
31	32	33	34	35	36	37	38	39	40	41	42	43	44	45
②	③	①	③	④	②	②	③	④	①	④	④	②	①	②
46	47	48	49	50	51	52	53	54	55	56	57	58	59	60
④	③	③	②	④	①	①	①	②	①	①	④	②	①	②
61	62	63	64	65	66	67	68	69	70	71	72	73	74	75
③	②	①	③	③	①	④	②	④	②	④	②	①	③	④
76	77	78	79	80	81	82	83	84	85	86				
②	④	②	③	③	④	④	②	②	②	③				

MEMO

제1장 데이터 SQL 전문가(SQLP) 실전 문제

(1) 필기시험(객관식/단답형) 문제
(2) 실기시험 문제

제2장 데이터 SQL 개발자(SQLD) 실전 문제

(1) 필기시험(객관식/단답형) 문제

정답 및 해설

이 장에서는 데이터 SQL 전문가·개발자 자격 검정 준비를 위해 데이터 SQL 전문가(SQLP) 실전 문제, 데이터 SQL 개발자(SQLD) 실전 문제를 출제 유형에 맞게 풀어본다.

제1장 데이터 SQL 전문가(SQLP) 실전 문제

1 필기 시험(객관식/단답형) 문제

데이터 모델링의 이해(10문제)

01 다음 중 정보 시스템을 모델링할 때 세 가지 관점에 해당하지 않는 것은?

① 업무가 어떤 데이터와 관련이 있는지 분석
② 업무가 실제 하는 일은 무엇인지 또는 무엇을 해야 하는지 분석
③ 업무가 처리하는 일의 방법에 따라 데이터가 어떻게 영향을 받는지 분석
④ 업무를 처리할 수 있는 프로그램 구성을 어떻게 해야 하는지 분석

02 데이터 모델링의 세 가지 중요 개념에 속하지 않는 것은?

① 업무가 관여하는 어떤 것(Things)
② 업무가 관여하는 어떤 것의 행위(Events)
③ 업무가 관여하는 어떤 것의 성격(Attributes)
④ 업무가 관여하는 어떤 것의 관계(Relationships)

03 발생 시점에 따라 구분할 수 있는 엔티티의 유형이 아닌 것은?

① 행위 엔티티(Active Entity)
② 중심 엔티티(Main Entity)
③ 개념 엔티티(Conceptual Entity)
④ 기본 엔티티(Basic Entity)

04 다음과 같은 특징을 가진 속성의 이름은?

> 이 속성이 없어도 다른 속성을 이용하여 결과를 도출할 수 있다.

① 설계 속성(Designed Attribute) ② 파생 속성(Derived Attribute)
③ 기본 속성(Basic Attribute) ④ 관계 속성(Associative Attribute)

05 다음 중 엔티티의 특징에 포함되지 않는 것은?

① 반드시 해당 업무에서 필요하고 관리하고자 하는 정보여야 한다.
② 유일한 식별자에 의해 식별이 가능해야 한다.
③ 엔티티는 업무 프로세스에 의해 이용되어야 한다.
④ 엔티티는 반드시 속성이 없어도 된다.

06 (단답형) 다음 설명이 나타내는 데이터 모델의 개념은 무엇인가?

> 학생이라는 엔티티가 있을 때 학점이라는 속성의 값의 범위는 0.0에서 4.0 사이의 실수 값이며 주소라는 속성은 길이가 20자리 이내인 문자열로 정의할 수 있다.

07 엔티티 간 1:1, 1:M과 같이 관계의 기수성을 나타내는 것을 무엇이라 하는가?

① 관계명(Relationship Membership)
② 관계 차수(Relationship Degree/Cardinality)
③ 관계 선택성(Relationship Optionality)
④ 관계 정의(Relationship Definition)

08 관계를 정의할 때 주요하게 체크해야 하는 사항과 거리가 먼 것은?

① 두 개의 엔티티 사이에 관심 있는 연관 규칙이 존재하는가?
② 두 개의 엔티티 사이에 정보의 조합이 발생되는가?
③ 업무 기술서, 장표에 관계 연결에 대한 규칙이 서술되어 있는가?
④ 업무 기술서, 장표에 관계 연결을 가능하게 하는 명사(Noun)가 있는가?

09 식별자의 대표성 여부에 따라 분류하는 방식은?

① 주 식별자 – 보조 식별자
② 내부 식별자 – 외부 식별자
③ 본질 식별자 – 인조 식별자
④ 단일 식별자 – 복합 식별자

10 다음 개념에 해당하는 관계는 어떤 관계를 설명한 것인가?

> 부모 엔티티로부터 속성을 받았지만 자식 엔티티의 주 식별자로 사용하지 않고 일반적인 속성으로만 사용한다.

① 식별자 관계(Identifying Relationship)
② 일반 속성 관계(Attribute Relationship)
③ 비식별자 관계(Non-Identifying Relationship)
④ 외부 식별 관계(Foreign Key Relationship)

SQL 기본 및 활용(20문제)

01 다음 설명 중 옳은 것은 무엇인가?

① 데이터베이스에는 단 한 개의 테이블만 존재할 수 있다.
② 데이터베이스 내에 테이블이란 존재하지 않는다.
③ 아주 복잡한 자료도 테이블은 하나만 만드는 것이 바람직하다.
④ 모든 자료는 실질적으로 테이블에 저장되며, 테이블에 있는 자료들을 꺼내 볼 수 있다.

02 데이터 유형에 대한 설명 중 틀린 것은 무엇인가?

① CHAR 유형은 고정 길이 문자형이다.
② VARCHAR 유형은 가변 길이 숫자형이다.
③ NUMERIC 유형은 숫자형 데이터를 표현한다.
④ DATE 유형은 날짜 데이터를 다룰 때 사용한다.

03 다음 중 테이블 명으로 가능한 것은 무엇인가?

① EMP100　　② 100EMP　　③ EMP-100　　④ 100_EMP

04 데이터를 입력하기 위해 사용하는 SQL 명령어는 무엇인가?

① CREATE　　② UPDATE　　③ INSERT　　④ ALTER

05 Commit과 Rollback의 장점으로 적합하지 않은 것은 무엇인가?

① 데이터 무결성을 보장한다.
② 영구적인 변경을 하기 전에 데이터의 변경 사항을 확인할 수 있다.
③ 영구적인 변경을 할 수 없게 한다.
④ 논리적으로 연관된 작업을 그룹핑하여 처리하는 것이 가능하다.

06 다음 SQL 문장의 결과 출력되는 데이터는 무엇인가?

```
SELECT PLAYER_NAME 선수명, E_PLAYER_NAME 선수 영문명
FROM PLAYER
WHERE E_PLAYER_NAME LIKE '_A%';
```

① 선수의 영문 이름이 A로 시작하는 선수들의 이름
② 선수의 영문 이름이 A 또는 a로 시작하는 선수들의 이름
③ 선수의 영문 이름의 두 번째 문자가 A인 선수들의 이름
④ 위치에 상관없이 선수의 영문 이름이 A를 포함하는 선수들의 이름

07 어떠한 데이터 타입도 사용이 가능한 집계 함수는 어느 것인가?

① COUNT   ② SUM   ③ AVG   ④ STDDEV

08 SQL 문장에서 집합별로 집계된 데이터에 대한 조회 조건을 제한하기 위해서 사용하는 절은 어느 것인가?

① WHERE 절   ② GROUP BY 절   ③ HAVING 절   ④ FROM 절

09 JOIN의 종류에 대한 설명 중 틀린 것은 무엇인가?

① EQUI JOIN은 반드시 PK, FK 관계에 의해서만 성립된다.
② NON-EQUI JOIN은 등가 조건이 성립되지 않은 테이블에 JOIN을 걸어주는 방법이다.
③ OUTER JOIN은 JOIN 조건을 만족하지 않는 데이터도 볼 수 있는 JOIN 방법이다.
④ SELF JOIN은 하나의 테이블을 논리적으로 분리시켜 EQUI JOIN을 이용하는 방법이다.

10 4개의 테이블로부터 필요한 컬럼을 조회하려고 한다. 최소 몇 개의 JOIN 조건이 필요한가?

① 2개   ② 3개   ③ 4개   ④ 5개

11 다음 SET 연산자에 대한 설명 중 틀린 것은 무엇인가?

① UNION 연산자는 조회 결과에 대한 합집합을 나타내며 자동으로 정렬을 해 준다.
② UNION ALL 연산자는 조회 결과를 정렬하고 중복되는 데이터를 한 번만 표현한다.
③ INTERSECT 연산자는 조회 결과에 대한 교집합을 의미한다.
④ EXCEPT 연산자는 조회 결과에 대한 차집합을 의미한다.

12 다음 중 SELF JOIN을 수행해야 할 때는 어떤 경우인가?

① 두 테이블에 공통 컬럼이 존재하고 두 테이블에 연관 관계가 있다.
② 두 테이블에 연관된 컬럼은 없으나 JOIN을 해야 한다.
③ 한 테이블 내에서 두 컬럼이 연관 관계가 있다.
④ 한 테이블 내에서 연관된 컬럼은 없으나 JOIN을 해야 한다.

13 일반적으로 FROM 절에 정의된 후 먼저 수행되어 SQL 문자 내에서 절차성을 주는 효과를 볼 수 있는 것은 어떤 유형의 서브쿼리 문장인가?

① SCALAR SUBQUERY   ② NESTED SUBQUERY
③ CORRELATED SUBQUERY   ④ INLINE VIEW

14 다음 서브쿼리에 대한 설명 중 틀린 것을 고르시오.

① 다중행 연산자는 IN, ANY, ALL이 있으며, 서브쿼리의 결과로 하나 이상의 데이터가 RETURN 되는 서브쿼리이다.
② TOP-N 서브쿼리는 INLINE VIEW의 정렬된 데이터를 ROWNUM을 이용해 결과 행 수를 제한하거나, TOP (N) 조건을 사용하는 서브쿼리이다.
③ INLINE VIEW는 FROM 절에 사용되는 서브쿼리로서 실질적인 OBJECT는 아니지만 SQL 문장에서 마치 VIEW나 테이블처럼 사용되는 서브쿼리이다.
④ 상호 연관 서브쿼리는 처리 속도가 가장 빠르기 때문에 최대한 활용하는 것이 좋다.

15 소계, 중계, 합계처럼 계층적 분류를 포함하고 있는 데이터의 집계에 적합한 GROUP 함수 두 가지는 무엇인가?

① ROLLUP, SUM
② ROLLUP, CUBE
③ GROUPING, SUM
④ CUBE, SUM

16 그룹 내 순위 관련 WINDOW 함수의 특징으로 틀린 것은 무엇인가?

① RANK 함수는 동일한 값에 대해서는 동일한 순위를 부여한다(같은 등수에 여럿이 존재하는 경우 등수가 SKIP 될 수 있음).
② DENSE_RANK 함수는 RANK 함수와 흡사하나, 동일한 순위를 하나의 건수로 취급하는 것이 틀린 점이다(같은 등수에 여럿이 존재하는 경우에도 등수가 SKIP 되지 않음).
③ CUMM_RANK 함수는 누적된 순위를 부여할 수 있다(등수를 누적 순위로 표현함).
④ RANK 함수가 동일한 값에 대해서는 동일한 순위를 부여하는 데 반해, ROW_NUMBER 함수는 고유한 순위를 부여한다(같은 등수가 존재할 수 없음).

17 다음 중 옳은 내용은 무엇인가?

① 유저를 생성하면 생성한 유저로 바로 로그인할 수 있다.
② 새롭게 생성된 유저라면 조건 없이 새로운 유저를 만들 수 있다.
③ 유저 생성은 누구나 할 수 있지만 권한 설정은 데이터베이스 관리자만 가능하다.
④ 다른 유저의 테이블은 그 테이블에 대한 권한 없이는 조회할 수 없다.

18 다음 중 절차형 SQL을 이용하여 주로 만드는 것이 아닌 것은 무엇인가?

① PROCEDURE
② TRIGGER
③ USER DEFINED FUNCTION
④ BUILT-IN FUNCTION

19. 다음 중 아래 스키마를 보고 평점이 3.0 이상인 학생들의 이름을 보여 주는 SQL을 표현한 것으로 가장 적절한 것은?

> ※ 밑줄친 속성은 기본 키(Primary Key)이며 ENROLL의 학번은 STUDENT의 학번을 참조하는 외래 키(Foreign Key)이고, ENROLL의 강좌 번호는 CLASS의 강좌 번호를 참조하는 외래 키이다.
> STUDENT(학번, 학과, 이름) <- (스키마)
> CLASS(강좌 번호, 시간, 강좌 이름)
> ENROLL(학번, 강좌 번호, 학점)

① SELECT 학번, MIN(이름)
   FROM STUDENT S, ENROLL E
   GROUP BY E.학번WHERE
   HAVING AVG(E.학점) >= 3.0

② SELECT S.학번, MIN(이름)
   FROM STUDENT S, ENROLL E
   WHERE S.학번=E.학번
   HAVING AVG(E.학점) >= 3.0

③ SELECT S.학번, MIN(이름)
   FROM STUDENT S, ENROLL E
   S.학번=E.학번
   GROUP BY S.학번
   HAVING AVG(E.학점) >= 3.0

④ SELECT 학번, MIN(이름)
   FROM STUDENT S, ENROLL E
   WHERE S.학번=E.학번
   GROUP BY S.학번
   HAVING AVG(E.학점) > 3.0

20. 다음 SQL 문장에서 틀린 부분은 어디인가?

① SELECT PLAYER, PLAYER_NAME 선수명, TEAM, TEAM_NAME 팀명
② FROM PLAYER P, TEAM T
③ WHERE P.TEAM_ID = T.TEAM_ID
④ ORDER BY 선수명

SQL 고급 활용 및 튜닝 실무(40문제)

01 데이터 모델을 다음과 같이 만들었는데 {학번, 과목 번호} 결정자이면서 PK이고 {성적, 지도 교수명, 학과명}이 종속자이다. 속성 중 과목 번호가 결정자이고 {지도 교수명, 학과명}이 과목 번호에만 함수 종속성을 가진다면 이는 몇 차 정규형에 속하고 몇 차 정규화의 대상인가?

① 1차 정규형 – 2차 정규화 대상
② 2차 정규형 – 3차 정규화 대상
③ 3차 정규형 – 보이스코드 정규화 대상
④ 보이스코드 정규형 – 4차 정규화 대상

02 다음 모델에서 배송 엔티티에서 고객의 정보를 찾을 때 성능을 향상시키고 SQL 문장을 단순화할 수 있도록 하는 가장 적절한 반정규화 방법은 무엇인가? (전제 사항 : 주문 목록 엔티티에서는 고객의 주 식별자를 상속받기를 원하지 않음, 배송 엔티티에서는 고객 엔티티의 모든 속성을 참조하기를 원함)

① 고객의 모든 정보를 모두 배송 엔티티의 속성으로 반정규화
② 배송과 고객의 엔티티를 통합하는 반정규화
③ 배송 엔티티 주문+목록 엔티티 관계를 식별자 관계로 수정
④ 고객과 배송 엔티티의 관계를 추가(1:M 관계)하는 관계 반정규화

03 다음 중 설계 단계에서 데이터 모델의 성능을 고려하는 절차와 방법에 포함되지 않는 것은?

① 데이터 모델링을 할 때 분석 단계에서부터 반정규화를 수행한다.
② 데이터베이스 용량 산정을 수행한다.
③ 데이터베이스에 발생되는 트랜잭션의 유형을 파악한다.
④ 이력 모델의 조정, PK/FK 조정, 슈퍼 타입/서브 타입 조정 등을 수행한다.

04 다음 슈퍼 타입/서브 타입 모델에서 설계 단계에서 변환할 수 있는 테이블의 형태가 아닌 것은?

① 전체가 하나의 테이블인 부동산 관계자로 통합하는 All in One 타입
② 슈퍼 타입(부동산 관계자)과 서브 타입(부동산 전세자, 부동산 소유자)을 슈퍼+서브 타입인 부동산 전세자, 부동산 소유자 2개 테이블로 만든 타입
③ 슈퍼 타입(부동산 관계자)과 서브 타입(부동산 전세자, 부동산 소유자)을 모두 1:1 관계로 해체하여 개별로 테이블을 만드는 타입
④ 부동산 관계자의 일부 속성은 부동산 전세자에게, 일부 속성은 부동산 소유자에게 할당하여 배치하는 수평 분할 타입

05 다음 중 분산 데이터베이스의 투명성에 속하지 않는 것은?

① 분할 투명성　　② 병렬 투명성　　③ 중복 투명성　　④ 병행 투명성

06 옵티마이저에 대한 설명으로 적절하지 않은 것은 다음 중 무엇인가?

① 옵티마이저는 질의에 대해 실행 계획을 생성한다.
② 비용 기반 옵티마이저는 비용 계산을 위해 다양한 통계 정보를 사용한다.
③ 규칙 기반 옵티마이저에서 제일 낮은 우선순위는 전체 테이블 스캔이다.
④ 비용 기반 옵티마이저는 적절한 인덱스가 존재하면 반드시 인덱스를 사용한다.

07 실행 계획에 대한 설명으로 적절하지 않은 것은 다음 중 무엇인가?

① 실행 계획은 SQL 문의 처리를 위한 절차와 방법이 표현된다.
② 실행 계획은 액세스 기법, 조인 순서, 조인 방법 등으로 구성된다.
③ 실행 계획이 다르면 결과도 달라질 수 있다.
④ 최적화 정보는 실행 계획의 단계별 예상 비용을 표시한 것이다.

08 SQL 처리 흐름도에 대한 설명으로 적절하지 않은 것은 다음 중 무엇인가?

① 실행 계획을 시각화한 것이다.
② 성능적인 측면의 표현은 고려하지 않는다.

③ 인덱스 스캔 및 전체 테이블 스캔 등의 액세스 기법을 표현할 수 있다.
④ SQL 문의 처리 절차를 시각적으로 표현한 것이다.

09 다음 설명 중 적절한 것은 무엇인가?

① 인덱스는 인덱스 구성 컬럼으로 항상 오름차순으로 정렬된다.
② 비용 기반 옵티마이저는 인덱스 스캔이 항상 유리하다고 판단한다.
③ 규칙 기반 옵티마이저는 적절한 인덱스가 존재하면 항상 인덱스를 사용하려고 한다.
④ 인덱스 범위 스캔은 항상 여러 건의 결과가 반환된다.

10 조인에 대한 설명으로 적절하지 않은 것은 다음 중 무엇인가?

① FROM 절에 나열된 모든 테이블이 동시에 조인 작업이 수행된다.
② NL Join은 중첩된 반복문과 유사한 형식이다.
③ NL Join은 성행 테이블의 조건을 만족하는 건수만큼 반복 수행된다.
④ Hash Join은 작은 테이블을 선행 테이블로 사용하는 것이 성능 관점에서 좋다.

11 아래 테이블은 어느 회사의 사원들과 이들이 부양하는 가족에 대한 것으로 밑줄 친 컬럼은 기본 키(Primary Key)를 표시한 것이다. 다음 중 '현재 부양하는 가족들이 없는 사원들의 이름을 구하라'는 질의에 대해 아래 SQL 문장의 ㉠, ㉡에 들어갈 내용으로 가장 적절한 것은?

〈테이블〉
사원(사번, 이름, 나이)
가족(이름, 나이, 부양 사번)

※ 가족 테이블의 부양 사번은 사원 테이블의 사번을 참조하는 외래 키(Foreign Key)이다.

〈SQL 문장〉
SELECT 이름
FROM 사원
WHERE ㉠ (SELECT * FROM 가족 WHERE ㉡)

① ㉠ : EXISTS, ㉡ : 사번 = 부양 사번	② ㉠ : EXISTS, ㉡ : 사번 <> 부양 사번
③ ㉠ : NOT EXISTS, ㉡ : 사번 = 부양 사번	④ ㉠ : NOT EXISTS, ㉡ : 사번 <> 부양 사번

12. 다음 중 아래 테이블 정의와 인덱스 현황을 참고하여, 인덱스를 효율적(또는 정상적)으로 액세스할 수 없는 검색 조건을 2개 고르시오. (단, Oracle의 Index Unique Scan, Index Range Scan 또는 SQL Server의 Index Seek 이외의 액세스 방식은 모두 비효율적이라고 가정한다)

```
create table 주문 (
    주문 번호        int            not null
  , 주문자명         varchar(20)    null
  , 주문 금액        money          null
  , 주문 일자        varchar(8)     null
)
create unique index 주문_pk on 주문 (주문 번호)
create index 주문_x01 on 주문 (주문자명)
create index 주문_x02 on 주문 (주문 일자, 주문 금액)
```

① where 주문 번호 between 1 and 10	② where 주문자명 like '%홍길동%'
③ where 주문 일자 >= '20100901'	④ where 주문 일자 = 20100901

13. 총 건수가 1,000만 건인 연도별 지역별 상품 매출 테이블에 <출시 연도 + 크기>, <색상 + 출시 연도>순으로 구성된 두 개의 B*Tree 인덱스가 있었다. 다음 중 이 두 인덱스를 제거하고 아래와 같이 세 개의 비트맵(Bitmap) 인덱스를 생성했을 때, 개별 쿼리의 블록 I/O 측면에서 개선 효과가 가장 미미한 것은?

```
create bitmap index 연도별지역별상품매출_bx1 on 연도별지역별상품매출(크기);
create bitmap index 연도별지역별상품매출_bx2 on 연도별지역별상품매출(색상);
create bitmap index 연도별지역별상품매출_bx3 on 연도별지역별상품매출(출시 연도);
```

- Distinct Value
    크기 = {NULL, SMALL, MEDIUM, BIG}
    색상 = {NULL, RED, GREEN, BLUE, BLACK, WHITE}
    출시 연도 = {NULL, 2001, 2002, 2003, 2004, 2005, 2006, 2007, 2008, 2009, 2010}

- 데이터 분포는 모두 균일

① select count(*) from 연도별지역별상품매출 where 색상 is null;
② select count(*) from 연도별지역별상품매출
        where (크기 = 'SMALL' or 크기 is null)
        and   색상 = 'GREEN'
        and   출시 연도 = '2010';
③ select 색상, count(*) from 연도별지역별상품매출 group by 색상;
④ select sum(판매량), sum(판매 금액)
        from 연도별지역별상품매출
        where 색상 = 'BLUE';

14 Oracle에서 no_merge 힌트를 사용하지 않고도 아래 SQL 문에 뷰 머징(View Merging)이 발생하지 않게 하려고 한다. 다음 중 ㉠ 안에 들어갈 키워드로 가장 적절한 것은?

```
SELECT *
FROM (SELECT ㉠, EMP_NAME, HIRE_DATE, SAL, DEPT_NO
      FROM EMP
      WHERE DEPTNO = 30) X
WHERE HIRE_DATE BETWEEN TO_DATE('20100101', 'YYYYMMDD') AND
TO_DATE('20101231', 'YYYYMMDD')
```

① TO_DATE(SYSDATE, 'YYYYMMDD')   ② ROWNUM
③ EMPNO   ④ ROWID

15 다음 중 아래 SQL에 대한 설명으로 가장 부적절한 것은?

```
SELECT SUM(NVL(A.C2, 0))
FROM   TAB1 A, TAB2 B
WHERE  A.C1 = :V1
```

① 조인 조건이 없어서 결과 건수가 여러 건이 된다.
② 조인 조건이 없다고 문법 오류가 발생하지는 않는다.
③ SUM(NVL(A.C2, 0))의 처리에 비효율이 존재한다.
④ 조인 조건이 없어서 CARTESIAN PRODUCT가 발생한다.

16 (단답형) 사원 데이터에서 급여가 높은 순서를 구하는 아래 SQL 문장의 ㉠ 안에 들어갈 함수명을 작성하시오.

```
SELECT  JOB,
        ENAME,
        SAL,
        ㉠( ) OVER(ORDER BY SAL DESC) QQ1
FROM    EMP
```

JOB	ENAME	SAL	QQ1
PRESIDENT	KING	5000	1
ANALYST	FORD	3000	2
ANALYST	SCOTT	3000	2
MANAGER	JONES	2975	4

MANAGER	BLAKE	2850	5
MANAGER	CLARK	2450	6
SALESMAN	ALLEN	1600	7
SALESMAN	TURNER	1500	8
CLERK	MILLER	1300	9
SALESMAN	WARD	1250	10
SALESMAN	MARTIN	1250	10
CLERK	ADAMS	1100	12
CLERK	JAMES	950	13
CLERK	SMITH	800	14

17 전체 사원이 1,000명인 회사에서 아래 쿼리를 수행하려고 한다. 다음 중 옵티마이저가 예상하는 건수로 가장 적절한 것은?

```
select * from 사원 where 직급 = '부장' and 부서 = '영업';
```

* 직급은 {부장, 과장, 대리, 사원}의 집합이다.
* 부서는 {인사, 총무, 회계, 마케팅, 영업}의 집합이다.
* 두 컬럼 모두 히스토그램 정보가 수집되어 있지 않다.

① 48　　　　② 50　　　　③ 55　　　　④ 60

18 다음 중 아래 t_idx 인덱스가 해당하는 것으로 가장 적절한 것은?

```
create table t ( a number, b char(3), c varchar2(10) )
partition by range(a) (
partition p1 values less than(100)
, partition p2 values less than(200)
, partition p3 values less than(maxvalue)
);

create index t_idx on t( b ) local ;
```

① Global Prefixed Partition Index
② Global NonPrefixed Partition Index
③ Local Prefixed Partition Index
④ Local NonPrefixed Partition Index

19 (단답형) 아래 NVL 함수와 ISNULL 함수를 사용한 SQL 문장은 벤더 공통적으로 CASE 문장으로 표현할 수 있다. 아래 CASE SQL 문장의 ㉠ 안에 들어갈 내용을 작성하시오.

[Oracle 사례]
SELECT PLAYER_NAME 선수명, POSITION, NVL(POSITION, '없음') 포지션
FROM PLAYER WHERE TEAM_ID = 'K08'

[SQL Server 사례]
SELECT PLAYER_NAME 선수명, POSITION, ISNULL(POSITION, '없음') 포지션
FROM PLAYER WHERE TEAM_ID = 'K08'

[CASE 문장 사례]
SELECT PLAYER_NAME 선수명, POSITION, CASE WHEN (㉠   ) THEN '없음'
                                            ELSE POSITION END AS 포지션
FROM PLAYER
WHERE TEAM_ID = 'K08'

20. 다음 중 아래 두 SQL에 대한 설명으로 가장 적절한 것은? (단, 국가는 100건, 수출 실적은 100만 건. 국가 테이블 PK는 국가 코드이다)

```
가. SELECT DISTINCT 국가명
    FROM 국가 x, 수출 실적 y
    WHERE x.국가 코드= y.국가 코드
    AND y.수출 연월 BETWEEN '200001' AND '201012';

나. SELECT 국가명
    FROM 국가 x
    WHERE EXISTS (SELECT 1
                  FROM  수출 실적 y
                  WHERE y.국가 코드= x.국가 코드
                  AND y.수출 연월 BETWEEN  '200001' AND '201012');
```

① '가' SQL은 부분 범위 처리가 가능하다.
② '나' SQL이 더 효율적이다.
③ OLTP 환경이냐, DW 환경이냐에 따라 두 SQL의 효율성이 다르다.
④ 두 SQL의 결과가 다르므로 효율성을 판단하는 것은 의미가 없다.

21. (단답형) 아래 Call Statistics를 보고 Buffer Cache Hit Ratio를 구하시오.

아래

call	count	cpu	elapsed	disk	query	current	rows
Parse	50000	0.51	0.51	0	0	0	0
Execute	50000	3.18	2.91	5000	10000	15000	50000
Fetch	0	0.00	0.00	0	0	0	0
total	100000	3.70	3.43	5000	10000	15000	50000

22 다음 중 NL(Nested Loops) Join의 특징을 설명한 것으로 가장 부적절한 것은?

① 조인을 한 로우씩 차례대로 진행하므로 부분 범위 처리에 자주 사용된다.
② 먼저 액세스한 테이블의 처리 범위에 따라 전체 일량이 결정된다.
③ Inner 쪽 조인 컬럼에 대한 인덱스 전략이 중요하지만, 조인 컬럼이 모두 포함되지 않은 인덱스라도 사용 가능하다.
④ 선행(Driving) 집합도 반드시 인덱스를 통해 액세스해야 효율적이다.

23 다음 중 Oracle에서 인덱스를 스캔하는 방식 중 하나인 Index Full Scan의 특징으로 가장 부적절한 것은?

① 인덱스 구조를 따라 스캔하므로 결과 집합의 순서가 보장된다(=일정하다).
② Single Block Read 방식을 사용한다.
③ 파티션 돼 있지 않다면 병렬 스캔이 불가능하다.
④ 필요한 컬럼이 모두 인덱스에 포함되어 있을 때만 사용 가능하다.

24 Oracle에서 TAB1, TAB2순으로 NL 조인하도록 유도하고자 한다. 다음 중 ㉠ 안에 넣을 바른 힌트 사용법을 2개 고르시오.

```
SELECT --+ (    ㉠    ) -- ...
FROM TAB1 A, TAB2 B
WHERE A.KEY = B.KEY
```

① ORDERED USE_NL(B)   ② ORDERED USE_NL(TAB2)
③ LEADING(A) USE_NL(B)   ④ DRIVING_SITE(A) USE_NL(B)

25 다음 중 아래 SQL 문과 실행 계획을 보고, 두 테이블의 조인 순서와 inner 테이블에 대한 조인 횟수로 가장 적절한 것은?

```
select      *
from        t_small a, t_big b
where       a.id = b.id
and         a.colid = b.colid
and         a.number = b.number
and         b.name = 'password'
and         a.length <= 10
order by    a.length DESC


Rows        Executes    StmtText
----------  ----------  ------------------------------------------------------------
    0           1       select *
    0           1         |--Sort(ORDER BY:([a].[length] DESC))
    0           1            |--Filter(WHERE:([t_small].[length] as [a].[length]<=(10
   30           1               |--Nested Loops(Inner Join, OUTER REFERENCES:([Bmk1
   30           1                  |--Nested Loops(Inner Join, OUTER REFERENCES:(
   30           1                  |    |--Table Scan(OBJECT:([t_big] AS [b]),
   30          30                  |    |--Index Seek(OBJECT:([t_small].[t_small_
   30          30                  |--RID Lookup(OBJECT:([t_small] AS [a]), SEEK:

(8개 행 적용됨)
```

① 조인 순서 : t_small → t_big, inner 테이블 조인 횟수 : 30

② 조인 순서 : t_big → t_small, inner 테이블 조인 횟수 : 60

③ 조인 순서 : t_small → t_big, inner 테이블 조인 횟수 : 1

④ 조인 순서 : t_big → t_small, inner 테이블 조인 횟수 : 30

26 다음 중 아래 SQL과 트레이스 결과를 분석하고, 보기에서 제시한 튜닝 방안 중 가장 적절한 것은?

```
SQL> SELECT ...
  2    FROM (SELECT DEII_DT, NEII_VAL, NACT_VAL, NSTD_VAL
  3                , NVL(ROUND(AVG(NACT_VAL/NSTD_VAL*100) OVER(), 2), 0.00) AVG_VAL
  4                , NVL(ROUND(STDDEV(NACT_VAL/NSTD_VAL*100) OVER(), 2), 0.00) STDDEV_VAL
  5                , ROWNUM RN
  6            FROM    EII_SUMMARY
  7           WHERE   TO_CHAR(DEII_DT, 'YYYYMMDDHH24MISS') BETWEEN :B3 AND :B4
  8         ORDER BY DEII_DT) MR
  9    LEFT OUTER JOIN EII_TARGET ET
 10      ON   ET.DEII_DT BETWEEN TRUNC(MR.DEII_DT, 'MM')
 11                 AND TRUNC(LAST_DAY(MR.DEII_DT)+1)-1/60/24/24
 12      AND  ET.NCODE_NO IN ( :B1, :B2 )
 13 GROUP BY FLOOR((MR.RN-1)/:B5), MR.AVG_VAL, MR.STDDEV_VAL
 14 ORDER BY FLOOR((MR.RN-1)/:B5) ;
```

call	count	cpu	elapsed	disk	query	current	rows
Parse	446	0.00	0.00	0	0	0	0
Execute	7578	0.03	0.12	22	564	2	8
Fetch	13522	128.03	129.16	22	6676902	0	10442
total	21546	128.06	129.30	44	6677466	2	10450

Rows	Row Source Operation
2	SORT GROUP BY (cr=7340 pr=7 pw=0 time=221191 us)
240	NESTED LOOPS OUTER (cr=7340 pr=7 pw=0 time=221460 us)
120	VIEW (cr=20 pr=7 pw=0 time=90776 us)
120	FILTER (cr=20 pr=7 pw=0 time=90410 us)
120	WINDOW SORT (cr=20 pr=7 pw=0 time=89447 us)
120	COUNT (cr=20 pr=7 pw=0 time=79490 us)
120	TABLE ACCESS (FULL) OF 'EII_SUMMARY' (TABLE) (cr=20 pr=7 pw=0 time=79250 us)
240	VIEW (cr=7320 pr=0 pw=0 time=74760 us)
240	TABLE ACCESS FULL EII_TARGET (cr=7320 pr=0 pw=0 time=74414 us)

[인덱스 구성]

EII_SUMMARY_X01 : DEII_DT

EII_TARGET_X01 : DEII_DT

① 7번 라인을 아래와 같이 수정한다.
　　WHERE DEII_DT BETWEEN TO_DATE(:B3, 'YYYYMMDDHH24MISS')
　　　　　AND　　TO_DATE(:B4, 'YYYYMMDDHH24MISS')
② 9번 라인의 'LEFT OUTER JOIN'을 'INNER JOIN'으로 변경함으로써 EII_TARGET 테이블이 먼저 드라이빙 될 수 있게 한다.
　Row Source를 분석해 보면, Outer 집합에서 Inner 집합으로 조인 시도한 건수만큼 모두 성공하므로 Outer Join은 불필요하다.
③ 10~12번 라인을 위해 EII_TARGET_X01 인덱스를 [NCODE_NO + DEII_DT]순으로 구성한다.
④ 14번 라인의 ORDER BY는 불필요하므로 제거한다.

27. 일별 고객별 판매 집계 테이블의 PK는 〈판매 일시 + 고객 번호〉순으로 구성되었다. 이 테이블에 DML을 수행하는 다른 트랜잭션이 없는 상황에서 Oracle은 아래 '가', '나', '다' 문장을 어떤 순서로 수행하느냐에 따라 마지막 '라' 문장의 블록 I/O 횟수가 달라진다. 제시된 4가지 수행 순서 보기 중 마지막 '라' 문장을 수행했을 때 블록 I/O가 가장 적게 발생하는 것을 고르시오. ('라' 문장은 PK 인덱스를 이용한다는 사실을 상기하기 바란다)

```
가) 3일 이전에 발생한 판매 데이터를 삭제한다.
    delete from 일별고객별판매집계 where 판매 일시 〈 trunc(sysdate) - 2;

나) 고객별로 집계한 금일 판매 데이터를 추가한다.
    insert into 일별고객별판매집계
    select to_char(sysdate, 'yyyymmdd'), 고객 번호, sum(판매량), sum(판매 금액)
    from   판매
    where  판매 일시 between trunc(sysdate) and trunc(sysdate+1)-1/24/60/60
    group by 고객 번호;

다) commit;

라) select count(*) from 일별고객별판매집계;
```

① 가→나→다→라　　　　　　　　② 가→다→나→다→라
③ 나→가→다→라　　　　　　　　④ 나→다→가→다→라

28 다음 중 아래 SQL과 인덱스 구성에 대한 설명으로 가장 부적절한 것을 2개 고르시오.

```
SELECT ..............
FROM  TAB1
WHERE COL1 = :VAL1
  AND COL2 LIKE :VAL2 || '%'
  AND COL3 IN ('1', '5')
  AND COL4 BETWEEN :DATE1 AND :DATE2
```
- 인덱스 구성 : COL1 + COL2 + COL3

① COL1 조건이 없었다면 정상적으로 인덱스를 이용할 수 없다.
② COL2 조건은 인덱스 읽는 범위를 줄여주는 데 기여하지 못한다.
③ COL3 조건은 인덱스 읽는 범위를 줄여주는 데 기여한다.
④ COL4 조건은 테이블에서 필터링된다.

29 다음 중 아래 두 SQL 문에 대한 설명으로 가장 적절한 것은? (단, DEPT : EMP = 1 : M)

```
SELECT  A.ENAME, A.SAL, B.DNAME
FROM    EMP A, DEPT B
WHERE   A.DEPTNO = B.DEPTNO
AND     B.DEPTNO = 20;

SELECT  A.ENAME, A.SAL, B.DNAME
FROM    EMP A, DEPT B
WHERE   A.DEPTNO = 20
AND     B.DEPTNO = 20;
```

① 두 번째 SQL 문은 배치 쿼리 시 유리하다.
② 두 SQL 문의 수행 속도는 현저한 차이가 난다.
③ 두 SQL 문의 결과는 동일하다.
④ 옵티마이저 모드나 버전에 따라 다른 결과가 나올 수 있다.

30 다음 중 절차형 SQL 모듈에 대한 설명으로 가장 부적절한 것은?

① 데이터의 무결성과 일관성을 위해서 사용자 정의 함수를 사용한다.
② 사용자 정의 함수는 절차형 SQL을 로직과 함께 데이터베이스 내에 저장해 놓은 명령문의 집합을 의미하며 다른 SQL 문장에 포함되어 실행될 수 있다. 단독적으로 실행되기보다는 다른 SQL 문을 통하여 호출되고 그 결과를 리턴하는 SQL의 보조적인 역할을 한다.
③ 트리거는 특정한 테이블에 INSERT, UPDATE, DELETE와 같은 DML 문이 수행되었을 때 데이터베이스에서 자동으로 작동하도록 작성된 프로그램이다.
④ 스토어드 프로시저는 절차형 SQL을 로직과 함께 데이터베이스 내에 저장해 놓은 명령문의 집합을 의미한다.

31 다음 중 관계형 데이터베이스의 인덱스(Index)에 대한 설명으로 가장 적절한 것은?

① 기본 인덱스(Primary Key Index)에 중복된 키 값들이 나타날 수 있다.
② 기본 인덱스에 널 값(Null Value)들이 나타날 수 없다.
③ 보조 인덱스(Secondary Index)에는 고유한 키 값들만 나타날 수 있다.
④ 자주 변경되는 속성은 인덱스를 정의할 좋은 후보이다.

32 다음 중 Oracle 계층형 질의에 대한 설명으로 가장 부적절한 것은?

① START WITH 절은 계층 구조의 시작점을 지정하는 구문이다.
② 루트 노드의 LEVEL 값은 0이다.
③ 순방향 전개란 부모 노드로부터 자식 노드 방향으로 전개하는 것을 말한다.
④ ORDER SIBLINGS BY 절은 형제 노드 사이에서 정렬을 지정하는 구문이다.

33 다음 중 서브쿼리에 대한 설명으로 가장 부적절한 것은?

① 메인쿼리는 조직 테이블(1)이고, 서브쿼리는 사원 테이블(M)을 사용할 경우, 질의 결과는 M 레벨인 사원 레벨로 나온다.
② 메인쿼리에서 서브쿼리 컬럼을 사용할 수 없다.
③ 서브쿼리에서 메인쿼리 컬럼은 사용할 수 있다.
④ 서브쿼리의 연결 연산자로서 '='을 사용할 경우, 서브쿼리 파트의 결과는 1건 이하여야 한다.

34 다음 중 Oracle이나 SQL Server 같은 데이터베이스의 저장 구조를 설명한 것으로 가장 부적절한 것은?

① 데이터를 읽고 쓰는 단위는 블록(=페이지)이다.
② 데이터 파일에 공간을 할당하는 단위는 익스텐트다.
③ 같은 세그먼트(테이블, 인덱스)에 속한 익스텐트끼리는 데이터 파일 내에서 서로 인접해 있다.
④ SQL Server에서는 한 익스텐트에 속한 페이지들을 여러 오브젝트가 나누어 사용할 수 있다.

35 다음 중 SELECT 절에 사용하는 서브쿼리인 스칼라 서브쿼리(Scalar Subquery)에 대한 설명으로 가장 적절한 것을 2개 고르시오.

① 내부적으로 Unique 작업을 실행한다.
② 하나의 로우에 해당하는 결과 건수는 1건 이하여야 한다.
③ Min 또는 Max 함수를 사용해야 한다.
④ 결과 컬럼의 개수는 1개여야 한다.

36 다음 중 Oracle과 SQL Server의 내부 자료 구조 및 프로세스를 서로 같은 역할을 하는 것끼리 연결할 때 잘못된 것은?

① Log Buffer = Log Cache
② Online Redo Log = Transaction Log
③ Database Writer = LazyWriter
④ Program Global Area = Procedure Cache

37 다음 중 SQL과 옵티마이저에 대한 설명으로 가장 부적절한 것을 2개 고르시오.

① 두 SQL 결과가 같다면, 수행 속도도 별 차이가 없다.
② 옵티마이저에 의해 내부적인 쿼리 변환이 이루어지더라도 결과 집합에는 영향을 주지 않는다.
③ 사용자가 제시하는 SQL은 결과에 대한 요구 사항일 뿐이며 처리 절차는 옵티마이저가 결정한다.
④ 사용자가 부여한 조건은 실행 계획에 영향을 주지 않는다.

38 다음 중 아래에서 인덱스를 정상적으로 사용하지 못하거나 비효율적으로 사용하는 SQL을 튜닝하려고 하는데, 튜닝 후에 오히려 성능이 나빠지거나 결과가 틀릴 수 있는 경우는?

- 단, 인덱스를 사용했을 때의 테이블 액세스량은 손익분기점 미만이라고 가정
- 데이터 타입
  * 주문 상태 코드 char(1) not null
  * 배송 상태 코드 char(3) not null
  * 주문 수량 number(5) NULL

① 주문_X01 인덱스 : 주문 상태 코드 + 배송 상태 코드

[튜닝 전] select * from 주문 where 주문 상태 코드 || 배송 상태 코드 = 'A038'

[튜닝 후] select * from 주문 where 주문 상태 코드 = 'A' and 배송 상태 코드 = '038'

② 주문_X03 인덱스 : 주문 수량

[튜닝 전] select * from 주문 where nvl(주문 수량, 0) >= 100

[튜닝 후] select * from 주문 where 주문 수량 >= 100

③ 주문_X03 인덱스 : 주문 수량

[튜닝 전] select * from 주문 where 주문 수량 * 1.1 > 2200

[튜닝 후] select * from 주문 where 주문 수량 > 2200/1.1

④ 주문_X02 인덱스 : 주문 일자 + 배송 상태 코드 + 주문 상태 코드

[튜닝 전]

select * from 주문

where 주문 일자 between '20100901' and '20100930'

and 주문 상태 코드 || 배송 상태 코드 in ('A038', 'B045')

[튜닝 후]

select * from 주문

where 주문 일자 between '20100901' and '20100930'

and 주문 상태 코드 = 'A'

and 배송 상태 코드 = '038'

union all

select * from 주문

where 주문 일자 between '20100901' and '20100930'

and 주문 상태 코드 = 'B'

and 배송 상태 코드 = '045'

39 야간에 단독으로 DML을 수행하는 대용량 배치 프로그램의 속도를 향상시키려고 한다. 다음 중 고려할 만한 튜닝 방안으로 가장 부적절한 것은?

① 인덱스를 제거했다가 나중에 다시 생성한다.
② 수정 가능 조인 뷰(Updatable Join View)나 Merge 문을 활용한다.
③ Oracle이라면 update 문을 수행하기 전에 테이블을 nologging 모드로 변경한다.
④ SQL Server라면 최소 로깅(Minimal logging) 모드 Insert 기능을 활용한다.

40 다음 중 Hash Join의 특징을 가장 적절하게 표현한 것을 2개 고르시오.

① Driving Table의 검색 범위가 성능에 가장 큰 영향을 주는 조인 방식이다.
② 내부적으로 Function을 사용한다.
③ 조인 조건의 인덱스 유무에 영향을 받지 않지만 Sort가 필요하다.
④ 크기 차이가 나는 두 집합의 조인 시에 유리하며, Sort가 일어나지 않는다.

2 실기 시험 문제

SQL 실무(2문제)

[실기 문제 01]

아래처럼 구성된 주문 테이블이 있다. 해당 테이블에 대해 주문 내역 집계 테이블에 데이터를 INSERT 하는 **SQL**이 아래와 같을 때 해당 SQL을 가장 빠르게 저장할 수 있도록 쿼리를 최적화하시오. (필요시 힌트와 인덱스 생성 가능-불필요한 인덱스 생성 시 감점)

```
CREATE TABLE 주문
( 고객 번호 ..
   ...,
주문 번호 ..
)
PARTITIONS BY RANGE(주문 일자)
(
..
PARTITION 201705 VALUES LESS THAN ('20170601')
PARTITION 201706 VALUES LESS THAN ('20170701')
..
PARTITION MAX VALUES LESS THAN (MAXVALUE)
);
```

〈테이블 정보〉
주문 : 주문 일자로 월별 파티션
주문 상세 : 주문 일자로 월별 파티션
주문_PK : 고객 번호 + 주문 번호
주문_N1 : 고객 번호 + 주문 일자
주문 상세_PK : 고객 번호 + 주문 번호 + 주문 상세 번호
주문 상세_N1 : 주문 일자

〈SQL〉
INSERT INTO 주문 내역 집계(?)
SELECT A.고객 번호,
       A.고객명,
       A.주문 일자,
       B.상품 번호,
       B.상품 가격,
       B.상품 수량,
       C.총 주문 횟수,
       C.총 주문 상품 건수
FROM 주문 A,
     주문 상세 B,
     (
        `
        SELECT 고객 번호,
            주문 일자,
            COUNT(*) 주문 횟수,
            COUNT(DISTINCT 상품 번호) 주문 상품 건수
        FROM 주문 상세
        WHERE 주문 일자 LIKE '201705%'
        GROUP BY 고객 번호, 주문 일자
) C
WHERE A.주문 일자 LIKE '201705%'
AND A.고객 번호 = B.고객 번호
AND A.주문 일자 = B.주문 일자
AND A.고객 번호 = C.고객 번호
AND A.주문 번호 = C.주문 일자;

〈실행 계획〉
주문과 주문 상세 테이블의 건수가 각각 한 달 치여서 ROW 건수가 상당히 많았던 걸로 기억

[실기 문제 02]

아래 SQL에 대해 최적화하고 필요하면 인덱스도 최적화하시오. 단, 통계 정보 생성에 따른 실행 계획이 바뀌지 않도록 고정하시오. (인덱스 생성 가능하고 불필요한 인덱스 생성 시 감점)

〈테이블 정보〉
테이블 : 고객, 계약, 상품, 상품 부가 서비스

고객 : 고객_PK-고객 번호

계약 : 계약 PK-계약 번호
       IDX_계약_01-고객 번호

상품 : 상품_PK-계약 번호 + 상품 번호 + 가입 일자
       IDX_상품_01-가입 일자 + 계약 번호

상품 부가 서비스 : 상품 부가 서비스_PK-계약 번호 + 상품 번호 + 가입 일자 + 부가 서비스 ID
       IDX_상품 부가 서비스_01-계약 번호 + 상품 번호

〈SQL〉
SELECT A.고객 번호, A.고객명, B.계약 번호, C.상품 번호, C.계약 일자, D.부가 서비스 ID
FROM A.고객, B.계약, C.상품, D.상품 부가 서비스
WHERE 1=1
    AND A.고객 번호 = :CUST_NO
    AND B.고객 번호 = A.고객 번호
    AND C.가입 일자 BETWEEN :T1 AND :T2
    AND D.계약 번호 = B.계약 번호
    AND D.계약 번호 = C.계약 번호
    AND D.상품 번호 = C.상품 번호
    AND D.가입 일자 = C.가입 일자;

〈실행 계획〉
고객, 계약, 상품 부가 서비스, 상품 테이블순으로 Join 됨
1) 고객과 계약 조인 결과 row 수가 3건
2) 상품에서 조인된 이후 row 수가 150K 개(100K가 넘는 row 수), Table Access도 150K
3) 상품 부가 서비스까지 조인된 row 수가 30개

제2장 데이터 SQL 개발자(SQLD) 실전 문제

1 필기 시험(객관식/단답형) 문제

데이터 모델링의 이해(10문제)

01. 엔티티에 대한 설명으로 옳지 않은 것은?

① 유일한 식별자에 의해 식별이 가능해야 한다.
② 반드시 업무 프로세스에 이용될 필요는 없다.
③ 다른 엔티티와 최소 한 개 이상의 관계가 있어야 한다.
④ 반드시 속성이 있어야 한다.

02. 엔티티의 명명에 관한 설명으로 옳지 않은 것은?

① 가능하면 약어를 사용해야 한다.
② 애매모호한 이름을 사용해서는 안 된다.
③ 단수 명사를 사용한다.
④ 업무 목적에 따라 이름을 부여해야 한다.

03. 속성에 대한 설명으로 옳지 않은 것은?

① 업무에서 필요로 해야 한다.
② 의미상 더 이상 분리되지 않는다.
③ 한 개의 속성은 두 개 이상 속성값 집합이어야 한다.
④ 한 개의 엔티티는 두 개 이상의 인스턴스의 집합이어야 한다.

04. 속성의 특징으로 옳지 않은 것은?

① 하나의 속성에 여러 값이 있는 다중값일 경우 별도의 엔티티를 이용하여 분리한다.
② 해당 업무에서 필요하고 관리하고자 하는 정보여야만 한다.

③ 설계 속성이란 업무상 필요한 데이터 이외에 데이터 모델링을 위해 업무를 규칙화하기 위해 속성을 새로 만들거나 변형하여 정의하는 속성을 의미한다.
④ 다른 속성에 영향을 받아 발생하는 속성도 기본 속성에 해당한다.

05 괄호 안에 들어갈 알맞은 말은?

각 속성은 가질 수 있는 값의 범위가 있는데 이를 그 속성의 (　)이라 한다. 예를 들면 학생이라는 엔티티가 있을 때 학점이라는 속성의 (　)은 0.0에서 4.0 사이의 실수 값이며 주소라는 속성은 길이가 20자리 이내인 문자열로 정의할 수 있다. 여기서 물론 각 속성은 (　) 이외의 값을 갖지 못한다. 따라서 (　)을 좀 더 이해하기 쉽게 정리하면, 엔티티 내에서 속성에 대한 데이터 타입과 크기 그리고 제약 사항을 지정하는 것이라 할 수 있다.

① naming
② primitive data type
③ domain
④ interface

06 속성의 명칭을 부여할 때 알맞지 않은 것은?

① 해당 업무에 사용하는 이름을 부여한다.
② 서술식 속성명을 사용한다.
③ 약어 사용을 제한한다.
④ 가능하면 유일하게 작성하는 것이 좋다.

07 데이터 모델링에 대한 설명 중 알맞은 것은?

① 논리 모델링의 외래 키는 물리 모델링에서 반드시 구현되지는 않는다.
② 실제로 데이터베이스를 구축할 때 참고되는 모델은 개념적 모델링이다.
③ 물리 모델링 → 논리 모델링 → 개념 모델링 단계로 갈수록 구체적이다.
④ 데이터 모델링의 3가지 요소는 Process, Attribute, Relationship이다.

08 데이터 모델링에 대한 단계 중 아래에서 설명하는 단계는 어떤 단계의 모델링인가?

> 추상화 수준이 높고 업무 중심적이고 포괄적인 수준의 모델링을 진행한다. 전사적 데이터 모델링, EA 수립 시 많이 이용된다.

① 개념적 데이터 모델링   ② 논리적 데이터 모델링
③ 물리적 데이터 모델링   ④ 추상적 데이터 모델링

09 엔티티 - 인스턴스 - 속성 - 속성값에 대한 관계 설명 중 틀린 것을 고르시오.

① 한 개의 엔티티는 두 개 이상의 인스턴스의 집합이어야 한다.
② 한 개의 엔티티는 두 개 이상의 속성을 갖는다.
③ 하나의 속성은 하나 이상의 속성값을 가진다.
④ 하나의 엔티티의 인스턴스는 다른 엔티티의 인스턴스 간의 관계인 Paring을 가진다.

10 데이터 모델링의 중요한 세 가지 개념으로 옳은 것은?

① Optionality, Attribute, Entity   ② Mandatory, Attribute, Relationship
③ Thing, Attribute, Relationship   ④ Identifiers, Attribute, Entity

SQL 기본 및 활용(40문제)

01 다음 중 아래 스키마를 보고 평점이 3.0 이상인 학생들의 이름을 보여 주는 SQL을 표현한 것으로 가장 적절한 것은?

※ 밑줄친 속성은 기본 키(Primary Key)이며 ENROLL의 학번은 STUDENT의 학번을 참조하는 외래 키(Foreign Key)이고, ENROLL의 강좌 번호는 CLASS의 강좌 번호를 참조하는 외래 키이다.

STUDENT(학번, 학과, 이름) 〈- (스키마)
CLASS(강좌 번호, 시간, 강좌 이름)
ENROLL(학번, 강좌 번호, 학점)

① SELECT 학번, MIN(이름)
   FROM STUDENT S, ENROLL E
   GROUP BY E.학번WHERE
   HAVING AVG(E.학점) >= 3.0

② SELECT S.학번, MIN(이름)
   FROM STUDENT S, ENROLL E
   WHERE S.학번=E.학번
   HAVING AVG(E.학점) >= 3.0
   HAVING AVG(E.학점) >= 3.0

③ SELECT S.학번, MIN(이름)
   FROM STUDENT S, ENROLL E
   S.학번=E.학번
   GROUP BY S.학번
   HAVING AVG(E.학점) >= 3.0

④ SELECT 학번, MIN(이름)
   FROM STUDENT S, ENROLL E
   WHERE S.학번=E.학번
   GROUP BY S.학번
   HAVING AVG(E.학점) > 3.0

02 다음 중 아래와 같은 테이블에서 Full Outer Join의 결과로 적합한 것은?

[DEPT]

DEPTNO	DNAME
10	RESEARCH

30	SALES

[EMP]

DEPTNO	DNAME
30	KING
40	WARD

SELECT D.DEPTNO, E.DEPTNO
FROM DEPT D FULL OUTER JOIN EMP E
ON (D.DEPTNO = E.DEPTNO)

①
DEPTNO	DEPTNO
30	30

②
DEPTNO	DEPTNO
10	
30	30

③
DEPTNO	DEPTNO
30	30
	40

④
DEPTNO	DEPTNO
10	
30	30
	40

03 어느 회사의 사원들과 이들이 부양하는 가족에 대한 것으로 밑줄 친 컬럼은 기본 키(Primary Key)를 표시한 것이다. 다음 중 '현재 부양하는 가족들이 없는 사원들의 이름을 구하라'는 질의에 대해 아래 SQL 문장의 ㉠, ㉡에 들어갈 내용으로 가장 적절한 것은?

사원 (<u>사번</u>, 이름, 나이)
가족 (<u>이름</u>, 나이, 부양 사번)

※ 가족 테이블의 부양 사번은 사원 테이블의 사번을 참조하는 외래 키(Foreign Key)이다.

[SQL 문장]
SELECT 이름
FROM 사원
WHERE ㉠ (SELECT * FROM 가족 WHERE ㉡)

① ㉠ : EXISTS, ㉡ : 사번 = 부양 사번
② ㉠ : EXISTS, ㉡ : 사번 < > 부양 사번
③ ㉠ : NOT EXISTS, ㉡ : 사번 = 부양 사번
④ ㉠ : NOT EXISTS, ㉡ : 사번 < > 부양 사번

04 다음 중 아래 테이블 정의와 인덱스 현황을 참고하여, 인덱스를 효율적(또는 정상적)으로 액세스할 수 없는 검색 조건을 2개 고르시오. (단, Oracle의 Index Unique Scan, Index Range Scan 또는 SQL Server의 Index Seek 이외의 액세스 방식은 모두 비효율적이라고 가정한다)

```
create table 주문 (
주문 번호 int not null
, 주문자명 varchar(20) null
, 주문 금액 money null
, 주문 일자 varchar(8) null
)
create unique index 주문_pk on 주문 (주문 번호)
create index 주문_x01 on 주문 (주문자명)
create index 주문_x02 on 주문 (주문 일자 , 주문 금액)
```

① where 주문 번호 between 1 and 10   ② where 주문자명 like '%홍길동%'
③ where 주문 일자 >= '20100901'   ④ where 주문 일자 = 20100901

05 총 건수가 1,000만 건인 연도별 지역별 상품 매출 테이블에 [출시 연도 + 크기], [색상 + 출시 연도]순으로 구성된 두 개의 B*Tree 인덱스가 있었다. 다음 중 이 두 인덱스를 제거하고 아래와 같이 세 개의 비트맵(Bitmap) 인덱스를 생성했을 때, 개별 쿼리의 블록 I/O 측면에서 개선 효과가 가장 미미한 것은?

> create bitmap index 연도별지역별상품매출_bx1 on 연도별지역별상품매출(크기);
> create bitmap index 연도별지역별상품매출_bx2 on 연도별지역별상품매출(색상);
> create bitmap index 연도별지역별상품매출_bx3 on 연도별지역별상품매출(출시 연도);
>
> ■ Distinct Value
> 크기 = {NULL, SMALL, MEDIUM, BIG}
> 색상 = {NULL, RED, GREEN, BLUE, BLACK, WHITE}
> 출시 연도 = {NULL, 2001, 2002, 2003, 2004, 2005, 2006, 2007, 2008, 2009, 2010}
> ■ 데이터 분포는 모두 균일

① select count(*) from 연도별지역별상품매출 where 색상 is null;

② select count(*) from 연도별지역별상품매출
   where (크기 = 'SMALL' or 크기 is null)
   and 색상 = 'GREEN'
   and 출시 연도 = '2010';

③ select 색상, count(*) from 연도별지역별상품매출 group by 색상;

④ select sum(판매량), sum(판매 금액)
   from 연도별지역별상품매출
   where 색상 = 'BLUE';

06 다음 중 Syntax 오류가 있는 SQL 문 2개를 고르시오.

① SELECT 부서 번호
   FROM 직원 HAVING COUNT(*) > 3;

② SELECT 직원 이름
   FROM 직원 JOIN 부서
   ON (직원.부서 번호 = 부서.부서 번호)
   WHERE 부서명 = '인사과'
③ SELECT 전화번호
   FROM 직원
   WHERE 전화번호 = '777'
   GROUP BY 전화번호
④ SELECT 직원 이름
   FROM 직원 JOIN 부서
   USING (부서.부서 번호)
   WHERE 부서명 = '인사과'

07 다음 중 각 SQL 실행 결과를 가장 올바르게 설명한 것을 2개 고르시오.

① SELECT COL1, COL2 FROM TAB1 WHERE 1 = 2 ;
   → 실행 시 에러가 발생한다.
② SELECT NVL(COL1, 'X') FROM TAB1 WHERE 1 = 2 ;
   → 실행 결과로 'X'를 반환한다.
③ SELECT NVL(MIN(COL1), 'X') FROM TAB1 WHERE 1 = 2;
   → 실행 결과로 'X'를 반환한다.
④ SELECT COL1, COL2 FROM TAB1 WHERE 1 = 2 ;
   → 실행 결과가 없다(공집합).

08 Oracle에서 no_merge 힌트를 사용하지 않고도 아래 SQL 문에 뷰 머징(View Merging)이 발생하지 않게 하려고 한다. 다음 중 ㉠ 안에 들어갈 키워드로 가장 적절한 것은?

```
SELECT *
FROM (SELECT ㉠, EMP_NAME, HIRE_DATE, SAL, DEPT_NO
FROM EMP
WHERE DEPTNO = 30) X
WHERE HIRE_DATE BETWEEN TO_DATE('20100101', 'YYYYMMDD') AND
TO_DATE('20101231', 'YYYYMMDD')
```

① TO_DATE(SYSDATE, 'YYYYMMDD') ② ROWNUM
③ EMPNO ④ ROWID

09 다음 중 아래 SQL의 실행 결과로 가장 적절한 것은?

고객 번호	판매 일자	판매 금액
100	20090701	1000
100	20090702	300
100	20090702	1000
200	20090701	2000
200	20090701	200

```
SELECT CUSTCODE 고객 번호, SALEDATE 판매 일자, SALE_AMT 판매 금액,
SUM(SALE_AMT) OVER (PARTITION BY CUSTCODE ORDER BY SALEDATE
ROWS BETWEEN UNBOUNDED PRECEDING AND CURRENT ROW) AMT1
FROM SAL_TBL
```

①

고객 번호	판매 일자	판매 금액	AMT1
100	20090701	300	2300
200	20090701	200	2200

②

고객 번호	판매 일자	판매 금액	AMT1
100	20090702	1000	2300
200	20090701	2000	2200

③

고객 번호	판매 일자	판매 금액	AMT1
100	20090701	1000	1000
100	20090702	300	1300
100	20090702	1000	2300
200	20090701	2000	2000
200	20090701	200	2200

④

고객 번호	판매 일자	판매 금액	AMT1
100	20090701	1000	1000
100	20090702	300	2300
100	20090702	1000	2300
200	20090701	2000	2200
200	20090701	200	2200

10 다음 중 아래 SQL에 대한 설명으로 가장 부적절한 것은?

```
SELECT SUM(NVL(A.C2, 0))
FROM TAB1 A, TAB2 B
WHERE A.C1 = :V1
```

① 조인 조건이 없어서 결과 건수가 여러 건이 된다.
② 조인 조건이 없다고 문법 오류가 발생하지는 않는다.
③ SUM(NVL(A.C2, 0))의 처리에 비효율이 존재한다.
④ 조인 조건이 없어서 CARTESIAN PRODUCT가 발생한다.

11 (단답식) 사원 데이터에서 급여가 높은 순서를 구하는 아래 SQL 문장의 ㉠ 안에 들어갈 함수명을 작성하시오.

```
SELECT JOB, ENAME, SAL,
  ㉠ ( ) OVER (ORDER BY SAL DESC) QQ1
FROM EMP
```

[EMP]

JOB	ENAME	SAL	QQ1
PRESIDENT	KING	5000	1
ANALYST	FORD	3000	2
ANALYST	SCOTT	3000	2
MANAGER	JONES	2975	4
MANAGER	BLAKE	2850	5
MANAGER	CLARK	2450	6
SALESMAN	ALLEN	1600	7
SALESMAN	TURNER	1500	8
CLERK	MILLER	1300	9
SALESMAN	WARD	1250	10
SALESMAN	MARTIN	1250	10
CLERK	ADAMS	1100	12
CLERK	JAMES	950	13
CLERK	SMITH	800	14

12 전체 사원이 1,000명인 회사에서 아래 쿼리를 수행하려고 한다. 다음 중 옵티마이저가 예상하는 건수로 가장 적절한 것은?

```
select * from 사원 where 직급 = '부장' and 부서 = '영업';

* 직급은 {부장, 과장, 대리, 사원}의 집합이다.
* 부서는 {인사, 총무, 회계, 마케팅, 영업}의 집합이다.
* 두 컬럼 모두 히스토그램 정보가 수집되어 있지 않다.
```

① 48　　　　② 50　　　　③ 55　　　　④ 60

13 다음 중 아래 t_idx 인덱스가 해당하는 것으로 가장 적절한 것은?

```
create table t ( a number, b char(3), c varchar2(10) )
partition by range(a) (
partition p1 values less than(100)
, partition p2 values less than(200)
, partition p3 values less than(maxvalue)
);
create index t_idx on t( b ) local ;
```

① Global Prefixed Partition Index   ② Global NonPrefixed Partition Index
③ Local Prefixed Partition Index   ④ Local NonPrefixed Partition Index

14 다음 중 아래 데이터 현황을 참고하여 결과가 다르게 나오는 쿼리인 것은?

```
select EmployeeID, LastName, HireDate, Country
from Employees
order by HireDate

EmployeeID      LastName           HireDate                Country
-----------     ------------       --------------------    ---------
         3      Leverling          1992-04-01 00:00:00.000  USA
         1      Davolio            1992-05-01 00:00:00.000  USA
         2      Fuller             1992-08-14 00:00:00.000  USA
         4      Peacock            1993-05-03 00:00:00.000  USA
         5      Buchanan           1993-10-17 00:00:00.000  UK
         6      Suyama             1993-10-17 00:00:00.000  UK
         7      King               1994-01-02 00:00:00.000  UK
         8      Callahan           1994-03-05 00:00:00.000  USA
         9      Dodwsorth          1994-11-15 00:00:00.000  UK
```

① select EmployeeID, LastName, HireDate, Country
   from (select EmployeeID, LastName, HireDate, Country

, rank () over (order by HireDate) as rnum

from Employees

) a

where a.rnum <= 5

order by EmployeeID

② select EmployeeID, LastName, HireDate, Country

from (select EmployeeID, LastName, HireDate, Country

, row_number() over (order by HireDate) as rnum

from Employees

) a

where a.rnum <= 5

order by EmployeeID

③ select EmployeeID, LastName, HireDate, Country

from Employees a

where HireDate in (select top 5 HireDate

from Employees

order by HireDate)

order by EmployeeID

④ select EmployeeID, LastName, HireDate, Country

from (select EmployeeID, LastName, HireDate, Country

, dense_rank() over (order by HireDate) as rnum

from Employees

) a

where a.rnum <= 5

order by EmployeeID

15 (단답식) 아래 NVL 함수와 ISNULL 함수를 사용한 SQL 문장은 벤더 공통적으로 CASE 문장으로 표현할 수 있다. 아래 CASE SQL 문장의 ㉠ 안에 들어갈 내용을 작성하시오.

```
[Oracle 사례]
SELECT PLAYER_NAME 선수명, POSITION, NVL(POSITION, '없음') 포지션
FROM PLAYER
WHERE TEAM_ID = 'K08'

[SQL Server 사례]
SELECT PLAYER_NAME 선수명, POSITION, ISNULL(POSITION, '없음') 포지션
FROM PLAYER
WHERE TEAM_ID = 'K08'

[CASE 문장 사례]
SELECT PLAYER_NAME 선수명, POSITION,
CASE WHEN ( ㉠ )

THEN '없음'
ELSE POSITION
END AS 포지션
FROM PLAYER
WHERE TEAM_ID = 'K08'
```

16 다음 중 아래 두 SQL에 대한 설명으로 가장 적절한 것은? (단, 국가는 100건, 수출 실적은 100만 건. 국가 테이블 PK는 국가 코드이다)

```
가.  SELECT DISTINCT 국가명
     FROM 국가 x, 수출 실적 y
     WHERE x.국가 코드= y.국가 코드
     AND y.수출 연월 BETWEEN '200001' AND '201012';
```

나. SELECT 국가명
    FROM 국가 x
    WHERE EXISTS (SELECT 1
    FROM 수출 실적 y
    WHERE y.국가 코드 = x.국가 코드
    AND y.수출 연월 BETWEEN '200001' AND '201012');

① '가' SQL은 부분 범위 처리가 가능하다.
② '나' SQL이 더 효율적이다.
③ OLTP 환경이냐, DW 환경이냐에 따라 두 SQL의 효율성이 다르다.
④ 두 SQL의 결과가 다르므로 효율성을 판단하는 것은 의미가 없다.

17 다음 중 테이블 tab1에 아래와 같은 데이터가 존재할 경우에 대한 설명으로 가장 적절한 것은? (각 컬럼의 타입은 number이다)

col1	col2	col3
10	20	null
15	null	null
50	70	20

① select sum(col2) from tab1의 결과는 NULL이다.
② select sum(col1 + col2 + col3) from tab1의 결과는 185이다.
③ select sum(col2 + col3) from tab1의 결과는 90이다.
④ select sum(col2) + sum(col3) from tab1의 결과는 90이다.

18 다음 중 NL(Nested Loops) Join의 특징을 설명한 것으로 가장 부적절한 것은?

① 조인을 한 로우씩 차례대로 진행하므로 부분 범위 처리에 자주 사용된다.
② 먼저 액세스한 테이블의 처리 범위에 따라 전체 일량이 결정된다.

③ Inner 쪽 조인 컬럼에 대한 인덱스 전략이 중요하지만, 조인 컬럼이 모두 포함되지 않은 인덱스라도 사용 가능하다.
④ 선행(Driving) 집합도 반드시 인덱스를 통해 액세스해야 효율적이다.

19 다음 중 Oracle에서 인덱스를 스캔하는 방식 중 하나인 Index Full Scan의 특징으로 가장 부적절한 것은?

① 인덱스 구조를 따라 스캔하므로 결과 집합의 순서가 보장된다(=일정하다).
② Single Block Read 방식을 사용한다.
③ 파티션 돼 있지 않다면 병렬 스캔이 불가능하다.
④ 필요한 컬럼이 모두 인덱스에 포함돼 있을 때만 사용 가능하다.

20 Oracle에서 TAB1, TAB2 순으로 NL 조인하도록 유도하고자 한다. 다음 중 ㉠ 안에 넣을 바른 힌트 사용법을 2개 고르시오.

```
SELECT /*+ ( ㉠ ) */ …
FROM TAB1 A, TAB2 B
WHERE A.KEY = B.KEY
```

① ORDERED USE_NL(B)
② ORDERED USE_NL(TAB2)
③ LEADING(A) USE_NL(B)
④ DRIVING_SITE(A) USE_NL(B)

21 다음 중 아래 SQL 문과 실행 계획을 보고, 두 테이블의 조인 순서와 inner 테이블에 대한 조인 횟수로 가장 적절한 것은?

```
select *
from t_small a, t_big b
where a.id = b.id
and a.colid = b.colid
and a.number = b.number
and b.name = 'password'
and a.length <= 10
order by
a.length desc
go
Rows Executes StmtText
----- ---------- ------------------------------------------------------------
0 1 select *
0 1 |--Sort(ORDER BY:([a].[length] DESC))
0 1 |--Filter(WHERE:([t_small].[length] as [a].[length]<=(10
30 1 |--Nested Loops(Inner Join, OUTER REFERENCES:([Bmk1
30 1 |--Nested Loops(Inner Join, OUTER REFERENCES:(
30 1 | |--Table Scan(OBJECT:([t_big] AS [b]),
30 30 | |--Index Seek(OBJECT:([t_small].[t_small_
30 30 |--RID Lookup(OBJECT:([t_small] AS [a]), SEEK:
(8개 행 적용됨)
----- ---------- ------------------------------------------------------------
```

① 조인 순서 : t_small → t_big, inner 테이블 조인 횟수 : 30

② 조인 순서 : t_big → t_small, inner 테이블 조인 횟수 : 60

③ 조인 순서 : t_small → t_big, inner 테이블 조인 횟수 : 1

④ 조인 순서 : t_big → t_small, inner 테이블 조인 횟수 : 30

22 다음 중 아래 SQL과 트레이스 결과를 분석하고, 보기에서 제시한 튜닝 방안 중 가장 적절한 것은?

```
SQL> SELECT ...
2 FROM (SELECT DEII_DT, NEII_VAL, NACT_VAL, NSTD_VAL
3 , NVL(ROUND(AVG(NACT_VAL/NSTD_VAL*100) OVER(), 2), 0.00) AVG_VAL
4 , NVL(ROUND(STDDEV(NACT_VAL/NSTD_VAL*100) OVER(), 2), 0.00) STDDEV_VAL
5 , ROWNUM RN
6 FROM EII_SUMMARY
7 WHERE TO_CHAR(DEII_DT, 'YYYYMMDDHH24MISS') BETWEEN :B3 AND :B4
8 ORDER BY DEII_DT) MR
9 LEFT OUTER JOIN EII_TARGET ET
10 ON ET.DEII_DT BETWEEN TRUNC(MR.DEII_DT, 'MM')
11 AND TRUNC(LAST_DAY(MR.DEII_DT)+1)-1/60/24/24
12 AND ET.NCODE_NO IN ( :B1, :B2 )
13 GROUP BY FLOOR((MR.RN-1)/:B5 ), MR.AVG_VAL, MR.STDDEV_VAL
14 ORDER BY FLOOR((MR.RN-1)/:B5 ) ;

call    count  cpu    elapsed  disk  query    current  rows
------- ------ ------ -------- ----- -------- -------- --------
Parse   446    0.00   0.00     0     0        0        0
Execute 7578   0.03   0.12     22    564      2        8
Fetch   13522  128.03 129.16   22    6676902  0        10442
------- ------ ------ -------- ----- -------- -------- --------
total   21546  128.06 129.30   44    6677466  2        10450

Rows    Row Source Operation
------- -----------------------------------------------------
2       SORT GROUP BY (cr=7340 pr=7 pw=0 time=221191 us)
240       NESTED LOOPS OUTER (cr=7340 pr=7 pw=0 time=221460 us)
120         VIEW (cr=20 pr=7 pw=0 time=90776 us)
120           FILTER (cr=20 pr=7 pw=0 time=90410 us)
120             WINDOW SORT (cr=20 pr=7 pw=0 time=89447 us)
120               COUNT (cr=20 pr=7 pw=0 time=79490 us)
120                 TABLE ACCESS (FULL) OF 'EII_SUMMARY' (TABLE) (cr=20 pr=7 pw=0 time=79250 us)
240         VIEW (cr=7320 pr=0 pw=0 time=74760 us)
240           TABLE ACCESS FULL EII_TARGET (cr=7320 pr=0 pw=0 time=74414 us)
```

```
[인덱스 구성]
Ell_SUMMARY_X01 : DEll_DT
Ell_TARGET_X01 : DEll_DT
```

① 7번 라인을 아래와 같이 수정한다.
   WHERE DEll_DT BETWEEN TO_DATE(:B3, 'YYYYMMDDHH24MISS')
   AND TO_DATE(:B4, 'YYYYMMDDHH24MISS')
② 9번 라인의 'LEFT OUTER JOIN'을 'INNER JOIN'으로 변경함으로써 Ell_TARGET 테이블이 먼저 드라이빙 될 수 있게 한다. Row Source를 분석해 보면, Outer 집합에서 Inner 집합으로 조인 시도한 건수만큼 모두 성공하므로 Outer Join은 불필요하다.
③ 10~12번 라인을 위해 Ell_TARGET_X01 인덱스를 [NCODE_NO + DEll_DT] 순으로 구성한다.
④ 14번 라인의 ORDER BY는 불필요하므로 제거한다.

23 일별 고객별 판매 집계 테이블의 PK는 [판매 일시 + 고객 번호] 순으로 구성되었다. 이 테이블에 DML을 수행하는 다른 트랜잭션이 없는 상황에서 Oracle은 아래 '가', '나', '다' 문장을 어떤 순서로 수행하느냐에 따라 마지막 '라' 문장의 블록 I/O 횟수가 달라진다. 제시된 4가지 수행 순서 보기 중 마지막 '라' 문장을 수행했을 때 블록 I/O가 가장 적게 발생하는 것을 고르시오. ('라' 문장은 PK 인덱스를 이용한다는 사실을 상기한다)

```
가) 3일 이전에 발생한 판매 데이터를 삭제한다.
delete from 일별고객별판매집계 where 판매 일시 < trunc(sysdate) - 2;
나) 고객별로 집계한 금일 판매 데이터를 추가한다.
insert into 일별고객별판매집계
select to_char(sysdate, 'yyyymmdd'), 고객 번호, sum(판매량), sum(판매 금액)
from 판매
where 판매 일시 between trunc(sysdate) and trunc(sysdate+1)-1/24/60/60
group by 고객 번호;
다) commit;
라) select count(*) from 일별고객별판매집계;
```

① 가→나→다→라 ② 가→다→나→다→라
③ 나→가→다→라 ④ 나→다→가→다→라

24. 다음 중 아래 SQL과 인덱스 구성에 대한 설명으로 가장 부적절한 것을 2개 고르시오.

```
SELECT ··············
FROM TAB1
WHERE COL1 = :VAL1
AND COL2 LIKE :VAL2 || '%'
AND COL3 IN ('1', '5')
AND COL4 BETWEEN :DATE1 AND :DATE2
■ 인덱스 구성 : COL1 + COL2 + COL3
```

① COL1 조건이 없었다면 정상적으로 인덱스를 이용할 수 없다.
② COL2 조건은 인덱스 읽는 범위를 줄여주는 데 기여하지 못한다.
③ COL3 조건은 인덱스 읽는 범위를 줄여주는 데 기여한다.
④ COL4 조건은 테이블에서 필터링된다.

25. 다음 중 아래와 같은 계약 테이블에서 SQL의 실행 결과로 가장 적절한 것은?

주문 번호	주문 일자	주문 금액	부가세	주문 월
1012010	/01/01	500	50	201001

```
SELECT COUNT(*) CNT, SUM(주문 금액) 주문 금액
FROM 계약
WHERE 주문 월 = '201010'
GROUP BY 주문 월
```

①
CNT	주문 금액
0	0

②
CNT	주문 금액
0	

③	CNT	주문 금액
		0

④	CNT	주문 금액
	(데이터가 존재하지 않음)	

26 다음 중 아래 두 SQL 문에 대한 설명으로 가장 적절한 것은? (단, DEPT : EMP = 1 : M)

```
SELECT A.ENAME, A.SAL, B.DNAME
FROM EMP A, DEPT B
WHERE A.DEPTNO = B.DEPTNO
AND B.DEPTNO = 20;

SELECT A.ENAME, A.SAL, B.DNAME
FROM EMP A, DEPT B
WHERE A.DEPTNO = 20
AND B.DEPTNO = 20;
```

① 두 번째 SQL 문은 배치 쿼리 시 유리하다.
② 두 SQL 문의 수행 속도는 현저한 차이가 난다.
③ 두 SQL 문의 결과는 동일하다.
④ 옵티마이저 모드나 버전에 따라 다른 결과가 나올 수 있다.

27 다음 중 절차형 SQL 모듈에 대한 설명으로 가장 부적절한 것은?

① 데이터의 무결성과 일관성을 위해서 사용자 정의 함수를 사용한다.
② 사용자 정의 함수는 절차형 SQL을 로직과 함께 데이터베이스 내에 저장해 놓은 명령문의 집합을 의미하며 다른 SQL 문장에 포함되어 실행될 수 있다. 단독적으로 실행되기보다는 다른 SQL 문을 통하여 호출되고 그 결과를 리턴하는 SQL의 보조적인 역할을 한다.
③ 트리거는 특정한 테이블에 INSERT, UPDATE, DELETE와 같은 DML문이 수행되었을 때 데이터베이스에서 자동으로 작동하도록 작성된 프로그램이다.
④ 스토어드 프로시저는 절차형 SQL을 로직과 함께 데이터베이스 내에 저장해 놓은 명령문의 집합을 의미한다.

28. 다음 중 관계형 데이터베이스의 인덱스(Index)에 대한 설명으로 가장 적절한 것은?

① 기본 인덱스(Primary Key Index)에 중복된 키 값들이 나타날 수 있다.
② 기본 인덱스에 널 값(Null Value)들이 나타날 수 없다.
③ 보조 인덱스(Secondary Index)에는 고유한 키 값들만 나타날 수 있다.
④ 자주 변경되는 속성은 인덱스를 정의할 좋은 후보이다.

29. 다음 중 Oracle 계층형 질의에 대한 설명으로 가장 부적절한 것은?

① START WITH 절은 계층 구조의 시작점을 지정하는 구문이다.
② 루트 노드의 LEVEL 값은 0이다.
③ 순방향 전개란 부모 노드로부터 자식 노드 방향으로 전개하는 것을 말한다.
④ ORDER SIBLINGS BY 절은 형제 노드 사이에서 정렬을 지정하는 구문이다.

30. 다음 중 서브쿼리에 대한 설명으로 가장 부적절한 것은?

① 메인쿼리는 조직 테이블(1)이고, 서브쿼리는 사원 테이블(M)을 사용할 경우, 질의 결과는 M 레벨인 사원 레벨로 나온다.
② 메인쿼리에서 서브쿼리 컬럼을 사용할 수 없다.
③ 서브쿼리에서 메인쿼리 컬럼은 사용할 수 있다.
④ 서브쿼리의 연결 연산자로서 '='을 사용할 경우, 서브쿼리 파트의 결과는 1건 이하여야 한다.

31. 다음 중 Oracle이나 SQL Server 같은 데이터베이스의 저장 구조를 설명한 것으로 가장 부적절한 것은?

① 데이터를 읽고 쓰는 단위는 블록(=페이지)이다.
② 데이터 파일에 공간을 할당하는 단위는 익스텐트다.
③ 같은 세그먼트(테이블, 인덱스)에 속한 익스텐트끼리는 데이터 파일 내에서 서로 인접해 있다.
④ SQL Server에서는 한 익스텐트에 속한 페이지들을 여러 오브젝트가 나누어 사용할 수 있다.

32 다음 중 논리 데이터 모델을 물리 데이터 모델로 변환할 때 슈퍼/서브 타입 데이터 모델에 대한 변환 방법으로 가장 부적절한 것은?

① 공통화된 슈퍼 타입에 대해 데이터가 너무 많거나 컬럼이 너무 많은 경우 수직 분할과 수평 분할을 적용하여 성능을 향상시키도록 한다.
② 슈퍼 타입, 서브 타입 각각에 대해 테이블이 독립적으로 구분되어 1:1 관계의 테이블이 유지될 수 있도록 한다.
③ 슈퍼 타입과 서브 타입을 결합하여 한 개의 테이블로 생성하여 서브 타입의 개수만큼 테이블을 생성한다.
④ 전체 테이블을 하나의 테이블에 속성을 모두 포함하도록 한다. 다만 서브 타입일 경우 속성마다 Not Null을 지정할 수 있지만 통합되면 개별적인 특징을 반영하지 못할 수 있다.

33 다음 중 SELECT 절에 사용하는 서브쿼리인 스칼라 서브쿼리(Scalar Subquery)에 대한 설명으로 가장 적절한 것을 2개 고르시오.

① 내부적으로 Unique 작업을 실행한다.
② 하나의 로우에 해당하는 결과 건수는 1건 이하여야 한다.
③ Min 또는 Max 함수를 사용해야 한다.
④ 결과 컬럼의 개수는 1개여야 한다.

34 다음 중 NULL에 대한 설명으로 가장 부적절한 것은?

① 모르는 값을 의미한다.
② 값의 부재를 의미한다.
③ 공백 문자(Empty String) 혹은 숫자 0을 의미한다.
④ NULL과의 모든 비교는 알 수 없음(Unknown)을 반환한다.

35 다음 중 Oracle과 SQL Server의 내부 자료 구조 및 프로세스를 서로 같은 역할을 하는 것끼리 연결할 때 잘못된 것은?

① Log Buffer = Log Cache
② Online Redo Log = Transaction Log
③ Database Writer = LazyWriter
④ Program Global Area = Procedure Cache

36 다음 중 바인드 변수에 대한 설명으로 가장 부적절한 것을 2개 고르시오.

① 바인드 변수를 사용하면 옵티마이저가 컬럼 히스토그램뿐만 아니라 각종 통계 정보를 이용하지 못하게 된다.
② 파티션 테이블을 쿼리할 때 파티션 키 컬럼을 바인드 변수로 조회하면 옵티마이저가 파티션 레벨 통계를 활용하지 못한다.
③ 바인드 변수를 사용하면 옵티마이저는 평균 분포를 가정한 실행 계획을 수립한다.
④ 바인드 변수 Peeking(또는 Parameter Sniffing) 기능이 도입되면서 컬럼 히스토그램을 사용할 수 있게 되었고, 이 때문에 바인드 변수 사용에 따른 부작용은 거의 해소되었다.

37 다음 중 SQL과 옵티마이저에 대한 설명으로 가장 부적절한 것을 2개 고르시오.

① 두 SQL 결과가 같다면, 수행 속도도 별 차이가 없다.
② 옵티마이저에 의해 내부적인 쿼리 변환이 이루어지더라도 결과 집합에는 영향을 주지 않는다.
③ 사용자가 제시하는 SQL은 결과에 대한 요구 사항일 뿐이며 처리 절차는 옵티마이저가 결정한다.
④ 사용자가 부여한 조건은 실행 계획에 영향을 주지 않는다.

38 다음 중 아래의 인덱스 현황을 고려할 때, (어떤 방식으로 스캔하든) t1_x02 인덱스만 읽고도 처리할 수 있는 경우로 가장 부적절한 것은? (참고로, Oracle, SQL Server 중 어느 것을 기준으로 하더라도 답은 같다)

```
[Oracle 기준]
create table t1 ( c1, c2, c3, c4, c5, constraint t1_pk primary key (c1, c2) )
organization index;
create index t1_x02 on t1 ( c3, c4 );
[SQL Server 기준]
create unique clustered index t1_pk on t1 ( c1, c2 )
go
create index t1_x02 on t1 ( c3, c4 )
go
```

① select c5 from t1 where c3 = ?

② select count(*) from t1 where c4 >= ?

③ select max(c2) from t1 where c3 between ? and ?

④ select count(*) from t1 where c3 = ? and c4 is null

39 다음 중 실행 계획에 대한 설명으로 가장 부적절한 것은?

① 실행 계획은 SQL 처리를 위한 실행 절차와 방법을 표현한 것이다.

② 실행 계획은 조인 방법, 조인 순서, 액세스 기법 등이 표현된다.

③ 동일 SQL 문에 대해 실행 계획이 다르면 실행 결과도 달라질 수 있다.

④ CBO(Cost Based Optimizer)의 실행 계획에는 단계별 예상 비용 및 건수 등이 표시된다.

40 다음 중 관계형 데이터베이스의 인덱스(Index)에 대한 설명으로 가장 적절한 것은?

① 기본 인덱스(Primary Key Index)에 중복된 키 값들이 나타날 수 있다.

② 기본 인덱스에 널 값(Null Value)들이 나타날 수 없다.

③ 보조 인덱스(Secondary Index)에는 고유한 키 값들만 나타날 수 있다.

④ 자주 변경되는 속성은 인덱스를 정의할 좋은 후보이다.

제1장 데이터 SQL 전문가(SQLP) 실전 문제 정답 및 해설

데이터 모델링의 이해(10문제)

정답

01	02	03	04	05	06	07	08	09	10
④	②	③	②	④	도메인	②	④	①	②

01 ④

모델링의 세 가지 관점
- 데이터 관점 : 업무가 어떤 데이터와 관련 있는지, 데이터 간의 관계는 무엇인지 분석(What, Data)
- 프로세스 관점 : 업무가 실제 하고 있는 일은 무엇인지, 무엇을 해야 하는지 분석(How, Process)
- 데이터와 프로세스의 상관 관점 : 업무가 처리하는 일의 방법에 따라 데이터는 어떻게 영향을 받고 있는지 분석 (Interaction)

02 ②

데이터 모델링을 구성하는 주요한 개념으로 데이터 모델에 대한 이해의 근간이 되므로 반드시 기억해야 한다. 업무가 관여하는 어떤 것(Things), 어떤 것이 가지는 성격(Attribute), 업무가 관여하는 어떤 것 간의 관계(Relationships)라는 주요 개념이다.

03 ③

엔티티의 분류

(1) 유형에 따른 분류

　　1) 유형 엔티티 : 물리적인 형태가 있고, 안정적이며 지속적으로 활용되는 엔티티
　　　　예) 사원, 물품, 강상
　　2) 개념 엔티티 : 물리적인 형태는 존재하지 않고 개념적 정보로 구분되는 엔티티
　　　　예) 조직, 보험 상품
　　3) 사건 엔티티 : 업무를 수행함에 따라 발생되는 엔티티
　　　　예) 주문, 청구, 미납

(2) 발생 시점에 따른 분류

1) 기본 엔티티 : 업무에 원래 존재하는 정보. 엔티티와의 관계에 의해 생성되지 않고 독립적으로 생성 가능. 타 엔티티의 부모 역할. 다른 엔티티로부터 주 식별자를 상속받지 않고 자신의 고유한 주 식별자를 가짐
   예) 사원, 부서, 고객, 상품, 자재
2) 중심 엔티티 : 기본 엔티티로부터 발생. 업무에서 중심적인 역할을 함. 데이터의 양이 많이 발생되고 다른 엔티티와의 관계를 통해 많은 행위 엔티티를 생성함
   예) 계약, 사고, 예금 원장, 청구, 주문, 매출
3) 행위 엔티티 : 두 개 이상이 부모 엔티티로부터 발생되고 자주 내용이 바뀌거나 데이터양이 증가됨. 분석 초기 단계에서는 잘 나타나지 않으며 상세 설계 단계나 프로세스와 상관 모델링을 진행하면서 도출될 수 있음
   예) 주문 목록, 사원 변경 이력

04 ②

속성의 분류

(1) 속성의 특성에 따른 분류
   1) 기본 속성 : 업무 분석을 통해 바로 정의한 속성
   2) 설계 속성 : 원래 업무상 존재하지는 않지만 설계를 하면서 도출해 내는 속성
   3) 파생 속성 : 다른 속성으로부터 계산이나 변경이 되어 생성되는 속성

(2) 엔티티 구성 방식에 따른 분류
   1) PK(Primary Key) 속성 : 엔티티를 식별할 수 있는 속성
   2) FK(Foreign Key) 속성 : 다른 엔티티와의 관계에서 포함된 속성
   3) 일반 속성 : 엔티티에 포함되어 있고 PK, FK에 포함되지 않은 속성

05 ④

엔티티의 특징

(1) 반드시 해당 업무에서 필요하고 관리하고자 하는 정보여야 한다.
(2) 유일한 식별자에 의해 식별이 가능해야 한다.
(3) 영속적으로 존재하는 인스턴스의 집합이어야 한다.
(4) 엔티티는 업무 프로세스에 의해 이용되어야 한다.
(5) 엔티티는 반드시 속성이 있어야 한다.
(6) 엔티티는 다른 엔티티와 최소 한 개 이상의 관계가 있어야 한다.

06 도메인(Domain)

도메인 : 각 속성은 가질 수 있는 값의 범위가 있는데 이를 그 속성의 도메인(Domain)이라 한다.

07 ②

관계의 표기법

(1) 관계명(Membership) : 관계의 이름
(2) 관계 차수(Cardinality) : 1:1, 1:M, M:N
(3) 관계 선택 사양(Optionality) : 필수 관계, 선택 관계

08 ④
두 개의 엔티티 사이에서 관계를 정의할 때 다음 사항을 체크해 보도록 한다.
(1) 두 개의 엔티티 사이에 관심 있는 연관 규칙이 존재하는가?
(2) 두 개의 엔티티 사이에 정보의 조합이 발생되는가?
(3) 업무 기술서, 장표에 관계 연결에 대한 규칙이 서술되어 있는가?
(4) 업무 기술서, 장표에 관계 연결을 가능하게 하는 동사(Verb)가 있는가?

09 ①
식별자의 분류 체계
(1) 대표성 여부
　1) 주 식별자 : 엔티티 내에서 각 어커런스를 구분할 수 있는 구분자이며, 타 엔티티와 참조 관계를 연결할 수 있는 식별자
　2) 보조 식별자 : 엔티티 내에서 각 어커런스를 구분할 수 있는 구분자이나 대표성을 가지지 못해 참조 관계 연결을 못함
(2) 스스로 생성 여부
　1) 내부 식별자 : 엔티티 내부에서 스스로 만들어지는 식별자
　2) 외부 식별자 : 타 엔티티와의 관계를 통해 타 엔티티로부터 받아오는 식별자
(3) 속성의 수
　1) 단일 식별자 : 하나의 속성으로 구성된 식별자
　2) 복합 식별자 : 둘 이상의 속성으로 구성된 식별자
(4) 대체 여부
　1) 본질 식별자 : 업무에 의해 만들어지는 식별자
　2) 인조 식별자 : 업무적으로 만들어지지는 않지만 원조 식별자가 복잡한 구성을 가지고 있기 때문에 인위적으로 만든 식별자

10 ②
식별 관계와 비식별 관계
(1) 식별자 관계 : 자식 엔티티의 주 식별자로 부모의 주 식별자가 상속이 되는 경우를 식별자 관계(Identifying Relationship)라고 한다.
(2) 비식별자 관계 : 부모 엔티티로부터 속성을 받았지만 자식 엔티티의 주 식별자로 사용하지 않고 일반적인 속성으로만 사용하는 경우가 있다. 이와 같은 경우를 비식별자 관계(Non-Identifying Relationship)라고 하며 다음의 네 가지 경우에 비식별자 관계에 의한 외부 속성을 생성한다.

1) 자식 엔티티에서 받은 속성이 반드시 필수가 아니어도 무방하기 때문에 부모 없는 자식이 생성될 수 있는 경우이다.
2) 엔티티별로 데이터의 생명 주기(Life Cycle)를 다르게 관리할 경우이다. 예를 들어 부모 엔티티에 인스턴스가 자식의 엔티티와 관계를 가지고 있었지만 자식만 남겨두고 먼저 소멸될 수 있는 경우가 이에 해당된다. 이에 대한 방안으로 물리 데이터베이스 생성 시 Foreign Key를 연결하지 않는 임시적인 방법을 사용하기도 하지만 데이터 모델상에서 관계를 비식별자 관계로 조정하는 것이 가장 좋은 방법이다.
3) 여러 개의 엔티티가 하나의 엔티티로 통합되어 표현되었는데 각각의 엔티티가 별도의 관계를 가질 때이다.
4) 자식 엔티티에 주 식별자로 사용하여도 되지만 자식 엔티티에서 별도의 주 식별자를 생성하는 것이 더 유리하다고 판단될 때 비식별자 관계에 의한 외부 식별자로 표현한다.

SQL 기본 및 활용(20문제)

정답

01	02	03	04	05	06	07	08	09	10
①	②	①	③	③	③	①	③	①	②
11	12	13	14	15	16	17	18	19	20
②	③	④	④	②	③	④	④	③	①

01 ①
데이터베이스는 자료의 성격에 따라 N개의 테이블을 생성하며, 모든 자료들은 테이블에 입력되며 조회, 수정, 삭제 할 수 있다.

02 ②
VARCHAR 유형은 가변 길이 문자형이다.

03 ①
테이블명과 컬럼명은 반드시 문자로 시작해야 한다.
A-Z, a-z, 0-9, _, $, # 사용 가능

04 ③
데이터를 입력하기 위해서 "INSERT" 명령어를 사용한다.

05 ③

Commit과 Rollback의 장점은 다음과 같다.
- 데이터 무결성 보장
- 영구적인 변경을 하기 전에 데이터의 변경 사항 확인 가능
- 논리적으로 연관된 작업을 그룹핑하여 처리 가능

06 ③

"_"와 "%"는 와일드카드(WILD CARD)로 하나의 글자 또는 모든 문자를 대신하여 사용된다. 즉, 두 번째 문자인 대문자 A만 출력하게 된다.

07 ①

집계 함수는 집합에 대한 정보를 제공하므로 주로 숫자 유형에 사용된다.
문자, 날짜 유형에도 적용 가능한 함수는 MAX, MIN, COUNT

08 ③

일반적인 데이터에 대한 제한 조건을 사용하기 위해서는 WHERE 절을 사용한다.
그룹별로 집계 데이터에 대한 제한 조건을 사용하기 위해서는 HAVING 절을 사용한다.

09 ①

EQUI JOIN은 반드시 PK, FK 관계에 의해서만 성립되는 것은 아니다. 조인 컬럼이 1:1로 맵핑이 가능하면 사용할 수 있다.

10 ②

여러 테이블로부터 원하는 데이터를 조회하기 위해서는 전체 테이블 개수에서 최소 N-1개만큼의 조인 조건이 필요하다.

11 ②

UNION ALL 연산자는 조회 결과에 대해 별도의 정렬 작업을 하지 않는다. 또한 중복 데이터에 대해서도 삭제하지 않고 여러 번 중복 표현한다.

12 ③

SELF JOIN은 하나의 테이블에서 두 개의 컬럼이 연관 관계를 가지고 있는 경우에 사용한다.

13 ④

FROM 절에 정의된 서브쿼리는 INLINE VIEW이다. INLINE VIEW는 일반적으로 메인쿼리보다 먼저 수행되므로 SQL 문장 내에서 절차성을 주는 효과를 얻을 수 있다.

14 ④

상호 연관 서브쿼리는 서브쿼리가 메인쿼리의 행 수만큼 실행되는 쿼리로서, 실행 속도가 상대적으로 떨어지는 SQL 문장이다. 그러나 복잡한 일반 배치 프로그램을 대체할 수 있기 때문에 조건에 맞는다면 적극적인 검토가 필요하다.

15 ②

ROLLUP, CUBE는 GROUP BY의 확장된 형태로 병렬로 수행이 가능하고 사용하기가 쉽기 때문에 효과적이다. 다차원적인 집계가 필요한 경우는 CUBE를 사용한다.

16 ③

그룹 내 순위 관련 WINDOW FUNCTION으로는 RANK, DENSE_RANK, ROW_NUBER 함수가 있고, ③은 DENSE_RANK 함수에 대한 설명이며, CUMM_RANK 함수는 존재하지 않는다.

17 ④

테이블에 대한 권한은 각 테이블의 소유자가 가지고 있기 때문에 소유자로부터 권한을 받지 않으면 다른 유저의 테이블에 접근할 수 없다.

18 ④

SQL은 데이터 정의어(DDL), 데이터 조작어(DML), 데이터 제어어(DCL)를 포함한다.

19 ③

GROUP BY 절 이후에 조건을 적용하는 경우는 HAVING 절이 사용된 경우이다.
그룹핑된 값에 조건을 적용하는 경우 HAVING 절을 사용한다.
JOIN 절에 ALIAS를 사용한 경우, 2개 이상의 테이블에 공통적으로 사용되고 SELECT 절에 사용되는 컬럼에는 ALIAS 접두사를 붙여야 한다.

20 ①

FROM 절 테이블에 ALIAS를 사용할 경우 중복된 이름이 있는 경우 SELECT 절에서는 반드시 ALIAS 명을 사용해야 한다.

SQL 고급 활용 및 튜닝 실무(40문제)

정답

01	02	03	04	05	06	07	08	09	10
②	④	①	④	②	④	③	②	③	①
11	12	13	14	15	16	17	18	19	20
③	②,④	④	②	①	RANK	②	④	POSITION IS NULL	②
21	22	23	24	25	26	27	28	29	30
80	④	④	①,③	④	③	②	②,③	③	①
31	32	33	34	35	36	37	38	39	40
②	②	①	③	②,④	④	①,④	④	③	②,④

01 ②

함수적 종속성

비정규형 ---> 제1 정규형 : 도메인이 원자값

제1 정규형 ---> 제2 정규형 : 부분적 함수 종속 제거

제2 정규형 ---> 제3 정규형 : 이행적 함수 종속 제거

제3 정규형 ---> 보이스코드 정규형(BCNF) : 결정자이면서 후보 키가 아닌 것 제거

보이스코드 정규형(BCNF) ---> 제4 정규형 : 다치 종속 제거

제4 정규형 ---> 제5 정규형 : 조인 종속성 제거

02 ④

고객 엔티티의 모든 속성을 참조하기 원할 때 가장 효율성이 좋은 반정규화 기법은 관계를 중복하는(관계의 반정규화) 방법을 적용

03 ①

데이터 모델링 단계에서 성능을 고려할 수 있는 방안

- 데이터 모델링을 할 때 정규화
- 데이터베이스 용량 산정
- 데이터베이스에 발생되는 트랜잭션의 유형 파악
- 용량과 트랜잭션의 유형에 따라 반정규화
- 데이터 모델의 조정, PK/FK 조정, 슈퍼 타입/서브 타입 조정
- 성능 관점에서 데이터 모델 검증

04 ④

성능을 고려한 슈퍼 타입과 서브 타입의 모델 변환 방법 3가지
1:1 타입, 슈퍼+서브 타입, All in One 타입

05 ②

6가지 투명성 : 분할 투명성, 위치 투명성, 지역 투명성, 중복(복제) 투명성, 병행 투명성, 장애 투명성

06 ④

비용 기반 옵티마이저는 비용을 기반으로 최적화 작업을 수행한다. 따라서 인덱스 스캔보다 전체 테이블 스캔 비용이 낮다고 판단하면 적절한 인덱스가 존재하더라도 전체 테이블 스캔으로 SQL 문을 수행할 수 있다.

07 ③

동일 SQL 문에 대해 실행 계획이 다르다고 결과가 달라지지는 않는다. 그러나 실행 계획의 차이로 성능이 달라질 수 있다.

08 ②

SQL 처리 흐름도에서 성능적인 측면도 표현할 수 있다. 일량적인 측면의 표현과 인덱스 스캔 또는 테이블 스캔 등을 표현할 수 있다.

09 ③

① 인덱스는 내림차순으로 생성되면 내림차순으로 정렬된다.
② 비용적인 측면에서는 전체 테이블 스캔이 유리할 수 있다.
③ 규칙 기반 옵티마이저의 규칙에 따라 적절한 인덱스가 존재하면 전체 테이블 스캔보다는 항상 인덱스를 사용하려고 한다.
④ 인덱스 범위 스캔은 결과 건수만큼 반환된다. 결과가 없으면 한 건도 반환하지 않을 수 있다.

10 ①

FROM 절은 아무리 많은 테이블이 나열되더라도 항상 2개씩 조인된다. 테이블과 테이블 사이 또는 앞에서 이미 수행된 조인의 결과 집합과 테이블, 조인 결과와 조인 결과 사이에서 조인이 처리된다.

11 ③

'가족들이 없는' 조건 : NOT EXISTS
'현재 부양하는 가족들' 조건 : 사번 = 부양 사번

12 ②, ④

2번은 LIKE 검색 문자열 앞뒤에 모두 '%' 기호를 붙였으므로 정상적인 Index Range Scan이 불가능하다.
4번은 내부적 형 변환이 발생하므로 Index Range Scan이 불가능하다.

13 ④

1번과 3번은 기존에 Full Table Scan으로 처리됐을 것이므로 비트맵 인덱스를 생성하고 나면 블록 I/O가 크게 감소한다.

3번의 경우 만약 '색상 is not null' 조건을 추가하면 인덱스만 읽고 처리할 수 있지만 그렇더라도 B*Tree 인덱스는 비트맵 인덱스에 비해 블록 I/O는 더 많이 발생한다.

2번은 Bitmap Conversion이 발생하지 않는 한, 기존에 두 B*Tree 인덱스 중 어느 하나만 사용되고, 나머지 필터 조건을 처리하기 위해 테이블 랜덤 액세스가 불가피하므로 성능이 매우 안 좋았을 것이다.

반면, 비트맵 인덱스를 생성하고 나면 두 개의 비트맵 인덱스를 동시에 사용할 수 있고, 테이블 랜덤 액세스도 생략되므로 성능 개선 효과가 클 것이다.

4번은 색상 = 'BLUE'에 해당하는 건수만큼 대량의 테이블 액세스가 불가피하다.

비트맵 인덱스를 생성하고 나면 인덱스 스캔 단계에서 블록 I/O가 다소 감소하겠지만 테이블 랜덤 I/O는 줄지 않으므로 성능 개선 효과가 미미하게 나타난다.

14 ②

뷰(View) 안에 rownum을 사용하면 뷰 머징(View Merging)을 방지하는 효과가 나타난다.

15 ①

GROUP BY 절이 없기 때문에 결과 건수는 항상 1건이다.

해당 SQL 문에서는 조인 조건의 부재로 결과 건수가 아니라 답 자체가 틀려질 수 있다.

즉, Cartesian Product로 인해 합계가 틀려질 수 있다.

16 RANK

RANK 함수는 ORDER BY를 포함한 QUERY 문에서 특정 항목(컬럼)에 대한 순위를 구하는 함수이다. 이때 특정 범위(PARTITION) 내에서 순위를 구할 수도 있고 전체 데이터에 대한 순위를 구할 수도 있다. 또한 동일한 값에 대해서는 동일한 순위를 부여하게 된다.

17 ②

(직급의 Selectivity) × (부서의 Selectivity) × (전체 로우 수) = 1/4 × 1/5 × 1,000 = 50

18 ④

Local 인덱스이므로 t_idx의 파티션 키는 테이블과 똑같이 a 컬럼이다.

그리고 파티션 키가 인덱스 선두 컬럼이 아니므로 NonPrefixed에 해당한다.

19 POSITION IS NULL

아래 NVL 함수와 ISNULL 함수를 사용한 SQL 문장은 벤더 공통적으로 CASE 문장으로 표현할 수 있다.

본 문제는 CASE 표현 중 SEARCHED_CASE_E-PRESSION에 들어갈 조건을 문의한 것이다.

```
CASE
    WHEN CONDITION THEN RETURN_EXPR
    ELSE 표현절
END
```

20 ②

두 SQL의 결과는 동일하며, OLTP 환경인지 DW 환경인지를 불문하고 두 번째 SQL이 더 효율적이다.

21 80

Buffer Cache Hit Ratio = 100 × (1 − disk / (query+current))

22 ④

선행(Driving) 집합은 주어진 조건절에 따라 Full Table Scan이 유리할 수도 있다.

23 ④

필요한 컬럼이 모두 인덱스에 포함돼 있을 때만 사용 가능한 것은 Index Fast Full Scan의 특징이다.

24 ①, ③

테이블 Alias가 있는 상황에선 반드시 Alias를 사용해야 한다.

25 ④

실행 계획상 위쪽에서 아래쪽으로 조인이 진행된다.
NL 조인의 경우 위쪽에 있는 Outer 집합에서 출력된 결과 건수(Rows)만큼 Inner 집합으로 조인 시도가 일어난다.

26 ③

7번 라인에 대한 Row Source를 보면, 20개 블록을 읽어서 120개 로우를 반환하므로 굳이 인덱스를 사용하도록 튜닝하지 않아도 된다.
9번 라인에 대한 Row Source만 보고 Left Outer Join이 불필요하다고 판단할 수 없다.
10~11번 라인 조인 컬럼에 인덱스가 있는데도 옵티마이저가 이를 사용하지 않고 Full Table Scan으로 처리한 이유는, NCODE_NO 필터링을 위해 다량의 테이블 랜덤 액세스가 발생하기 때문이다.
인덱스 뒤에 NCODE_NO만 추가해도 성능이 많이 개선되겠지만, 순서까지 바꿔 [NCODE_NO + DEII_DT] 순으로 구성하는 것이 최적이다.
14번 라인의 ORDER BY를 제거하면 결과 집합의 출력 순서가 달라질 수 있다.

27 ②

'가'를 수행하고 '다'를 수행하기 전에 commit을 수행하면, '가'에서 삭제된 빈 공간을 '다'에서 재사용하므로 Index Skew 현상을 방지할 수 있다.

28 ②, ③

Like, Between, 부등호 같은 범위 검색 조건이더라도 선행 컬럼이 누락 없이 모두 '=' 조건으로 제공되면 인덱스 스캔 범위를 줄이는 데 기여한다.

29 ③

b.deptno = 20이고 a.deptno = b.deptno이므로 a.deptno = 20이다. 따라서 위 두 SQL의 처리 결과는 동일하다.

30 ①

Stored Module(ex: PL/SQL, LP/SQL, T-SQL)로 구현 가능한 기능은 ②, ③, ④ 세 가지이며, ① 데이터의 무결성과 일관성을 위해서 사용자 정의 함수를 사용하는 것은 트리거의 용도이다.

31 ②

기본 인덱스 = 기본 키 인덱스(PK)는 UNIQUE & NOT NULL의 제약 조건을 가진다.
보조 인덱스는 NON UNIQUE 성격을 가질 수 있다. 자주 변경되는 속성은 인덱스로 적절하지 않다.

32 ②

Oracle 계층형 질의에서 루트 노드의 LEVEL 값은 1이다.

33 ①

서브쿼리를 사용한 경우, 질의 결과는 항상 메인쿼리 레벨과 동일하다.

34 ③

익스텐트 내 블록들은 서로 인접하지만, 익스텐트끼리 서로 인접하지는 않는다.

35 ②, ④

스칼라 서브쿼리의 결과는 1컬럼의 1건이다.

36 ④

Oracle에서 Program Global Area는 프로세스에 종속적인 고유 데이터를 저장해 두는 메모리 공간이며, 다른 말로 Private Global Area, Process Global Area라고도 한다. SQL Server의 Procedure Cache는 SQL과 실행 계획, 저장형 함수/프로시저를 캐싱해 두는 메모리 공간이다.

37 ①, ④

두 SQL의 결과가 같더라도 SQL 형태에 따라 수행 속도가 크게 다를 수 있다.
실행 계획에 가장 큰 영향을 미치는 것은 조건절이다.

38 ④

인덱스 선두 컬럼이 Like, Between, 부등호 같은 범위 검색 조건일 때 SQL을 Union All로 분기하면, 인덱스에서 같은 범위를 2번 스캔하기 때문에 비효율이 2배로 증가한다.

39 ③

nologging 옵션은 insert 문장에만 효과가 있으며, update나 delete 문에 대해 로깅을 남기지 않는 방법은 제공되지 않는다.

오라클에서의 nologging 기능의 올바른 사용 방법은 다음과 같다.

```
alter table t nologging;
insert --+ append -- into t select ... from ...;
```

또는

```
insert --+ parallel(t 2)  -- into t select ... from ...;
```

아래와 같이 CTAS 문장으로 테이블을 생성하면서 nologging 옵션을 주어도 같은 효과가 나타난다.

```
create table t
nologging
as
select ... from ... ;
```

그 외, SQL*Loader에서 direct=TRUE 옵션을 사용하는 방법도 있다.

참고로, 아래와 같이 힌트를 사용하는 것은 올바른 사용 방법이 아니다. (nologging 힌트는 존재하지 않는다)

```
insert --+ nologging -- into t
select ... from ... ;
```

아래와 같이 테이블 옆에 nologging을 지정하는 것도 무용지물이며, 이 경우 nologging은 테이블 Alias 역할을 할 뿐이다.

```
insert into t nologging
select ... from ... ;
```

DML 성능을 높이기 위해 생각해 볼 수 있는 또 다른 방안은, Target 테이블의 인덱스를 제거했다가 나중에 다시 생성하는 것이다.

왜냐하면, DML 성능이 저하되는 가장 큰 원인 중 하나가 인덱스 관리에 있기 때문이다.

예를 들어, 인덱스가 3개 달린 테이블에 100만 건을 Insert 하려면 테이블 외에 인덱스에도 총 300만 개 레코드를 Insert 해야 한다.

인덱스는 그 특성상 정렬 상태를 유지해야 하기 때문에 Freelist에 의해 관리되는 테이블에 Insert 하는 것보다 훨씬 부하가 크다.

따라서 Insert나 Delete의 경우, 전체 인덱스를 Drop(또는 Unusable 상태로 변경)했다가 작업 완료 후 다시 생성하는 것을 고려해 볼 수 있다.

Update의 경우는, Update 되는 컬럼을 포함하는 인덱스를 제거했다가 나중에 다시 생성하는 것을 고려해 볼 수 있다.

단, 인덱스를 재생성하는 비용도 만만치 않으므로 전체 테이블 건수 중 Insert/Update/Delete 되는 건수의 비중을 따져 본 후 결정해야 한다.

40 ②, ④

1. Driving Table의 데이터양이 가장 큰 영향을 주는 조인 방식이다(NLJ).

    NLJ는 조인 테이블의 순서에 따라 일의 양이 변하므로 가장 드라이빙 테이블의 영향을 많이 받는다.

    HJ도 데이터 대상이 적은 테이블을 드라이빙 테이블로 사용하는 것이 유리하다.

2. 조인 Key에 인덱스가 아닌 Function을 적용한다(HJ).

    HJ는 조인 Key를 만들기 위해 Hash 함수를 사용한다.

3. 조인 조건의 인덱스의 유무에 영향받지 않지만 Sort가 필요하다(SMJ).

    SMJ는 조인 조건을 확인하기 위해 데이터 정렬이 꼭 필요하다.

4. 크기 차이가 나는 두 집합의 데이터를 처리하는 데 장점이 있고, Sort가 일어나지 않는다(HJ).

    크기가 차이 나는 두 집합의 데이터를 처리하는 데 적합하고, SORT를 할 필요가 없기 때문에 일반적으로 SMJ보다 효과적이다(HW 자원 사용 많음).

SQL 실무(2문제)

[실기문제 01]

• 정답

⟨SQL⟩
INSERT/*+append*/INTO 주문 내역 집계 t
SELECT/*+leading(a) USE_HASH(B)*/
    A.고객 번호,
    A.고객명,
    A.주문 일자,

```
            B.상품 번호,
            B.상품 가격,
            B.상품 수량,
            B.총 주문 횟수,
            B.총 주문 상품 건수
FROM 주문 A,
     (
         SELECT 고객 번호,
                주문 일자,
                상품 번호,
                상품 가격
                COUNT(*) over (partition by 고객 번호, 주문 일자) 주문 횟수
                COUNT(DISTINCT 상품 번호) over (partition by 고객 번호, 주문 일자) 주문 상품 건수
         FROM 주문 상세
         WHERE 주문 일자 BETWEEN '20170501' AND '20170531'
     ) B
WHERE A.주문 일자 BETWEEN '20170501' AND '20170531'
AND A.고객 번호 = B.고객 번호
AND A.주문 일자 = B.주문 일자;
```

· 문제 풀이

1) 주문 상세 테이블을 2번 액세스하므로 불필요한 액세스를 줄이기 위해 주문 상세 테이블에 한 번만 접근하도록 변경한다.
   → 원래 주문과 주문 상세를 INLINE VIEW를 사용하지 않고 INNER JOIN을 통해 (FROM 주문 A, 주문 상세 B)를 이용하고자 했는데 WINDOW 함수가 조인 쿼리에서 먹히는지 확신이 없어 INLINE VIEW에서 WINDOW 함수를 사용하여 주문 상세에 한 번만 액세스하도록 쿼리를 변경하여 주문 테이블과 고객 번호, 주문 일자 컬럼을 이용해 조인한다.

2) 주문과 주문 상세 모두 파티션 테이블이고 건수가 많은 테이블이어서 NESTED LOOP 조인보다는 파티션 테이블의 이점을 이용(주문, 주문 상세 테이블 모두 주문 일자로 파티션)해 주문 테이블 BUILD INPUT으로 주문 상세 테이블을 이용해 구성한 INLINE VIEW를 PROBE INPUT으로 하여 HASH JOIN 조인을 한다(힌트를 이용해 JOIN 방식 및 BUILD를 주문 테이블로 고정).
   → 주문을 읽어서 주문 상세 테이블과 조인하여 주문 상세의 주문 일자 조건을 없애고 NESTED LOOP JOIN을 이용할 수도 있겠지만 둘 다 대량 데이터이고 파티션도 주문 일자로 파티션 되어 있기 때문에 주문과 주문 상세 테이블을 각각 주문 일자로 읽어 들이는 방법이 비효율적이지 않다고 생각할 수 있다.

3) INSERT 시 REDO LOG를 최소화하여 빠른 INSERT를 하기 위해 /*+APPEND*/ 힌트를 사용한다(DIRECT PATH INSERT).
   [ALTER TABLE 주문 내역 집계 NOLOGGING을 쓰려다가 생략하였다(NOLOGGING 이용 시 UNDO까지 최소화한다).]

4) 주문과 주문 상세 테이블이 주문 일자로 파티셔닝되어 있어 파티션 PRUNING을 보다 효율적으로 이용하기 위해 LIKE에서 BETWEEN으로 변경한다.
   → 201705%로 조회 시 20170501보다 작은 값들(2017050100, 2017050101)이 존재하지 않는다고 해도 옵티마이저 입장에서는 알 수 없으므로 PARTITION 201705 VALUES LESS THAN ('20170401'), PARTITION 201706 VALUES LESS THAN ('20170501') 두 파티션을 읽는다. 그래서 필요한 파티션인 PARTITION 201706 VALUES LESS THAN ('20170501') 해당 파티션만 읽기 위해 BETWEEN으로 변경한다.

[실기문제 02]

• 정답

〈인덱스 생성〉
CREATE INDEX IDX_상품_02 ON 상품(계약 번호, 가입 일자)
→ 상품(C) 테이블의 계약 번호, 가입 일자를 효율적으로 액세스하기 위해 인덱스 생성

〈SQL〉
SELECT /*+LEADING(A B C D) USE_NL(B) USE_NL(C) USE_NL(D) INDEX(A 고객_PK) INDEX(B IDX_계약_01) INDEX(C IDX_상품_02) INDEX(D 상품 부가 서비스_PK)*/
       A.고객 번호, A.고객명, B.계약 번호, C.상품 번호, C.계약 일자, D.부가 서비스 ID
  FROM A.고객, B.계약, C.상품, D.상품 부가 서비스
 WHERE A.고객 번호 = :CUST_NO
   AND B.고객 번호 = A.고객 번호
   AND C.계약 번호 = B.계약 번호
   AND C.가입 일자 BETWEEN :T1 AND :T2
   AND D.계약 번호 = C.계약 번호
   AND D.상품 번호 = C.상품 번호
   AND D.가입 일자 = C.가입 일자;

• 문제 풀이

SQLD에서 계약(B) 테이블과 상품 부가 서비스를 조인한 후 실행 계획에서의 ROW 건수가 많고 그 이후 상품 테이블과 조인한 후 결과 ROW 수가 30건 내외로 줄어든다. 그러므로 고객 → 계약 → 상품 부가 서비스 → 상품 순서로 조인되는 것을 고객 → 계약 → 상품 → 상품 부가 서비스 순서로 조인되도록 SQL 수정과 인덱스 생성 그리고 실행 계획을 고정하기 위해 힌트를 이용한다.

테이블의 순서를 LEADING 힌트를 이용해 고객(A), 계약(B), 상품(C), 상품 부가 서비스(D) 순서로 액세스한다.

고객과 계약 조인 결과가 소량(3건)이므로 NESTED LOOP JOIN을 이용하여 고객(A), 계약(B), 상품(C), 상품 부가 서비스(D) 테이블을 순차적으로 접근한다.

1) 고객 테이블의 PK 인덱스를 이용하여 바인드 변수로 받은 CUST_NO를 이용해 인덱스를 scan 하고 테이블에 access 한다. → (A.고객 번호 = :CUST_NO)

2) NESTED LOOP JOIN을 이용해 고객 테이블의 고객 번호를 이용해 계약 테이블의 IDX_계약_01 인덱스를 scan 하고 테이블에 access 한다. → (C.계약 번호 = B.계약 번호)

3) 상품 테이블을 효율적으로 access 하기 위해 계약 번호, 가입 일자순으로 된 UNIQUE INDEX를 생성(IDX_상품_02)하고 위의 2)번 단계에서 조인된 결과를 OUTER TABLE로 해서 상품 테이블과 NESTED LOOP JOIN을 하고 INNER TABLED인 상품 테이블의 IDX_상품_02 인덱스를 이용하여 인덱스 scan 하고 테이블에 access 한다. → (C.계약 번호 = B.계약 번호, C.가입 일자 BETWEEN :T1 AND :T2)

4) 3)번 단계의 결과를 OUTER TABLE로 해서 상품 부가 서비스 테이블과 NESTED LOOP 조인을 하고 INNER TABLE인 상품 부가 서비스 테이블의 PK 인덱스를 이용하도록 한다. → (D.계약 번호 = C.계약 번호, D.상품 번호 = C.상품 번호, D.가입 일자 = C.가입 일자)

제2장 데이터 SQL 개발자(SQLD) 실전 문제 정답 및 해설

데이터 모델링의 이해(10문제)

정답

01	02	03	04	05	06	07	08	09	10
②	①	③	④	③	②	①	①	③	③

01 ②
반드시 업무 프로세스에 이용되어야 한다.

02 ①
가능하면 약어를 사용하지 말아야 한다.

03 ③
한 개의 속성은 한 개의 속성값을 갖는다. 속성값이 여러 개일 경우 엔티티를 분리해야 한다.

04 ④
다른 속성에 영향을 받아 발생하는 속성은 파생 속성이다.

05 ③

06 ②
서술식 속성명을 사용하면 안 된다.

07 ①
논리 모델링의 외래 키는 물리 모델에서 반드시 구현되지 않는다(선택 사항임).
② 실제 데이터베이스 구축 시 참고되는 모델은 물리적 데이터 모델링이다.
③ 개념 모델링에서 물리 모델링으로 가면서 더 구체적이며 개념 모델링이 가장 추상적이다.
④ 데이터 모델링의 3요소는 Thing, Attributes, Relationship이다.

08 ①

① 개념적 데이터 모델은 추상화 수준이 높고 업무 중심적이고 포괄적인 수준의 모델링을 진행한다. 참고로 EA 기반의 전사적인 데이터 모델링을 전개할 때는 더 상위 수준인 개괄적인 데이터 모델링을 먼저 수행하고 이후에 업무 영역에 따른 개념적 데이터 모델링을 전개한다.

② 논리 데이터 모델링은 데이터베이스 설계 프로세스의 Input으로 비즈니스 정보의 논리적인 구조와 규칙을 명확하게 표현하는 기법 또는 과정이라 할 수 있다. 논리 데이터 모델링의 결과로 얻어지는 논리 데이터 모델은 데이터 모델링이 최적화된 스키마 설계를 하기 전에 액세스하고, 누가 데이터에 액세스하며, 그러한 액세스의 전산화와는 독립적으로, 다시 말해서 누가(Who), 어떻게(How: Process) 그리고 전산화와는 별개로 비즈니스 데이터에 존재하는 사실들을 인식하여 기록하는 것이다. 데이터 모델링 과정에서 가장 핵심이 되는 부분이 논리 데이터 모델링이라고 할 수 있다.

③ 데이터베이스 설계 과정의 세 번째 단계인 물리 데이터 모델링은 논리 데이터 모델이 데이터 저장소로서 어떻게 컴퓨터 하드웨어에 표현될 것인가를 다룬다.

④ ①과 동일

09 ③

하나의 속성은 하나의 속성값을 가지며 하나 이상의 속성값을 가지는 경우 정규화(관계형 데이터베이스의 설계에서 중복을 최소화하게 데이터를 구조화하는 프로세스)가 필요하다.

10 ③

① 업무가 관여하는 어떤 것(Things), ② 어떤 것이 가지는 성격(Attributes), ③ 업무가 관여하는 어떤 것 간의 관계(Relationships)

SQL 기본 및 활용(40문제)

정답									
01	02	03	04	05	06	07	08	09	10
③	④	③	②, ④	④	①, ④	③, ④	②	③	①
11	12	13	14	15	16	17	18	19	20
RANK	②	④	②	POSITION IS NULL	②	③	④	④	①, ③
21	22	23	24	25	26	27	28	29	30
④	③	②	②, ③	④	③	①	②	②	①
31	32	33	34	35	36	37	38	39	40
③	④	②, ④	③	④	①, ④	①, ④	①	③	②

01 ③

GROUP BY 절 이후에 조건을 적용하는 경우는 HAVING 절이 사용된 경우이다.
그룹핑된 값에 조건을 적용하는 경우 HAVING 절을 사용한다.
JOIN 절에 ALIAS를 사용한 경우, 2개 이상의 테이블에 공통적으로 사용되고 SELECT 절에 사용되는 컬럼에는 ALIAS 접두사를 붙여야 한다.

02 ④

FULL OUTER JOIN은 DEFT와 EMP 사이에서 조인이 성공한 건과 DEPT, EMP 건 중 조인이 실패한 건을 함께 표시한다.

03 ③

'가족들이 없는' 조건 : NOT EXISTS, '현재 부양하는 가족들' 조건 : 사번 = 부양 사번

04 ②, ④

2번은 LIKE 검색 문자열 앞뒤에 모두 '%' 기호를 붙였으므로 정상적인 Index Range Scan이 불가능하다. 4번은 내부적 형 변환이 발생하므로 Index Range Scan이 불가능하다.

05 ④

1번과 3번은 기존에 Full Table Scan으로 처리됐을 것이므로 비트맵 인덱스를 생성하고 나면 블록 I/O가 크게 감소한다. 3번의 경우 만약 '색상 is not null' 조건을 추가하면 인덱스만 읽고 처리할 수 있지만 그렇더라도 B*Tree 인덱스는 비트맵 인덱스에 비해 블록 I/O는 더 많이 발생한다.
2번은 Bitmap Conversion이 발생하지 않는 한, 기존에 두 B*Tree 인덱스 중 어느 하나만 사용되고, 나머지 필터 조건을 처리하기 위해 테이블 랜덤 액세스가 불가피하므로 성능이 매우 안 좋았을 것이다. 반면, 비트맵 인덱스를 생성하고 나면 두 개의 비트맵 인덱스를 동시에 사용할 수 있고, 테이블 랜덤 액세스도 생략되므로 성능 개선 효과가 클 것이다.
4번은 색상 = 'BLUE'에 해당하는 건수만큼 대량의 테이블 액세스가 불가피하다. 비트맵 인덱스를 생성하고 나면 인덱스 스캔 단계에서 블록 I/O가 다소 감소하겠지만 테이블 랜덤 I/O는 줄지 않으므로 성능 개선 효과가 미미하게 나타난다.

06 ①, ④

① GROUP BY 절 없이 HAVING을 사용할 수 없다.
④ USING 조건절을 이용한 EQUI JOIN에서도 NATURAL JOIN과 마찬가지로 JOIN 컬럼에 대해서는 ALIAS나 테이블 이름과 같은 접두사를 붙일 수 없다.
(부서.부서 번호 → 부서 번호)

07 ③, ④

조건절에 해당하는 결과 집합이 없다고 에러가 발생하지는 않는다. 그리고 공집합에 NVL 함수를 사용한다고 값을 얻을 수 있는 것은 아니다.

08 ②

뷰(View) 안에 rownum을 사용하면 뷰 머징(View Merging)을 방지하는 효과가 나타난다.

09 ③

윈도 함수를 이용한 누적 합계(RUNNING SUMMARY)를 구하는 SQL이다.

10 ①

GROUP BY 절이 없기 때문에 결과 건수는 항상 1건이다.
해당 SQL 문에서는 조인 조건의 부재로 결과 건수가 아니라 답 자체가 틀려질 수 있다. 즉, Cartesian Product로 인해 합계가 틀려질 수 있다.

11 RANK

RANK 함수는 ORDER BY를 포함한 QUERY 문에서 특정 항목(컬럼)에 대한 순위를 구하는 함수이다. 이때 특정 범위(PARTITION) 내에서 순위를 구할 수도 있고 전체 데이터에 대한 순위를 구할 수도 있다. 또한 동일한 값에 대해서는 동일한 순위를 부여하게 된다.

12 ②

(직급의 Selectivity) × (부서의 Selectivity) × (전체 로우 수) = 1/4 × 1/5 × 1,000 = 50

13 ④

Local 인덱스이므로 t_idx의 파티션 키는 테이블과 똑같이 a 컬럼이다. 그리고 파티션 키가 인덱스 선두 컬럼이 아니므로 NonPrefixed에 해당한다.

14 ②

1, 4번은 5번째와 6번째 레코드가 rnum으로 똑같이 5를 부여받기 때문에 HireDate 순으로 6개 레코드가 선택된다. 참고로, 7번째 레코드는 각각 7과 6을 부여받는다.
3번은 서브쿼리에서 5개 레코드가 선택되지만, 메인쿼리와 조인하고 나면 최종적으로 6개 레코드가 선택된다. 2번은 HireDate 순으로 5개 레코드가 선택된다.

15 POSITION IS NULL

아래 NVL 함수와 ISNULL 함수를 사용한 SQL 문장은 벤더 공통적으로 CASE 문장으로 표현할 수 있다. 본 문제는 CASE 표현 중 SEARCHED_CASE_EXPRESSION에 들어갈 조건을 문의한 것이다.
CASE

WHEN CONDITION THEN RETURN_EXPR

ELSE 표현절

END

16 ②

두 SQL의 결과는 동일하며, OLTP 환경이냐 DW 환경이냐를 불문하고 두 번째 SQL이 더 효율적이다.

17 ③

컬럼끼리 연산할 때 null을 포함하면 결과는 null이다.

레코드끼리 연산할 때 null을 포함하면 결과가 null이 아니며, 이유는 null을 연산에서 제외하기 때문이다.

18 ④

선행(Driving) 집합은 주어진 조건절에 따라 Full Table Scan이 유리할 수도 있다.

19 ④

필요한 컬럼이 모두 인덱스에 포함돼 있을 때만 사용 가능한 것은 Index Fast Full Scan의 특징이다.

20 ①, ③

테이블 Alias가 있는 상황에선 반드시 Alias를 사용해야 한다.

21 ④

실행 계획상 위쪽에서 아래쪽으로 조인이 진행된다.

NL 조인의 경우 위쪽에 있는 Outer 집합에서 출력된 결과 건수(Rows)만큼 Inner 집합으로 조인 시도가 일어난다.

22 ③

7번 라인에 대한 Row Source를 보면, 20개 블록을 읽어서 120개 로우를 반환하므로 굳이 인덱스를 사용하도록 튜닝하지 않아도 된다.

9번 라인에 대한 Row Source만 보고 Left Outer Join이 불필요하다고 판단할 수 없다.

10~11번 라인 조인 컬럼에 인덱스가 있는데도 옵티마이저가 이를 사용하지 않고 Full Table Scan으로 처리한 이유는, NCODE_NO 필터링을 위해 다량의 테이블 랜덤 액세스가 발생하기 때문이다. 인덱스 뒤에 NCODE_NO만 추가해도 성능이 많이 개선되겠지만, 순서까지 바꿔 [NCODE_NO + DEll_DT] 순으로 구성하는 것이 최적이다.

14번 라인의 ORDER BY를 제거하면 결과 집합의 출력 순서가 달라질 수 있다.

23 ②

'가'를 수행하고 '다'를 수행하기 전에 commit을 수행하면, '가'에서 삭제된 빈 공간을 '다'에서 재사용하므로 Index Skew 현상을 방지할 수 있다.

24 ②, ③

Like, Between, 부등호 같은 범위 검색 조건이더라도 선행 컬럼이 누락 없이 모두 '=' 조건으로 제공되면 인덱스 스캔 범위를 줄이는 데 기여한다.

25 ④

주어진 조건을 만족하는 건이 없다.

26 ③

b.deptno = 20이고 a.deptno = b.deptno이므로 a.deptno = 20이다. 따라서 위 두 SQL의 처리 결과는 동일하다.

27 ①

Stored Module(ex: PL/SQL, LP/SQL, T-SQL)로 구현 가능한 기능은 ②, ③, ④ 세 가지이며, ① 데이터의 무결성과 일관성을 위해서 사용자 정의 함수를 사용하는 것은 트리거의 용도이다.

28 ②

기본 인덱스 = 기본 키 인덱스(PK)는 UNIQUE & NOT NULL의 제약 조건을 가진다.
보조 인덱스는 NON UNIQUE 성격을 가질 수 있다.
자주 변경되는 속성은 인덱스로 적절하지 않다.

29 ②

Oracle 계층형 질의에서 루트 노드의 LEVEL 값은 1이다.

30 ①

서브쿼리를 사용한 경우, 질의 결과는 항상 메인쿼리 레벨과 동일하다.

31 ③

익스텐트 내 블록들은 서로 인접하지만, 익스텐트끼리 서로 인접하지는 않는다.

32 ④

슈퍼 타입과 서브 타입을 변환하는 방식에서는 수직 분할과 수평 분할 방식이 존재하지 않는다.

33 ②, ④

스칼라 서브쿼리의 결과는 1컬럼의 1건이다.

34 ③

NULL은 공백 문자(Empty String) 혹은 숫자 0과 동일하지 않다.

4과목 실전 문제

35 ④

Oracle에서 Program Global Area는 프로세스에 종속적인 고유 데이터를 저장해 두는 메모리 공간이며, 다른 말로 Private Global Area, Process Global Area라고도 한다. SQL Server의 Procedure Cache는 SQL과 실행 계획, 저장형 함수/프로시저를 캐싱해 두는 메모리 공간이다.

36 ①, ④

바인드 변수를 사용하더라도 컬럼 히스토그램을 제외한 나머지 통계 정보는 활용할 수 있다. 그리고 바인드 변수 Peeking(또는 Parameter Sniffing) 기능은 오히려 부작용이 많아 사용을 꺼리는 추세고, 따라서 바인드 변수 사용에 따른 부작용을 해소하려고 각 DBMS가 아직 노력 중이다.

37 ①, ④

두 SQL의 결과가 같더라도 SQL 형태에 따라 수행 속도가 크게 다를 수 있다.
실행 계획에 가장 큰 영향을 미치는 것은 조건절이다.

38 ①

- Oracle 기준 : 인덱스 키와 PK 이외의 컬럼을 참조하면 테이블 액세스가 발생한다.
- SQL Server 기준 : Non-Clustered Index 키와 Clustered Index 키 이외의 컬럼을 참조하면 테이블 액세스가 발생한다.

39 ③

실행 계획, 즉 실행 방법이 달라진다고 해서 결과가 달라지지는 않는다.

40 ②

기본 인덱스 = 기본 키 인덱스(PK)는 UNIQUE & NOT NULL의 제약 조건을 가진다.
보조 인덱스는 NON UNIQUE 성격을 가질 수 있다.
자주 변경되는 속성은 인덱스로 적절하지 않다.

참고 문헌

- Dionysios C. Tsichritzis and Frederick H. Lochovsky, 『Data Models』, Prentice-Hall, 1982.
- Toby J. Teorey & James P. Fry, 『Design of Database Structures』, Prentice-Hall, 1982.
- Jeffrey D. Ullman, 『Principles of Database Systems』, Computer Science Press, 1982.
- Joachim W. Schmidt & Michael L. Brodie, 『Relational Database Systems』, Springer Verlag, 1983.
- David Maier, 『The Theory of Relational Databases』, Computer Science Press, 1983.
- C. J. Date, 『An Introduction to Database Systems』, Addison Wesley, 1986.
- Henry F. Korth & Abraham Silberschatz, 『Database System Concepts』, McGraw-Hill, 1986.
- Peter D. Smith and G. Michael Barnes, 『Files & Databases』, Addison-Wesley, 1987.
- Fred R. McFadden & Jeffrey A. Hoffer, 『Database Management』, Benjamin/Cummings, Publishing Co., 1988.
- Won Kim, 『Object-Oriented Database and Applications』, Addison-Wesley, 1989.
- James R. Groff & Paul N. Weinberg, 『Guide To SQL(Covers SQL2)』, Osborne, 1996.
- 이재호, 『자료구조 연습』, 정일, 1992.
- 김원, 『객체 지향 데이터베이스』, 하이테크정보, 1994.
- 이석호, 『데이터베이스 시스템』, 정익사, 1996.
- 장동인, 『실무자를 위한 데이터 웨어하우스』, 한국오라클 기술본부, 1997.
- 『데이터 웨어하우스와 의사결정시스템』, 컴퓨터월드, 1997.
- 진상화 외, 『자료구조』, 정일, 1998.
- 주해종 외, 『데이터베이스 총론』, 정일, 1999.
- 홍봉화·주해종, 『데이터베이스 설계 및 구축』, 휴먼사이언스, 2009.

국가 공인 SQL
전문가 · 개발자

발 행 일	2018년 5월 10일 초판 1쇄 발행
	2019년 1월 10일 초판 2쇄 발행
저　　자	주해종 · 이종섭 · 최혜길 공저
발 행 처	크라운출판사 http://www.crownbook.com
발 행 인	이상원
신고번호	제 300-2007-143호
주　　소	서울시 종로구 율곡로13길 21
대표전화	02)745-0311~3
팩　　스	02)765-3232
홈페이지	www.crownbook.com
I S B N	978-89-406-3577-3 / 13560

특별판매정가　25,000원

이 도서의 판권은 크라운출판사에 있으며, 수록된 내용은
무단으로 복제, 변형하여 사용할 수 없습니다.
Copyright CROWN, ⓒ 2019 Printed in Korea

이 도서의 문의를 편집부(02-744-4959)로 연락주시면
친절하게 응답해 드립니다.